世界のチャイナタウンの形成と変容
フィールドワークから華人社会を探究する

山下清海
YAMASHITA Kiyomi

明石書店

はじめに

　今日，中国を離れて海外に居住する中国人およびその子孫，すなわち華人（華僑）は，約6,000万人（2015年）に上ると中国・国務院は発表している。華人社会については，歴史学，経済学，文化人類学，社会学，教育学などさまざまな学問分野からアプローチがなされている。筆者は，大学院の修士論文で横浜中華街の研究に取り組んで以降，一貫して人文地理学的な視点から日本および世界各地の華人社会をとらえてきた。

　空間的，生態的，景観的側面を重視する人文地理学の特色から，華人の集住地域であるチャイナタウンに焦点を当てて研究に取り組んできた。研究を進める際にはフィールドワークを重視し，調査地域において聞き取り調査，景観調査などを実施し，特にチャイナタウンの地図化に努めてきた。世界各地の華人社会を研究している外国人研究者は少なくないが，世界各地のチャイナタウンがいかにして形成され，どのような地域的特色を持ち，いかに変容してきたのか，それらはどのような要因によるものなのか，という問題に焦点を当てた研究者は乏しい。

　なお，「華僑」・「華人」の用語に関して，中国では一般に，海外に居住している者で，中国籍を保有している者を「華僑」と呼び，すでに外国籍を取得している者を「華人」と呼んでいる。両者を合わせて呼ぶ場合，「華僑華人」の用語が使われる。政治的立場からは国籍が重要視されるが，「華僑」と「華人」を区別して論じることは非常に困難であり，「華僑華人」の用語を用いることもやや煩雑である。世界で最も多くの「華僑華人」が生活してい

る東南アジアでは,学術研究においても,「華僑」・「華人」の総称として「華人」と呼ぶことが多い。本書においても,総称としての「華人」の語を用いることにする。

次に,本書の概要を説明しておこう。

「**第1部　序論**」のうち,「Ⅰ　世界のチャイナタウン研究の視点と方法」「Ⅱ　チャイナタウン研究におけるフィールドワークの実践」においては,研究の視点,研究方法について述べた後に,筆者が取り組んできたフィールドワークの実践について,具体的事例にもとづいて説明する。

「Ⅲ　世界の華人社会とチャイナタウンの動向」では,その後の議論を進める前段階として,世界の華人社会・チャイナタウンの全体的動向について概観する。

それぞれの地域の華人社会の詳細な状況については,「**第2部　世界のチャイナタウンのケーススタディ**」で論じる。まず,「Ⅳ　旧金山,サンフランシスコのチャイナタウン」「Ⅴ　膨張するニューヨークの新旧チャイナタウン」においては,先進地域のアメリカ合衆国（以下,アメリカ）におけるチャイナタウンの形成,変容,地域的特色などについて論じる。アメリカの華人の精神的な故郷でもあるサンフランシスコのチャイナタウンの変容について,ゴールドラッシュから近年におけるニューチャイナタウンの形成までをとらえる。次にニューヨークを対象に,マンハッタンのオールドチャイナタウンと,郊外のクイーンズ区およびブルックリン区に形成されたニューチャイナタウンについて,その差異に着目しながら考察する。

「**Ⅵ　インドシナ系華人と温州人が形成したパリのチャイナタウン**」では,ヨーロッパの代表事例として,パリにある3つのチャイナタウン,すなわち13区,ベルヴィル,およびマレ地区のそれぞれのチャイナタウンの形成過程,地域的特色などについて分析する。

続いて,発展途上地域のチャイナタウンの事例について考察する。「**Ⅶ　サンパウロの日系人街のチャイナタウン化**」では,まず,ブラジルのサンパウロの日本人街が,近年の新華僑の流入によりチャイナタウン化が進行している状況と背景などについて考察する。このような日本人街の変化については,

ロサンゼルスのリトルトーキョーのコリアタウン化と類似する点も多い。次に，「Ⅷ　中印国境紛争後のコルカタのチャイナタウン」では，インドで唯一，チャイナタウンがあるコルカタを取り上げる。コルカタのチャイナタウンや華人社会に関する研究は非常に乏しいが，ここでは，市内のオールドチャイナタウンと郊外のニューチャイナタウンの明瞭な差異とその形成要因について明らかにする。続いて，「Ⅸ　アフリカの島嶼国，モーリシャスの華人社会」では，アフリカの南インド洋の島嶼国，モーリシャスの華人社会について，特に首都のポートルイスのチャイナタウンの形成過程と地域的特色を中心に考察する。

「Ⅹ　マレー人優先政策下のクアラルンプールのチャイナタウン」および「ⅩⅠ　中国の影響下におけるビエンチャンの新旧チャイナタウン」では，東南アジアのマレーシアとラオスのチャイナタウンを取り上げるが，ここでは華人社会と政治との関係に着目しながら考察する。マレーシアの場合，マレー人優先政策（ブミプトラ政策）が進められてきたが，政策的影響に着目しながら，首都のクアラルンプールのチャイナタウンの形成，変容について論じる。次に取り上げるラオスは，近年，中国の影響を強く受けるようになった。首都のビエンチャンにおいて，ラオスの社会主義化により老華僑が海外に流出した空隙に，中国大陸から新華僑が大量に流入し，ニューチャイナタウンが形成される状況などについて考察する。

「ⅩⅡ　ソウルと仁川の旧チャイナタウン」では，第二次世界大戦後，華人への厳しい政策で衰退した仁川のチャイナタウンが，「仁川中華街」として行政側によって再建された背景とその意義について論じる。最後に「ⅩⅢ　東京・池袋チャイナタウンの形成」では，新華僑の増加に伴い，日本最初のニューチャイナタウンとして形成された池袋チャイナタウンの変容，そこで生活する新華僑のエスニック・ビジネス，および地元社会とのコンフリクトなどについて検討する。

「第3部　結論」の「ⅩⅣ　世界のチャイナタウンの類型化」では，これまで取り上げてきた世界のチャイナタウンの事例研究にもとづきながら，世界のチャイナタウンの類型化を試みる。

以上が本書の概略であるが，筆者は40年あまり日本および世界各地のチャイナタウンの研究に取り組んできた。本書は，その集大成をめざしたものである。本書の刊行が，世界の華人社会への理解を深めることに少しでも貢献できれば幸いである。

　なお，本書に掲載した写真は，1枚（サンパウロ新聞提供）をのぞき，すべて筆者が撮影したものである。

　　2019年1月

　　　　　　　　　　　　　　　　　　　　　　　山　下　清　海

目　次

はじめに……………………………………………………………3

第1部　序　論

I　世界のチャイナタウン研究の視点と方法　15
1　チャイナタウン研究の地理学的視点……………………15
2　本書の目的と方法…………………………………………18

II　チャイナタウン研究におけるフィールドワークの実践　21
1　初期のフィールドワーク体験から………………………21
2　東南アジアにおけるフィールドワーク…………………26
3　フィールドワークにおける地図化………………………31
4　フィールドワークから新たな研究アイディアの発見…34
5　おわりに……………………………………………………38

III　世界の華人社会とチャイナタウンの動向　41
1　膨張する華人社会…………………………………………41
2　オールドチャイナタウンの変容…………………………46
3　ニューチャイナタウンの形成……………………………53
4　おわりに……………………………………………………67

第2部 世界のチャイナタウンのケーススタディ

IV 旧金山, サンフランシスコのチャイナタウン
―― ゴールドラッシュから郊外型ニューチャイナタウンの形成へ　73

1. はじめに　73
2. ゴールドラッシュと大陸横断鉄道の建設
　―― 華人のアメリカ移住　74
3. サンフランシスコにおけるチャイナタウンの形成と華人社会　78
4. 第二次世界大戦後のサンフランシスコにおける
　チャイナタウンの変容　86

V 膨張するニューヨークの新旧チャイナタウン
―― マンハッタンからクイーンズ, ブルックリンへ　103

1. マンハッタンのチャイナタウン　103
2. チャイナタウンの膨張と福州人街の形成　106
3. ニューヨーク郊外のニューチャイナタウン　113

VI インドシナ系華人と温州人が形成した
パリのチャイナタウン
―― 13区・ベルヴィル・マレ　123

1. フランスの華人社会　123
2. パリ13区のチャイナタウン
　―― インドシナ出身華人による形成　124
3. ベルヴィル ―― 下町のチャイナタウン　132
4. マレ地区 ―― ユダヤ人街のチャイナタウン化　137
5. 郊外化するチャイナタウン　138

目 次

Ⅶ　サンパウロの日系人街のチャイナタウン化
── 東洋街の変容とニューチャイナタウンの形成　　142

1　はじめに ･･142
2　華人の移住，経済活動，および社会組織 ････････････144
3　東洋街における華人社会 ････････････････････････････････149
4　3月25日通り地区における華人社会 ･････････････････157
5　サンパウロ華人社会の変容 ････････････････････････････162

Ⅷ　中印国境紛争後のコルカタのチャイナタウン
── インド唯一のチャイナタウンの変容　　168

1　はじめに ･･168
2　インドの華人社会の歴史的推移と地域的特色 ･････170
3　コルカタのチャイナタウン ････････････････････････････179
4　おわりに ･･193

Ⅸ　アフリカの島嶼国，モーリシャスの華人社会
── ポートルイスのチャイナタウンを中心に　　199

1　はじめに ･･199
2　モーリシャスにおける華人社会の形成と変容 ･････204
3　ポートルイスにおけるチャイナタウンの地域的特色 ･････213
4　おわりに ･･221

X　マレー人優先政策下の
　　クアラルンプールのチャイナタウン
　　　── 広東人中心のチャイナタウンの観光地化　　　225

1　はじめに ………………………………………………………… 225
2　クアラルンプールのチャイナタウンの伝統的特色 …………… 226
3　クアラルンプールのチャイナタウンの変容 …………………… 233
4　おわりに ………………………………………………………… 237

XI　中国の影響下における
　　ビエンチャンの新旧チャイナタウン
　　　── 社会主義化前後のチャイナタウンの変容　　　238

1　はじめに ………………………………………………………… 238
2　社会主義化以前のラオス華人社会 ……………………………… 241
3　社会主義化以後のラオス華人社会 ……………………………… 244
4　ビエンチャンの華人社会とチャイナタウン …………………… 250
5　おわりに ………………………………………………………… 256

XII　ソウルと仁川の旧チャイナタウン
　　　── 再建された仁川中華街　　　260

1　はじめに ………………………………………………………… 260
2　韓国華人社会の歴史的背景 ……………………………………… 262
3　華人の韓国社会への適応 ………………………………………… 267
4　ソウルと仁川の元チャイナタウン ……………………………… 271
5　仁川中華街の再建 ………………………………………………… 277
6　おわりに ………………………………………………………… 279

XIII 東京・池袋チャイナタウンの形成
——日本最初のニューチャイナタウン　284

1 はじめに ……………………………………………………………… 284
2 日本における新華僑の増加 ………………………………………… 285
3 池袋チャイナタウンの形成 ………………………………………… 287
4 新華僑のエスニックビジネス ……………………………………… 291
5 新華僑と地元コミュニティ ………………………………………… 294
6 おわりに ……………………………………………………………… 299

第3部　結　論

XIV 世界のチャイナタウンの類型化
——むすびに代えて　305

1 チャイナタウンの類型化の指標 …………………………………… 305
2 オールドチャイナタウン …………………………………………… 306
3 ニューチャイナタウン ……………………………………………… 309

索　引 …………………………………………………………………… 313
あとがき ………………………………………………………………… 322

第1部

序　論

I
世界のチャイナタウン研究の視点と方法

1 チャイナタウン研究の地理学的視点

　華人社会に関する研究は，歴史学・文化人類学・社会学・経済学・政治学・教育学・文学などさまざまな学問分野からアプローチがなされてきた。そのような中で，地理学からのアプローチの特色は，華人の集落（チャイナタウン，華人村落など）に関する研究，および各地における華人社会の地域的特色の究明であろう（山下，2002: 9-13）。そこで筆者は，チャイナタウンに焦点をあてながら，世界各地の華人社会の地域的特色に関する比較研究に取り組んできた（山下，2000; Yamashita，2013b）。また，ブラジルのサンパウロ，インドのコルカタ，サンフランシスコ，東京都豊島区の池袋などを対象に，華人社会・チャイナタウンの形成・変容を描写・分析してきた（山下，2007, 2009, 2010, 2017）。

　世界各地に華人が広く分布していることを，中国では「凡是海水所到的地方，就有華僑」すなわち「海水の至るところ華僑あり」と言われてきた。Chang（1968）は，華人の分布と職業についてグローバルスケールで論じ，特徴的なパターンを見出した。その研究の中で，1810年，ブラジルで茶の栽培を始めるためにサンパウロに華人労働者が導入されたのが，新世界におけるおそらく最初のアジア人コロニーであり，インド洋においては，1830年に最初の華人がモーリシャスのポートルイスに現れたと述べている。モーリシャス共和国（以下，モーリシャス）は，華人の世界的展開を考える上で，非常に重要である。しかしながら，モーリシャスの華人社会に関する学術的な研究は少な

く，特にフィールドワークにもとづく研究成果は極めて乏しい（山下，2015）。

近年，とりわけ 1980 年代以降，東南アジアや中国の目覚ましい経済発展に伴い，華人社会に対する関心が，経済界をはじめ各界で高まってきた。学術研究においては，第二次世界大戦前から中国研究の延長線上で，地政学的な影響を受けながら，伝統的な「華僑研究」が行われてきた。最近は，華人社会研究に取り組む若い研究者も増え，華人社会の政治・経済・社会・文化的側面に対して，歴史学，経済学，社会学，文化人類学，文学，教育学など多方面からアプローチされている。

1992 年には，世界的な海外華人研究学会として，ISSCO (International Society of Study for Chinese Overseas, 世界海外華人研究学会) が設立された。中国では，1993 年に『世界華僑華人詞典』が出版された（周主編，1993）。また，1999 年から，『華僑華人百科全書』全 12 巻の刊行が始まった[1]。1998 年には，シンガポールの華人社会研究者が中心になって，『海外華人百科全書』の中国語版と英語版の両方が出版された[2]。一方，日本においても，華人社会研究の隆盛に伴い，2002 年に『華僑・華人事典』が出版され（可児・游・斯波編，2002），2003 年には，日本で最初の華人社会研究の学会として「日本華僑華人学会」が設立された。また，2017 年には『華僑華人の事典』が刊行された（華僑華人の事典編集委員会編，2017）。

このように華人社会に関する学術研究が隆盛するなかで，地理学は，華人社会研究に対する地理学的特色をアピールしていくことが，地理学の社会的地位の向上にとっても必要であろう。

華人社会を対象とするさまざまな研究分野の中で，地理学的な研究アプローチの主要なものとして，筆者は次の 2 つを指摘したい（山下，2002，2003）。

1 つは，華人の集落地理学的アプローチに関する研究である。ここでは，チャイナタウン，華人農村，華人漁村などの立地・形成・構造・景観などについて，総合的に考察し，それらの要因を分析することが重要な課題となる。地理学以外の分野では，このような華人社会の集落そのものに焦点を当てた研究は非常に少ない。

華人社会の地理学的研究で重要と思われるもう 1 つの研究アプローチは，

Ⅰ　世界のチャイナタウン研究の視点と方法

地誌学的アプローチである。各地における華人社会の地域的特色とその背景を究明するものである。華人に関する諸要素を総合的に把握して，他地域の事例と比較しながら，各地の華人社会の普遍的特色（共通点）および地域的特色（差異点）を考察していく立場をとる。各地の華人社会の特色は，華人が居住する地域のホスト社会との関係をよく反映しており，華人のホスト社会に対する適応様式の考察が重要である。華人の居住地における適応様式は，地域的に多様性を帯びており，それらの比較考察によって，華人社会の地域的特色とその要因を解明することは，華人社会研究における地理学に課せられた重要なテーマである。

　世界各地にみられるチャイナタウンは，その形成過程から2つのタイプに分けることができる。1つは伝統的なチャイナタウンであり，多くは都市の中心部近くに形成されている。筆者はこのタイプを「オールドチャイナタウン」と呼んでいる。ニューヨークのマンハッタン，サンフランシスコ，バンクーバー，ロンドン，アムステルダム，シドニー，メルボルンなどの中心部のチャイナタウンは，オールドチャイナタウンである。

　一方，都市中心部のオールドチャイナタウンとは別に，近年，郊外に新しいチャイナタウンが形成されている。老朽化が進んだオールドチャイナタウンから，より居住条件が優れた郊外に移り住んだ華人や，香港や台湾出身の豊かな華人，さらには近年急速に裕福になった中国大陸出身の新移民（以下，新華僑）などによって，新しいチャイナタウンが形成されている。筆者は，これらのチャイナタウンを「ニューチャイナタウン」と呼んでいる。

　サンフランシスコのオールドチャイナタウンの西の郊外，リッチモンド（Richmond）地区に新しく形成されたチャイナタウンは，まさに"New Chinatown"と呼ばれている。ロサンゼルスのオールドチャイナタウンの東の郊外，モントレーパーク（Monterey Park）周辺にも，大きなニューチャイナタウンが形成されている（Fong, 1994）。バンクーバー南部のリッチモンド（Richmond）も，このニューチャイナタウンの一例である。このようにニューチャイナタウンが形成される一方で，ロサンゼルスやサンフランシスコのオールドチャイナタウンのように，インドシナ（ベトナム・ラオス・カンボジ

ア）出身の華人の流入も著しくなっている。

　では，日本のチャイナタウンの状況はどうであろうか。日本では，江戸時代末に開港され，外国人居留地が形成された港町である横浜，神戸，長崎にオールドチャイナタウンが形成された。横浜中華街・神戸南京町・長崎新地中華街の「日本三大中華街」は，多数の日本人来訪者を引きつける重要な観光地となっている。そして，改革開放以後，新華僑の増加に伴い東京・池袋にニューチャイナタウンが形成された。

2　本書の目的と方法

　これまで筆者は，上述した集落地理学的アプローチと地誌学的アプローチの両方の立場から，華人社会の重要な特色になっているチャイナタウンに焦点をあて，世界各地のチャイナタウンの地理学的考察に取り組んできた。

　中国を離れて海外に居住する華人とその子孫が集中する商業・業務地区であるチャイナタウンは，世界各地に形成されている。このようなチャイナタウンは，それぞれの地域ごとに特有の性格を有すると同時に，各地のチャイナタウンに共通する普遍的な性格をあわせ持っている。

　本稿は，これまでの筆者による華人社会およびチャイナタウンに関する研究を集大成する側面を持っている。そこで，これまでの筆者の研究視点，研究対象地域などの変遷について若干の整理を行ってみたい。

　筆者は，まず横浜中華街の研究から始めた（山下，1979）。その後，今日に至るまで，神戸南京町，長崎新地中華街を含めて日本三大中華街の研究を継続している。1978年からは，華人が中心になって設立したシンガポールの南洋大学への留学を機に，シンガポール・マレーシアをはじめとする東南アジア各地の華人社会・チャイナタウンの比較研究を始めた（山下，1987, 1988）。

　1994年に文部省在外研究員としてカリフォルニア大学バークリー校において研究の機会を得て以降，アメリカの華人社会・チャイナタウンに関する研究を始めた。その後，東南アジアやアメリカ以外に，世界各地のチャイナタウンでフィールドワークに取り組んで来た。また，それらと同時に，中国

における海外華人の出身地（僑郷，「華僑の故郷」の意）において，移民母村に関する調査・研究を継続している．

本研究のねらいは，上述したような研究・フィールドワークの成果を踏まえて，グローバルスケールで世界のチャイナタウンの比較考察を試みることである．このような視点で世界のチャイナタウンを学術的に考察したものはほとんどない[3]．各地このような比較考察も，地理学的研究の大きな特色である．

本研究では，近年，とりわけ1980年代以降における世界のチャイナタウンの動向について考察を行うとともに世界のチャイナタウンの類型化を試みることを目的とする．

本研究は，以下のような順序で進めていく．のちの議論の展開を助けるために，まず，チャイナタウンの伝統的特色について整理する．つづいて，これらを踏まえて，近年における世界のチャイナタウンの変容について，各地の具体的事例にもとづいて論じる．そして最後に，世界各地のチャイナタウンを比較考察することにより，世界のチャイナタウンの類型化を試みることにする．

【注】
1) 1999年には，まず，《華僑華人百科全書》編輯委員会編『華僑華人百科全書』中国華僑出版社，全12巻のうち，「新聞出版巻」「教育科技巻」「社団政党巻」の3巻が出版された．
2) 潘翎主編，崔貴強編訳 (1998):『海外華人百科全書』三聯書店（香港）. Pan, L. ed. (1998): *The encyclopedia of the Chinese overseas*. Archipelago Press and Landmark Books, Singapore.
3) 世界各地のチャイナタウンを紹介・記述した一般書として，沈 (1992)，呉 (2009) がある．

【参考文献】
華僑華人の事典編集委員会編 (2017):『華僑華人の事典』丸善出版．
可児弘明・游　仲勲・斯波義信編 (2002):『華僑・華人事典』弘文堂．
山下清海 (1979)：横浜中華街在留中国人の生活様式．人文地理，31 (4)，321-348．
山下清海 (1987)：『東南アジアのチャイナタウン』古今書院．
山下清海 (1988)：『シンガポールの華人社会』大明堂．

山下清海（2002）:『東南アジア華人社会と中国僑郷——華人・チャイナタウンの人文地理学的考察』古今書院.

山下清海（2003）:華人社会研究と地理学．髙橋伸夫編:『21世紀の人文地理学展望』古今書院，437-446.

沈立新（1992）:『世界各国唐人街紀実』四川人民出版社.

呉景明編（2009）:『世界著名華人街区—唐人街』吉林人民出版社.

周南京主編（1993）:『世界華僑華人詞典』北京大学出版社.

潘翎主編，崔貴強編訳（1998）:『海外華人百科全書』三聯書店（香港）． Pan, L. ed. (1998): *The encyclopedia of the Chinese overseas.* Archipelago Press and Landmark Books, Singapore.

Fong, T. P. (1994): *The first suburban Chinatown: The remaking of Monterey Park, California.* Temple University Press.

II
チャイナタウン研究における
フィールドワークの実践

　地理学の研究において，フィールドワークがいかに重要であるのかについては，あらためて述べる必要はないだろう。人文地理学のフィールドワークの考え方や方法に関連しては，尾留川編（1972, 1976），杉本（1983），市川（1985）などの専門書・啓蒙書がある。また野間ほか編（2017）は，フィールドワークも含めて，人文地理学の調査・研究の方法を平易に解説している。筆者も，すでに地域調査全般に関連して，フィールドワークの方法，景観観察，聞き取り，記録の方法（フィールドノート），データの整理，文献収集などについて論じた（山下，2003b）。

　本章では，筆者が卒業論文の執筆以来取り組んできた華人社会やチャイナタウンを中心とするエスニック地理学に関連するフィールドワークの体験を通して（山下編, 2005, 2008, 2011, 2014, 2016），人文地理学におけるフィールドワークの方法について考えてみたい。

1　初期のフィールドワーク体験から

(1) 南伊豆の半農半漁村 —— フィールドワークの"原点"

　筆者は1971年に東京教育大学理学部地学科地理学専攻に入学し，2年生および3年生の時に人文地理学，地形学，水文学などの巡検に参加した。初めてのフィールドワークを体験し，人文地理学だけでなく自然地理学を含めたフィールドワークの方法を，フィールド（調査対象地域）で学び，教室での講義や演習とは異なる聞き取り調査，土地利用調査，景観観察，地形学・気候

学・水文学の観測などを実践的に学ぶことができた。

　1975年に筑波大学大学院博士課程地球科学研究科地理学・水文学専攻に進学し，人文地理学をより専門的に研究するようになった。人文地理学講座では，毎年，静岡県下田市の筑波大学附属の臨海実験場（現・筑波大学下田臨海実験センター）に1週間滞在し，南伊豆の半農半漁村の調査を続けていた（尾留川・山本編, 1978；田林, 2014）。その巡検のやり方は，おおむね次のとおりである。

　山本正三先生（現・筑波大学名誉教授）および高橋伸夫先生（筑波大学名誉教授，2013年死去）の指導のもと，先輩の大学院生が入学間もない大学院生にフィールドワークの基礎を教え込むシステムになっていた。複数の班に分かれ，それぞれ担当する研究対象地区を受け持っていた。筆者が修士課程1年生の時に参加した巡検では，下田市の田牛(とうじ)地区を担当した。その際，フィールドワークの実践的な指導をしてくださったのは，当時，博士課程2年生の田林　明先輩（現・筑波大学名誉教授）であった。田牛では，おもにイセエビ・アワビ漁を中心とした漁業の変化と民宿経営などについて調査した（田林ほか, 1978）。統計など数量的なデータが限られているなかで，漁業組合の倉庫の中から漁獲に関する古い記録を探し出し，それをもとに図化したり，漁民から詳細な聞き取りを行う方法などを，田林先輩から学んだ。その際，一人で質問しながら，同時にフィールドノートに詳細に記録されていく田林先輩を傍で見ていて非常に参考になった。公表されている統計データだけでなく，被調査者の個人的な記録やさまざまな体験談などの質的データの重要性を学ぶことができた。とりわけフィールドノートに詳細に記録していくことがいかに大切であるかを，この時初めて自覚した。

　学部・大学院時代には，人文地理学の巡検だけでなく，佐渡における海岸段丘に関する地形学巡検，栃木県今市扇状地および神戸の西神ニュータウン開発に伴う地下水・河川に関する水文学巡検，菅平高原における気候学巡検などにも参加した。自然地理学の巡検の経験は，特にアメリカ，ヨーロッパ，中国，東南アジア，インド，ブラジル，メキシコ，アフリカ，中東など海外調査に出かけた際に非常に役に立った。

(2) 横浜中華街でのフィールドワーク

　修士課程 1 年生のゼミで紹介すべき英語論文の選択では，大いに悩んだ。現在のようにインターネットの文献データベースが利用できるわけではないので，*Annals of the Association of American Geographers*, *Geographical Review*, *Economic Geography* などの海外の著名な地理学雑誌のページをめくりながら，興味のある論文がないか探し回った。実際に論文の内容を見ながら論文を探す過程は，非常によい勉強になり，人文地理学のテーマの幅の広さを認識することができた。今日では，興味のあるキーワードを文献データベースに入力し，ヒットした論文の中から，内容をよく理解しないまま消化不良の論文紹介をする学生・大学院生が少なくないが，かつてのような地道な論文選択の過程は，非常に貴重である。

　筆者が実際に大学院のゼミで紹介した英語論文の中でも，もっとも刺激を受けたのは，世界の華人の分布と職業について論じた Chang（1968）と，ボストンのチャイナタウンに関する Murphey（1952）の論文であった。Chang の論文は，世界中に広く分布する華人の現地社会への適応の地域的特色と普遍的特色について考察しており非常に興味深かった。いずれ世界中の華人社会やチャイナタウンについてフィールドワークをしてみたいという筆者の研究目標がこの論文を読んで決まった。また，Murphey の論文は，sequent occupance 論（遷移的占拠：地域における人間集団の土地占拠の様相を時代ごとに記述）の考え方にもとづいて，ボストンのチャイナタウンの変遷を描写していた。それでは，横浜中華街，神戸南京町，長崎新地中華街はどのようにして形成され，いかに変容してきたのだろうかという研究課題が筆者の頭の中に浮かんできた。

　当時，筆者は大学院のゼミで紹介する英語論文は，常に日本語に全訳するようにしていた。全訳することにより，詳細な部分も理解することができ，和訳した日本語の不自然さから，内容の理解の誤りに気づいた。外国語の日本語への翻訳の経験は，論文や本を書く際の日本語の文章力の向上に大いに役に立ったことは，あとになって気づいた。

　上記の大学院ゼミでの英語論文紹介により，筆者は，横浜中華街の研究で

修士論文を書くことに決めた。そして，自分で決めた修士論文の研究計画にもとづいて，横浜中華街でフィールドワークを開始した。これまでの大学院の授業の一環としての巡検とは異なり，自分ひとりで調査計画を立て，試行錯誤で聞き取り調査，店舗の分布図などの作成を試みた。

　最も難しかったのは，中国料理店をはじめ華人経営の店舗での聞き取り調査であった。手当たり次第に飛び込みで訪問して，「話を聞かせてください」と頼んだ。多くの場合，「忙しいから」と断られた。ときには，「もし，あなたが週刊誌の記者だったら，うちの店のPRになるから，喜んで話をしてあげるよ。あなたの調査に協力して，うちの店に何かよいことがあるの？」と断られたこともある。そこで筆者が学んだのは，聞き取り調査の場合には，相手の立場になって考える，ということである。インフォーマントに対して一方的に聞き取るだけでなく，相手の話を聞きながら，自分のフィールドワークの経験から，相手が関心を持っているようなことを話すように心がけた。もちろん，調査の個人情報の秘匿に注意することは言うまでもない。中国料理店を対象とした聞き取りの訪問のタイミングについては，年末年始などの繁忙期やランチタイム，ディナータイムの忙しい時間帯は当然避けなければならない。この時以来，世界のどこのチャイナタウンで調査する際にも，客が少なくなった頃に中国料理店に入って料理を注文し，客になりながら，店内で話を聞くようにしている。

　横浜中華街の修士論文の調査では，聞き取り項目を書いた質問用紙にもとづいて実施した。しかし，フィールドワークの経験が乏しい当時の筆者では，質問が尋問調になり，それぞれの聞き取り相手が持っている個別の特徴を生かした内容を聞き出すことはできなかった。聞き取りにおいては，「この人だったら，こんなことが聞けるのではないだろうか」という，経験に裏打ちされた研究者としての勘が重要である。

　横浜中華街のフィールドワークで最も悩ましかったのは，中国内部の政治的対立であった。聞き取り調査をしている時に，「あなたは台湾派，それとも大陸派？」と言われたことがよくあった。「それがわからないと話ができないよ」という意味であった。そこで，「私はどちらでもないです」と答えると，

Ⅱ　チャイナタウン研究におけるフィールドワークの実践

「だったら，公安の方？」と嫌みたっぷりに言われた。「公安」とは，警察の外事部門，いわゆる公安警察を意味していた。横浜中華街では，第二次世界大戦後，1949年に中華人民共和国が建国され，台湾の中華民国政府との対立の影響を受けて，中華学校も華僑総会も，大陸支持派と台湾支持派の2つに分裂していた。この厳しい政治的対立が緩和されるようになったのは，1986年元旦の火災で被害を受けた関帝廟を，両者が協力して1990年に再建してからである。

聞き取り調査に行き詰まっていたときに，ある台湾人留学生から横浜中華学院の先生を紹介してもらった。その先生を訪問して筆者の修士論文の構想を話すと，「そのようなことなら，杜先生が詳しいですよ」と言い，紹介してくれたのが杜 国輝先生であった。杜先生は筆者の研究に理解を示され，全面的に筆者の研究に協力してくださった。そして，私の研究に協力してくれそうな知人を紹介してくれた。さらに，その方はまた別の人を紹介してくれ，しだいに研究協力者が増えていった。のちに杜先生自身も，華人研究に取り組まれ（杜,1991），横浜中華学院の校長を務められた。

ここで，筆者が教訓として得たことは，「よい人は，よい友人・知人を持っており，よいネットワークを築いている」ということである。このように，フィールドワークにおいては，自分の研究にとって，キーパーソンとなる人物を見つけることが非常に重要である。ただし，当時，横浜中華街のフィールドワークでは，台湾派のルートに偏りすぎて，私も台湾派であるとみなされないように気をつけて行動した。

このため，修士論文を加筆修正して『人文地理』（人文地理学会）に掲載された論文（山下,1979）の謝辞には，調査でお世話になった華人の氏名は，ひとりも記さなかった。政治的対立が厳しい中では，大陸派，台湾派の方々に迷惑をかけることになるからである。これは，今でいえば調査協力者の個人情報保護にあたるものである。その後1990年代になると，中国大陸出身の留学生が台湾系の横浜中華学院の先生から聞き取りをして論文を執筆するようになった。

2　東南アジアにおけるフィールドワーク

(1) シンガポールにおけるフィールドワーク

　大学2年生の終わりの春休みに，筆者はひとりでリュックサックを背負って，東南アジアを旅した。まだ，バックパッカーという言葉も，"Lonely Planet"の旅行ガイドブック（1973年創刊）や『地球の歩き方』（1979年創刊）などの個人旅行者向けのガイドブックもない時代であった。その42日間のひとり旅の経験で，筆者は東南アジアの社会・文化の多様性を体験し，将来は東南アジア地域研究者になることを決めた。そのためには，大学院に進学し，東南アジア留学を目指すことにした。

写真Ⅱ-1　タイ北部，チェンマイ近郊のモン人の子ども（1973年3月）

　卒業論文は「タイの民族地理学的研究」と題して，平地で稲作に従事する主要民族のタイ族，都市に居住し経済面で優位な華人，そして山地で焼畑を行う少数民族（写真Ⅱ-1）からなるタイの複合社会について，日本語と英語の文献を中心にまとめた。卒業論文では，一人旅の経験を活かしたものの，本格的なフィールドワークを行わなかったので，修士論文では，フィールドワークにもとづく研究テーマを模索した。結局，将来の東南アジア地域研究に役に立つテーマとして，横浜中華街をフィールドにすることにした。

　大学院博士課程（5年一貫制）の4年の時に，文部省アジア諸国等派遣留学生（当時，全国で定員7名）に選ばれ，シンガポールにあった南洋大学[1]の文

Ⅱ　チャイナタウン研究におけるフィールドワークの実践

写真Ⅱ-2　南洋大学の行政楼（本部）（1978年12月）

学院地理系に1978年11月から2年間留学することができた（写真Ⅱ-2）。

　南洋大学を留学先に選んだ最大の理由は，南洋大学がシンガポール・マレーシアを中心とする東南アジア華人自らの手によって1956年に設立された大学であるからであった。東南アジアを理解する際には，華人社会を研究することが重要と考え，筆者は南洋大学で東南アジア華人社会について研究することにした。

　南洋大学では，設立以来，現地では「華語」または「華文」と呼ばれる標準中国語で講義が行われてきたが，1975年から，中文系を除き講義は英語で行われることになった。しかし，筆者が留学した1978年当時，講義は英語でも，学生の多くは南洋大学入学まで華語で授業が行われる学校の卒業生であり，講義中以外の日常会話では華語がよく使用されていた。

　学部時代の筆者の第2外国語はドイツ語であった。筆者は大学院に入ってから，当時，神田古本屋街の中国専門書店，内山書店の上階にあった日中学院に週3日，夜間の中国語クラスに通って，中国語を基礎から勉強した。しかし，留学当初，南洋大学の学生，教職員の話す華語は，ほとんど聞き取れなかった。彼らは筆者に対して，決して中国語の方言を話していたわけではなく，華語を話していたが，当時の筆者には，華人の会話のスピードはあま

りにも速く感じられ，筆者の拙い能力ではついていけなかった。

　そこで，学生宿舎に住んでいた筆者は，いつもメモ帳を持ち歩き，学生と話す際には，片っ端からわからない言葉を書いてもらって，あとで辞書で調べた。毎日，話題についていくために，中国語新聞（以下，華字紙）をていねいに読んだ。教員との会話はフォーマルになりがちだが，学生や食堂の従業員などとの会話はリラックスできた。週末には，たいてい台湾，香港，中国大陸などの映画を見に出かけた。カンフーなどの時代劇に比べ，恋愛映画の現代劇は中国語会話の学習の大きな助けになった。スクリーンの下に出てくる中国語の字幕は，最良のテキストだった（山下，1994）。

　南洋大学の学生宿舎に住んでいたため，毎日の夕食は，華人学生とテーブルを囲んで，華語で会話することになった。そのおかげで，筆者の拙かった華語も，しだいに上達していった。と同時に，華人の習慣，思考・行動様式なども知ることができ，毎日，フィールドワークをしている状況であった。そして，忘れないうちにフィールドノートに詳細に記録し続けた。年齢が若いせいもあって，毎日，発見の連続の日々であった。

　留学の2年間は，現地の華字紙である『星洲日報』を購読し，食堂でもう1つの華字紙である『南洋商報』と英語新聞の"Strait Times"を読むようにしていた。現地の新聞を読むことは，フィールドワークでは非常に重要であり，現地の人々への聞き取り調査でも，非常に役に立った。今日でも，日本語と英語以外に，もう1つの外国語である中国語による情報を収集できることは，世界各地の状況を知るうえできわめて有用である。

　南洋大学には，華語研究センターがあり，日本人やソ連人などの外国人が中国語を学んでいた。今になって悔やまれるのは，学費を惜しまず，筆者も華語研究センターで華語を学んでおけば，もっと正確な華語の会話ができるようになったにちがいないことである。外国語学習では，ある時期に集中して，外国語教育専門の教員から学ぶことが重要である。

(2) 東南アジアにおけるフィールドワーク

　シンガポールに2年間留学している際に，周辺の東南アジア各国のチャイ

Ⅱ　チャイナタウン研究におけるフィールドワークの実践

ナタウンを調査した。隣国のマレーシアへは，ジョホール水道を通って，バスやマラヤ鉄道で何度も出かけた。そのほか，インドネシア，ブルネイ，フィリピン，タイ，ビルマ（ミャンマー）もひとりで歩き回った。しかし，留学当時は，ベトナム・ラオス・カンボジアのインドシナ3国はベトナム戦争後も混乱が続いたため，残念ながら訪れることができなかった。東南アジア各国を訪れて，いつも感じたことは，どこにもチャイナタウンがあり，中国語を使用する機会があり，中国語ができると，華人社会に関する情報だけでなく，華人から現地社会の生の状況を聞くこともできるということであった。文献情報も乏しく，チャイナタウンの地図もない当時の状況では，自分自身が観察したこと，聞き取りしたことを記録したフィールドノートこそが，何よりも貴重な情報であった。

　シンガポール留学を終えて，4年ほど後に月刊誌『地理』（古今書院）に，東南アジアのチャイナタウンについて連載記事を書いた。それに加筆して生まれて初めて出版した本『東南アジアのチャイナタウン』（山下，1987）は，読売新聞の文化欄や毎日新聞の書評欄[2]でも紹介され，地理学関係者以外の方々からも拙著に関心を持ってもらえたことに喜びを感じた。

　筆者は，研究者が本や論文を書く際に，フィールドワークの「臨場感」を伝えることが，非常に重要であると思っている。そのためには，フィールドノートには詳細に記録し，原稿はできるだけ現地で書くことである。1992年，ベトナムのホーチミン市（サイゴン）のチョロン地区のチャイナタウンを初めて訪れた。ベトナム戦争後のチョロン地区のチャイナタウンについては断片的な報道がある程度で，実情はまだ知られていなかった。だからこそ，フィールドワークで知った情報を，多くの人に早く伝えたいと思い，ホーチミン市滞在中に，チョロンのチャイナタウンについて原稿を書いた。この原稿は，帰国後まもなく読売新聞夕刊の文化欄に2回に分けて掲載された[3]。文章の書き方やフィールドワークの成果をいかに文章に表現するのかについては，木下（1981），野村（2008）が参考になる。

　原稿の執筆だけでなく，現地滞在中にやっておくべきことは，フィールドワークをもとに書く予定の論文の構成（章立て）を考えることである。一般的

には，論文の構想をある程度頭の中では考えながらフィールドワークを行っているのであろうが，往々にして，論文の詳しい構成は，大学に戻ってからゆっくり考えようという場合が多いのではなかろうか。論文の構成案はできるだけ詳しい方がよく，章だけでなく節や項まで作成することにより，論文の目的やオリジナリティがより鮮明になると同時に，残りのフィールドワークの期間内に取り組んでおくべき課題がわかってくる。さらに，フィールドワークの途中で，自分が書こうとしている仮のタイトルを考えておくことも有効である。論文の内容が決まってないのに，論文のタイトルを考えるのは早すぎると思われるかもしれないが，論文のタイトルには，必ずキーワードが含まれる。自分が取り組んでいる研究のキーワードが何であるのかを，フィールドにおいて考えておくことは重要である。論文のタイトルには，研究の目的や研究視点も反映されているはずである。論文の仮のタイトルもつけることができない場合には，進めてきたフィールドワークの計画を再考すべきなのかもしれない。

　ここで，フィールドノートの記録から，筆者が本を書いた実例を紹介しておきたい。

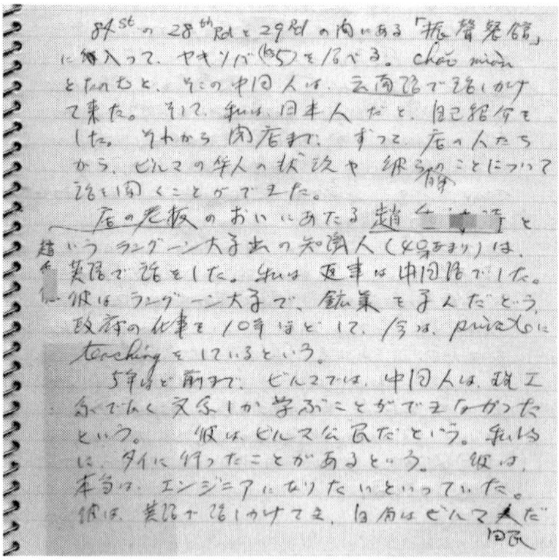

写真Ⅱ-3　マンダレーのチャイナタウン調査時のフィールドノート（1979年12月）

写真Ⅱ-3は，1979年，ビルマ（ミャンマー）北部の中心都市マンダレーにおける筆者のフィールドノートの記録である。当時，初対面の華人から話を聞くのに，フィールドノートを出していては警戒されるので，聞き取りの後，記憶が鮮明なうちに，フィールドノートにできるだけ克明に記録することに努めた。この記録をもとにして原稿を書いて，最終的に本になった文章

は次のとおりである（山下，1987：188）。

> 　第八四街（84th Street）のある小さな中国料理店に入ってみた。「炒麺（チャオミェン）！」と叫んで焼ソバを注文すると，店主の妻が雲南方言で話しかけてきた。彼女は私を雲南人と思ったそうである。雲南方言はもともと標準中国語（普通話）にかなり近いようだ。ちょうど店主の親類もこの店を訪れていた。私は，標準中国語を自由に操り，知識豊富なこの金という姓の男性にたいへん興味を抱いた。そして，翌日も彼から話を聞いた。
> 　金氏の出身は，雲南省騰衝県である。騰衝は古くからミャンマーへの交通の要衝として栄えたところであり，日中戦争中はビルマ・ルートの雲南省側の拠点の1つであった。マンダレーの雲南人の中には，この騰衝県出身者が多い。1955年，金氏が22歳の時，彼は妻子を残したまま単身でマンダレーに逃げてきた。その理由について金氏は，もともと地主階級の出身であったこと，そしてある法を犯したので妻子のもとに帰るわけにはいかないということを言葉少なに話してくれた。

3　フィールドワークにおける地図化

(1) マンダレーのチャイナタウンの地図化

　フィールドワークでは，聞き取りや観察が重要であるが，収集したデータは可能な限り，図や表にする必要がある。特に地図化することは，フィールドワークを実施しているさまざまな学問の中で，地理学の"武器"ともいえる。

　地図化に関して，筆者の経験を2例紹介したい。まず，ベースマップも全くないところで，地図を作った例である。

　1979年，ビルマ（ミャンマー）北部の主要都市マンダレーにおけるチャイナタウンの調査においてである。当時，ビルマはネ・ウィン将軍率いる独自のビルマ式社会主義を実施しており，半ば鎖国状態にあった。このため開発は遅れ，筆者がマンダレーに到着しても簡単な地図さえ全く入手できず，途方に暮れてしまった。とにかく街中を歩いているうちに，イギリスの植民地

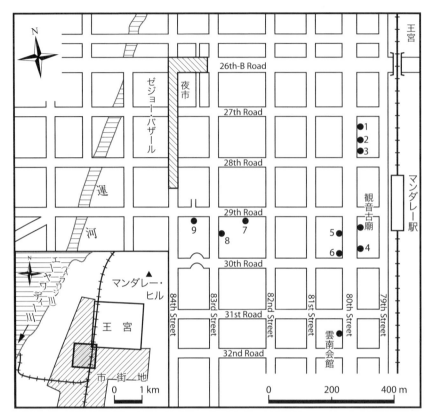

図Ⅱ-1 マンダレーのチャイナタウン（1979年調査）（山下，1987：185）
1. 曾氏館　2. 永靖聯誼会　3. 古城会館　4. 陳家館　5. 朱家館
6. 李隴西堂　7. 客属群治会館　8. 潮州同郷会　9. 鳳山寺

化で形成された市街地は，碁盤目状の道路パターンになっており，通りの名称は数字が用いられていたことがわかった。そこで，筆者はフィールドノートのページに縦線と横線を描いて，とりあえずこれをベースマップとして，華人の会館（団体）や廟などの分布を記していった。その後，隣国タイのバンコクの書店で，マンダレーの地図を入手することができ，作成したのが図Ⅱ-1である。2009年，筆者はマンダレーを再訪したが，当時作成したこの図は，正確なものであったことを確認した。

Ⅱ　チャイナタウン研究におけるフィールドワークの実践

(2) コルカタのチャイナタウンの地図化

　今日では，以前に比べさまざまな地図が比較的容易に入手できるようになった。しかし，大縮尺の地図は，都市郊外や農村部になると，フィールドワークに必要な適当な地図が入手できない場合が多い。

　2009年，筆者はインドのコルカタのチャイナタウンのフィールドワークを行った（山下，2009）。コルカタのチャイナタウンに関する報告は，本書Ⅷに掲載しているので併せて参照いただきたい。

　インドは大国でありながら華人人口は少なく，インドのチャイナタウンはコルカタにしか存在しない。コルカタの中心部のチャイナタウンの位置については，事前にある程度の目途は立っていた。しかし，中国語のインターネットで情報を検索すると，コルカタに新しく形成されたチャイナタウンがあるらしく，その位置については，現地を訪問するまでわからなかった。

　コルカタ中心部の衰退してしまったチャイナタウンの華人の廟で，中国語を解する華人に新しいチャイナタウンについて尋ねると，彼がタクシーに乗って案内してくれた。しかし，その場所がコルカタのどこに位置しているのかは，彼自身も私が持参している地図で示すことはできなかった。その地区の地名を尋ねても，地図には掲載されておらず，インターネットで検索しても出てこなかった。タクシーで移動する際に，行先を地図で追い，車窓の景観の特色や目印などを地図の上に書き込んだ。ホテルに戻りGoogleマップやその航空写真を何度も見ているうちに，新しいチャイナタウンのだいたいの位置が判明した。プリンターは持参していないので，Googleマップを拡大した地図をフィールドノートに描き写した。

　翌日，タクシーの運転手に私が行先を指示して，再びそのチャイナタウンを訪れることができた。このコルカタ東部のタングラ地区に形成されたチャイナタウンは，大通りから入った細い道路沿いに位置している。かつて華人が経営する皮革工場が集中していたが，近年，それらが中国料理店に変わって，チャイナタウンと化したところである。フリーハンドで地図をフィールドノートに書きながら，中国料理店の位置や名称（中国語表記とアルファベット表記の両方），その他関連施設などを記録した。帰国してからGoogleマップ

をベースマップとして地図化することができた(本書Ⅷ参照)。

4 フィールドワークから新たな研究アイディアの発見

(1) フィールドワークとデスクワーク

　地域調査イコール，フィールドワークではない。フィールドに出かける前には，文献，統計，その他さまざまな情報を収集・整理し，フィールドワークの準備と具体的な計画を立てるデスクワークが重要である。事前のデスクワークは，フィールドワークの成功を左右する(山下，2003b)。

　優れたフィールドワーカーは，非常にもの知りである。その豊富な知識はどこからくるのであろうか。優れたフィールドワーカーは読書家でもある。論文や図書など広範な読書から多くの情報を得て，それらをフィールドワークにより確認し，あるいはフィールドワークで見つけた疑問を解くために，さらにデスクワークを行うからである。言うまでもないが，フィールドワークとデスクワークは，車の両輪である。

　最近は，新聞記事データベースが充実してきている。従来の新聞縮刷版は東京発行の紙面を製本したものであった。インターネットで新聞記事データベースを検索して得られる地方版に掲載された記事を調べておくことは，フィールドワークに出かける前の必須のデスクワークの1つである。

(2) フィールドワークから研究アイディアが生まれる――「すみわけ」の例

　横浜中華街に関する研究は少なくないが，筆者が修士論文で横浜中華街に関する研究を行う過程で，特に地理学的な課題であると気づいたことがある。明治の外国人居留地時代において，欧米人は山手居留地に居住したが，中華街が形成された土地は，かつて横浜新田であった「埋め立て居留地」であった。筆者は，これを欧米人と中国人の「すみわけ」ととらえることができるのではないかと考えた(山下，1979，1991)。

　中国人によるチャイナタウンの形成そのものも，エスニック集団のすみわけの例である(山下，1984)。筆者がその後，留学したシンガポールでも，イギ

リスの植民地行政官，ラッフルズが1819年のシンガポールを植民地にした後に実施した都市計画には，当初からヨーロッパ人，華人，インド人，イスラム教徒とのすみわけが内包されていた。シンガポールでは，イギリス人や華人の富裕層は，丘陵地に居住する傾向があり，彼らを主要顧客とする店舗が集中して形成されたのが，有名なショッピングストリートであるオーチャードロードの起源である。これは，横浜における元町商店街や神戸のトアロードの形成過程と共通する点が多い。

　シンガポールと横浜の共通点を感じながら，筆者はシンガポールでの具体的な研究テーマの選定では大いに悩んだ。「研究のことで迷ったら，フィールドに行って考えよ」と具体的に誰かに言われたかどうかの記憶ははっきりしないが，とにかく地図を持って，シンガポールのチャイナタウンを歩き回った。その際のハプニングが，その後の筆者の博士論文のテーマ設定につながった。

　ある日，都市再開発がまだ実施されていない，シンガポール中心部の広東人街を歩き回っている時に，偶然，小学校低学年くらいの少年が車に轢かれた瞬間を目撃した。すると，近所の華人が家から飛び出て来て，車輪に挟まれている少年を引きずり出したが，その場では，全員が広東語を話していた。当時，シンガポール政府は華人に対して「方言をやめて華語を話そう」というキャンペーンを展開していたが（山下，1987：35-41），その場では誰ひとり，共通語となるべき華語や英語を話していなかった。そこに筆者は，華人方言集団のすみわけの状況を改めて実感した。このハプニングがきっかけなり，筆者は，シンガポールの華人方言集団のすみわけの研究を行うことにした（山下，1985, 1988; Yamashita, 1986）。

（3）フィールドワークから研究アイディアが生まれる
――「ニューチャイナタウン」の例

　横浜中華街や東南アジアのチャイナタウンなどに関する研究の後，筆者はさらに研究対象地域を広げ，世界各地でフィールドワークを実施するようになった（山下，2000）。各地のチャイナタウンを比較考察していく過程で，さまざまな新しい研究アイディアが浮かんでいった。言うまでもないことではあ

るが，複数の地域を比較することにより，地域的特色や多くの地域に共通する普遍的特色が明らかになってくる。そして，それらの地域的特色や普遍的特色の要因の考察が次の研究課題となる。フィールドワークに取り組んでいる際に，さまざまなところで播いた種が，ある時，一斉に芽を吹くような知的興奮を感じることが，筆者にはしばしばある。

　1994～1995 年に，文部省在外研究員としてカリフォルニア大学バークリー校の Asian American Studies でアメリカの華人社会・チャイナタウンの研究をしていた際に，日本とは違って，サンフランシスコやロサンゼルスなどでは，多くのニューチャイナタウンが形成されているのを実際に見た。その後，1997 年に東洋大学国際地域学部に勤務するようになり，中国人留学生との会話の中で，「池袋」という地名を多く耳にするようになった。中国人留学生が「コンパをするなら池袋によい店が多い」，「主人とふたりで，最近，池袋に中国料理店を開いた」というような会話を聞いてから，何度も池袋を訪れるうちに，池袋駅北口界隈は，アメリカやカナダで見たニューチャイナタウンの萌芽期にあたると確信した。そして，横浜中華街・神戸南京町・長崎新地中華街のようなオールドチャイナタウン（Yamashita, 2003），いわゆる「中華街」とは異なることを明瞭にするために，自らいち早く 2003 年に「池袋チャイナタウン」と名づけた（山下, 2010；Yamashita, 2013a）。

　その後も，ヨーロッパ，ロシア，アメリカ，カナダ，ブラジル（山下, 2007），オーストラリア，ニュージーランドなどで，華人社会・チャイナタウンのフィールドワークを実施する過程で（山下, 2000），中国の改革開放政策後，急増している新華僑に強い関心を抱くようになってきた。その成果の 1 つとして，Yamashita（2013b）は，ニューチャイナタウンや新華僑に着目して，世界各地のチャイナタウンの類型化を試みたものである。

　また，海外在住の華人の出身地は，中国では「僑郷」（「華僑の故郷」という意味）と呼ばれる。すでに筆者は，東南アジア華人の主要な出身地である福建省・広東省・海南省の僑郷について研究した（山下, 2002）。僑郷への関心も，世界の華人社会・チャイナタウンのフィールドワークの過程で生まれてきたものである。フランス・イタリア・スペインなどの新華僑の中には，中国の

Ⅱ　チャイナタウン研究におけるフィールドワークの実践

写真Ⅱ-4　福建省福清市における日本出稼ぎ経験者への聞き取り（2007年8月）

浙江省温州市およびその西隣の麗水市青田県の出身者が多い（山下ほか，2012）。青田県は在日老華僑の主要な僑郷であり，プロ野球の王貞治氏の父親の故郷でもある。温州市・青田県，福建省福清市をはじめ新華僑の代表的な僑郷において，僑郷としての地域性，海外在留の新華僑と僑郷との結びつき，新華僑の海外への送出プロセスなどに関するフィールドワークを実施するようになった。

　中国の僑郷における調査では，関連の統計・文献資料が乏しいなかで，フィールドワークこそがオリジナルデータになる。福建省福清市では，日本で不法残留しながら働き続け，故郷に豪邸を建てた人の体験を聞き取った（写真Ⅱ-4；山下ほか，2010）。またハルビン郊外では，満洲開拓団員として黒竜江省に渡り，終戦後は残留孤児となり，養父に虐待されながらも強く生き抜いた中国残留日本人老婦人の苦難な体験をフィールドノートに記録した（山下ほか，2013）。

5　おわりに

　本章では，筆者自身のこれまでのフィールドワークの体験を通して，人文地理学におけるフィールドワークの方法について論じた。個人的なフィールドワークの体験であり，華人社会・チャイナタウンなどエスニック地理学に関連するフィールドワークの狭い例である。しかし，人文地理学のフィールドワークの基本としては，共通するものが多いはずである。

　一般に論文や図書の中では，著者自身がどのようなフィールドワークを実施したかどうかについては，あまり具体的に紹介されることはない。しかし，多くの研究者によるフィールドワークの具体的な方法を比較検討することは，人文地理学のフィールドワークの向上に貢献するはずである。

　研究のアイディアや論文のストーリーは，フィールドワークを通して見えてくることが多い。フィールドワークの際に発見し，「このことは，まだ誰も知らない，気づいていないだろう」という「自己満足」が，フィールドワークへの意欲を高めると同時に，図書や論文の執筆への高いモティベーションを維持する原動力になる。

【注】
1)　南洋大学は，シンガポール政府により，1980年7月にシンガポール大学と合併させられ，シンガポール国立大学となった。当時の状況については，山下（1987:42-45）に「南洋大学の『閉学』」と題して論評している。
2)　毎日新聞　1987年5月4日（月），「新刊の窓」に掲載された『東南アジアのチャイナタウン』の紹介文は次のとおりである。
　　　アジア各国の華僑は二千万人とも三千万人ともいわれているが，彼らは今や現地社会にしっかり根をおろし，その国の国民になりきっている。華僑の「僑」が意味する"仮住まい"の意識は薄れ，シンガポールなどでは華僑に代わって「華人（ファレン）」と呼ばれるようになった。著者は地理学を専攻する学者だが，学生時代から東南アジア各国を歩き，フィールドワークを重ね，地域によってさまざまな素顔を見せる華人たちの生活ぶりを紹介している。
3)　山下清海「華人社会から見たベトナム（上）・（下）」．読売新聞（夕刊）「文化」欄．1992年9月8日および9日。

Ⅱ　チャイナタウン研究におけるフィールドワークの実践

【参考文献】

市川健夫（1985）：『フィールドワーク入門――地域調査のすすめ』古今書院．
木下是雄（1981）：『理科系の作文技術』中央公論社．
杉本尚次（1983）：『フィールドワークの方法』講談社．
田林　明（2014）：フィールドワークによる農業・農村地理学研究．藤田佳久・阿部和俊編：『日本の経済地理学50年』古今書院，102-111．
田林　明・山下清海・渡辺恭男・大嶽幸彦・菅野峰明（1978）：田牛――漁業の変遷と漁家の分化．尾留川正平・山本正三編：『沿岸集落の生態――南伊豆における沿岸集落の地理学的研究』二宮書店，99-112．
杜　国輝（1991）：『多文化社会における華僑・華人の対応――日本・台湾における華僑学校卒業生の動向分析』（トヨタ財団助成研究報告書），横浜中華学院．
野間晴雄・香川貴志・土平　博・山田周二・河角龍典・小原丈明編（2017）：『ジオ・パルNEO――地理学・地域調査便利帖　第2版』海青社．
野村　進（2008）：『調べる技術・書く技術』講談社．
尾留川正平編（1972）：『人文地理学の基礎』（現代地理調査法Ⅲ）朝倉書店．
尾留川正平編（1976）：『地域調査』（現代地理調査法Ⅳ）朝倉書店．
尾留川正平・山本正三編（1978）：『沿岸集落の生態――南伊豆における沿岸集落の地理学的研究』二宮書店．
山下清海（1979）：横浜中華街在留中国人の生活様式．人文地理，31，321-348．
山下清海（1984）：民族集団のすみわけに関する都市社会地理学的研究の展望．人文地理，36，312-326．
山下清海（1985）：シンガポールにおける華人方言集団のすみわけとその崩壊．地理学評論，58，295-317．
山下清海（1987）：『東南アジアのチャイナタウン』古今書院．
山下清海（1988）：『シンガポールの華人社会』大明堂．
山下清海（1991）：横浜中華街と華僑社会――開港から第二次世界大戦まで．山本正三編：『首都圏の空間構造』二宮書店，211-220．
山下清海（1994）：アジア留学のすすめ．『留学事典'94　悩み解決Q＆A特集号』アルク，124-125．
山下清海（2000）：『チャイナタウン――世界に広がる華人ネットワーク』丸善．
山下清海（2002）：『東南アジア華人社会と中国僑郷――華人・チャイナタウンの人文地理学的考察』古今書院．
山下清海（2003）：地域調査法．村山祐司編：『地域研究』（シリーズ〈人文地理学〉2）朝倉書店，53-79．
山下清海（2007）：ブラジル・サンパウロ――東洋街の変容と中国新移民の増加．華僑華人研究，4，81-98．
山下清海（2009）：インドの華人社会とチャイナタウン――コルカタを中心に．地理空間，2，32-50．
山下清海（2010）：『池袋チャイナタウン――都内最大の新華僑街の実像に迫る』洋泉社．

山下清海（2015）：モーリシャスにおける華人社会の変容とポートルイスのチャイナタウンの地域的特色．立命館国際研究（立命館大学国際関係学会），27（4），115-139．

山下清海（2017）：サンフランシスコにおけるチャイナタウンの形成と変容——ゴールドラッシュからニューチャイナタウンの形成まで．人文地理学研究，37，1-18．

山下清海編（2005）：『華人社会がわかる本——中国から世界へ広がるネットワークの歴史，社会，文化』明石書店．

山下清海編（2008）：『エスニック・ワールド——世界と日本のエスニック社会』明石書店．

山下清海編（2011）：『現代のエスニック社会を探る——理論からフィールドへ』学文社．

山下清海編（2014）：『改革開放後の中国僑郷——在日老華僑・新華僑の出身地の変容』明石書店．

山下清海編（2016）：『世界と日本の移民エスニック集団とホスト社会——日本社会の多文化化に向けたエスニック・コンフリクト研究』明石書店．

山下清海・小木裕文・張　貴民・杜　国慶（2012）：浙江省温州市近郊青田県の僑郷としての変容——日本老華僑の僑郷からヨーロッパ新華僑の僑郷へ．地理空間，5，1-26．

山下清海・小木裕文・張　貴民・杜　国慶（2013）：ハルビン市方正県の在日新華僑の僑郷としての発展．地理空間，6，95-120．

山下清海・小木裕文・松村公明・張　貴民・杜　国慶（2010）：福建省福清出身の在日新華僑とその僑郷．地理空間，3，1-23．

Chang, S. (1968): The distribution and occupations of overseas Chinese. *Geographical Review*, 58, 89-107.

Murphey, R. (1952): Boston's Chinatown. *Economic Geography*, 28, 244-255.

Yamashita, K. (1986): The residential segregation of Chinese dialect groups in Singapore: with focus on the period before ca.1970. *Geographical Review of Japan*, 59 (Ser.B) (2), 83-102.

Yamashita, K. (2003): Formation and development of Chinatown in Japan: Chinatowns as tourist spots in Yokohama, Kobe and Nagasaki. *Geographical Review of Japan*, 76, 910-923.

Yamashita, K. (2013a): Ikebukuro Chinatown in Tokyo: The first "new Chinatown" in Japan. Wong, B. P. and Tan, C. eds.. *Chinatowns around the world: Gilled ghetto, ethnopolis, and cultural diaspora*. Brill, Leiden, 247-262.

Yamashita, K. (2013b): A comparative study of Chinatowns around the world: Focusing on the increase in new Chinese immigrants and formation of new Chinatowns. *Jimbun Chiri*, 65, 527-544.

# III
世界の華人社会と
チャイナタウンの動向

1 膨張する華人社会

　今日,世界の華人社会は,ダイナミックに膨張と拡散を続けている。中国では,1970年代末以降の改革開放政策に伴い,海外出稼ぎや海外留学のブームが起こった。また,中国の急速な経済発展に伴い,中国企業の海外進出が活発化した。1997年の香港の中国返還を前に,香港でも海外移住ブームが起こり,多数の香港人が,カナダ,アメリカ,オーストラリア,イギリスなどに移住した。台湾でもアメリカを中心に海外移住の流れが続いている（山下,2002）。中華人民共和国成立以前,海外移住者の多くは華南出身者であったが,改革開放後,新たな海外移住者の出身地は,中国全土に拡大した。改革開放以後,新たに海外へ移住していった華人は,中国では「新移民」（new migrant）と呼ばれている。

　一方,東南アジアでは,1970年代半ばからベトナム戦争やインドシナ諸国の社会主義化により,ボートピープルなどの華人の難民が海外へ流出した。いったん東南アジアや南アメリカなどへ移住した華人が,さらに北アメリカやヨーロッパなど他の地域へ移住して行く現象を,中国では「再移民」（remigration）と呼んでいる。従来の伝統的な華人社会は,新移民や再移民の増加によって,大きな変容を迫られている（山下編, 2005: 154-164）。

　このように,大量の新移民の流入は,従来の伝統的なチャイナタウンを大きく変容させることになった。従来の伝統的なチャイナタウンの多くは,都市のダウンタウンに形成された。これに対して,新移民の増加により,各地で

新しいチャイナタウンが形成された。前述したように筆者は，前者を「オールドチャイナタウン」，後者を「ニューチャイナタウン」と呼んでいる（本書Ⅰ参照）（Yamashita 2013: 247）。

　中国では，世界の華人人口を，1994年には，3000万人近くと推定していたが（Editorial committee of Yearbook of the hua ren economy 1994: 52-57），2011年現在，約5,000万人と発表している（Qiu ed. 2012: 2）。新華僑および再移民の増加に伴い，世界の華人社会は大きく変容してきた。このことは，世界のチャイナタウンの動向に如実に反映されている。本章では，世界各地のチャイナタウンを比較考察する。

　まず，チャイナタウンの定義および一般的な性格について整理しておく。筆者は，チャイナタウンを以下のように定義したい。チャイナタウンとは，中国の国外において，華人の住居，経済・社会・文化施設などが集中する地区であり，華人によって形成されたエスニックタウンの1つである。

　チャイナタウンは，中国文化と華人が生活する地域のホスト社会の文化との接触によって生まれたもので，各地にみられるチャイナタウンは，当該地域の華人のホスト社会への適応様式をよく反映している。このため，地理学的視点から世界各地のチャイナタウンを相互に比較考察すれば，それぞれの地域に応じたチャイナタウンの地域的特色と世界のチャイナタウンに共通する普遍的特色を見出すことができる。筆者は，チャイナタウンの地域的特色と普遍的特色を明らかにするとともに，それらの要因について考察することが，チャイナタウンの地理学的研究では重要な課題であると考えている。

　チャイナタウンは，華人のさまざまな活動の舞台である。まず，経済的側面からみてみよう。チャイナタウンは，住宅のほかに，多種多様な店舗，オフィス，工場などから構成されている。なかでも，もっとも目立つのは，中国料理店の多さである。中国料理店の顧客には，チャイナタウンとその周辺に居住する華人のほかに，ホスト社会や他のエスニック集団の人々も含まれる。中国料理店のほかに，青果店，肉屋，魚屋，そのほか中国食品材料店，美容院・理髪店，雑貨店，スーパーマーケットなども多い。規模の大きなチャイナタウンには，華人を主たる対象にした銀行，保険・法律関係の事務所な

Ⅲ　世界の華人社会とチャイナタウンの動向

ども設立される。そのほか，中国大陸・台湾・香港などへの旅行や親類・知人の呼び寄せなどを扱う旅行社，中国関係の骨董品店，みやげ物店，映画館，書店などがみられる。これらの営業は，華人のエスニック・ビジネスであり，華人同胞へ各種のサービスを提供するという側面のみならず，華人へ雇用の機会を提供するという重要な機能を有している。経済面以外の観点からみると，同郷会館，同業団体，姓氏団体などの各種団体，華僑学校，廟などの施設もチャイナタウンを構成する重要な要素となっている。

　グローバルなスケールから世界の華人社会の特色や動向に関して考察した研究は，近年，多くみられるようになった。Ma and Cartier eds.（2003）は，世界の華人社会の動向，移住，集落などを展望したもので，同書には世界各地の華人社会の事例研究も含まれており，地理学的な視点からの華人社会研究の貴重な成果である。Tan ed.（2013）は，世界の華人の，政治，経済，現地化（localization），教育，文学，メディアなど多様な側面を，各地の華人社会の事例にもとづいて考察している。

　華人に関する研究において，チャイナタウンは重要な研究対象であり，多くの研究がなされてきた。しかし，その大多数は，特定の地域におけるチャイナタウンを対象としたものであり，各地のチャイナタウンをグローバルな視点から論じた研究は少ない。そのような中で，Kunnemann and Mayer eds.（2011）は，ニューヨーク，ロッテルダム，ハンブルク，ロンドンなどの都市レベル，アメリカ，ドイツなどの国家レベルで，当該地域の華人社会やチャイナタウンについて論じながら，そこにみられる共通性，一般性を指向した考察を行っている。Wong and Tan eds.（2013）は，バンクーバー，ニューヨーク，シカゴ，リマ，ハバナ，パリ，リスボン，シドニー，東京という世界各地の主要なチャイナタウンの特色と機能の変容に関して論じたもので，世界のチャイナタウンに関する初めての学術的意義の高い研究書と言える。筆者も同書の中で，日本最初のニューチャイナタウンとして東京の池袋チャイナタウンについて考察している（Yamashita 2013）。編者である Wong および Tan は，同書で，グローバルな視点から世界のチャイナタウンの最近の変容パターン，チャイナタウンの地域的な特色などについて整理・検討している。

筆者は，これまで，日本および世界各地のチャイナタウンを対象に現地調査を実施してきた。最初に横浜中華街に関する研究を行って以来（山下, 1979），シンガポール，マレーシア，インドネシア，フィリピン，タイ，ミャンマーなど東南アジア各国のチャイナタウンの形成，景観，地域的特色などについて考察した（山下, 1987）。その後，アメリカ，カナダ，ロンドン，パリ，オーストラリアのチャイナタウンの調査結果を加えて，世界のチャイナタウンを比較考察した（山下, 2000）。その後も引き続き，世界各地のチャイナタウンでフィールドワークを進めてきた。本章では，最近の世界の新華僑の増加に伴うオールドチャイナタウンの変容とニューチャイナタウンの形成に特に着目しながら，世界各地のチャイナタウンの比較考察を通して，最近の世界のチャイナタウンの変容について概観する。

　なお，世界のチャイナタウンに関する一般啓蒙書としては，沈（1992）が世界各国のチャイナタウンの概要を紹介している。また呉編（2009）は，世界の65のチャイナタウンを取り上げ，ガイドブック的に紹介している。

　世界的スケールで華人人口に関する信頼度の高い統計は存在しない。筆者には，中国大陸側も台湾側も，華人という彼らにとっての「同胞」の人口を，多めに推定する傾向があるように思える。世界の華人人口は1,800万人，2,000万人，3,000万人，6,000万人といった具合に，さほど根拠のない推定がひとり歩きしている感が否めない。そもそも，混血が進み，国籍さえ多様化している状況で，ほとんどの国において，人口センサスや在留外国人に関する統計においても，正確な華人人口は十分に把握されていない。

　表Ⅲ-1は，中国側の推計にもとづき，世界における華人人口10万人以上を有する国を示している。これは，華人人口に関する正確な統計がない中で，いちおうの目安として掲げたものである。『華人経済年鑑1996年版』（華人経済年鑑編輯委員会編，社会科学文献出版社，北京，1996年，p.575）によれば，統計年次は明示されていないが（おそらく1980年代後半～1990年代前半と思われる），世界の華人の総人口は約2,529万人で，そのうちの約82％（約2,081万人）がアジアに集中している。

　チャン（Chang, 1968）は，華人の分布パターンと華人の職業の変遷につい

Ⅲ　世界の華人社会とチャイナタウンの動向

表Ⅲ-1　世界の華人人口（2009年）

国	華人人口（万人）	世界の華人人口に占める割合（%）
インドネシア	783.4	19.9
タイ	717.8	18.2
マレーシア	647.9	16.4
アメリカ	417.8	10.6
シンガポール	275.6	7.0
カナダ	133.2	3.4
フィリピン	119.0	3.0
ベトナム	113.6	2.9
ミャンマー	109.0	2.8
ペルー	98.7	2.5
オーストラリア	73.4	1.9
日本	68.1	1.7
ロシア	49.5	1.3
カンボジア	35.0	0.9
イギリス	33.5	0.8
フランス	23.3	0.6
ブラジル	24.4	0.6
ラオス	19.7	0.5
インド	15.5	0.4
ニュージーランド	14.9	0.4
イタリア	17.0	0.4
オランダ	11.3	0.3
南アフリカ	10.9	0.3
上記23ヵ国合計	3,812.5	96.6
世界の華人人口	3,946.3	100.0

Tan ed. (2013) により筆者作成。

て，グローバルな視点から考察した。チャンは，世界の華人の分布パターンの特色を，tropical, coastal, urban という3つの形容詞で端的に表した。

　第1に，チャンが述べるとおり，華人は東南アジアやカリブ海地域など熱帯に多く分布している。これは，熱帯におけるヨーロッパ人の植民地開発，とりわけプランテーション経営において，勤勉で安価な労働力として，多量の華人労働者が必要とされたという歴史を物語っている。

第2に，華人は沿岸部に多く分布している。これは，華人の職業や移住の経緯を考えると，当然の結果でもある。華人がまず上陸するのは港であり，また，貿易をはじめ経済活動に有利な沿岸地域に華人は多く居住した。世界の主要なチャイナタウンは，ほとんどが港湾都市（港町）に形成されている。例えば東南アジアでは，シンガポール，ペナン，ジャカルタ，バンコク，ホーチミン（サイゴン），ヤンゴン（ラングーン），北アメリカのサンフランシスコ，ニューヨーク，バンクーバー，ヨーロッパのロンドン，アムステルダム，オーストラリアのシドニー，メルボルン，日本の三大中華街（横浜・神戸・長崎）などである。

　第3に，華人は都市部に居住する傾向が強い。初期の華人移民は，プランテーションの契約移民や鉱山労働者であり，あるいは北アメリカのようにゴールドラッシュや大陸横断鉄道建設などの労働に従事する者が多く，都市部より農村部に居住する傾向があった。しかし，彼らの多くは，契約期間や工事の終了の後は，新しい職を求めて都市へ再移住した。アメリカやカナダでは，華人に対する排斥運動が高まるにつれ，華人はより安全な都市のチャイナタウンに集中していった。

2　オールドチャイナタウンの変容

(1) 新華僑の流入とオールドチャイナタウン

　増加する新華僑や再移民が，新たな移住先において，どこに居住するのかについてみると，いくつかのパターンが認められる。社会経済的地位が高い華人は，郊外に新たに形成されたニューチャイナタウンに住宅を求める傾向があるのに対して，新華僑や再移民の中で社会経済的地位が低い集団は，オールドチャイナタウンに流入する傾向がある。ニューヨークのマンハッタンやバンクーバーなどの新旧のチャイナタウンは，それらを典型的に表している（山下，2000: 131-136）。

　マンハッタン南部のチャイナタウンは，オールドチャイナタウンの類型に含まれる。イタリア人街（リトルイタリー），ユダヤ人街，官庁街などに取り

Ⅲ　世界の華人社会とチャイナタウンの動向

囲まれたモット通り（Mott Street）やキャナル通り（Canal Street）一帯には，初期の移民である広東人，とりわけ台山地方出身者を中心に，オールドチャイナタウンが形成された（Kwong 1987, Zhou 1992）。しかし，新華僑の急増に伴い，チャイナタウンは周辺に拡大し，とりわけ，東部のイースト・ブロードウェイ（East Broadway）一帯は，1980年代以降，急増した福建省北部の福州（Fuzhou）周辺からの新移民や不法滞在者が集中して住み着くようになり，いまでは「小福州（Little Foochow）」と呼ばれるまでになった（Guest, 2013）。メインストリートのイースト・ブロードウェイには，さまざまな華人の相互扶助団体が集中している。新華僑および再移民の増加により，新興の香港系，福州（Fuzhou）系，ベトナム系の華人ギャンググループのなわばり争いも発生している（Gwen, 1992）。

　横浜中華街は，江戸幕末の開港以来，華人が長期にわたって形成してきた日本最大のオールドチャイナタウンであった（Yamashita, 2003）。しかし，筆者の調査によれば，2000年代以降，横浜中華街において，新華僑が経営する中国料理店が増加した。それらの特色は，低価格の料金設定で，日本経済の不況のもとで，多くの日本人客を集めるようになったことである。このような状況に伴い，老舗の中国料理店の営業停止が多くみられるようになった。そのような店舗を新華僑が受け継ぎ，新規開店する例が多い。

　オールドチャイナタウンへの新華僑の流入は，マンハッタンのチャイナタウンや横浜中華街以外にも，サンフランシスコ，シカゴ（Ling, 2013），ロサンゼルス，トロント（Thompson, 1989），バンクーバー（Li and Li, 2013），ロンドン（Sales et.al., 2011），アムステルダム，シドニー（Inglis, 2013），メルボルンなど世界各地のオールドチャイナタウンでみられる。

(2) オールドチャイナタウンの観光地化

　オールドチャイナタウンはダウンタウンに位置し，アクセスにも恵まれ，ホスト社会との関係が良好である場合には，観光地化が進む。世界のチャイナタウンの中で，最も観光地化が進んでいるのは，日本のチャイナタウンであろう。日本には，横浜，神戸，長崎にオールドチャイナタウンが形成され，

日本三大中華街と呼ばれる。これら日本三大中華街の大きな特色は，いずれもそれぞれの都市において，重要な観光地となっていることである。さらに，日本三大中華街の来訪者の大部分は，日本人観光客である。本来，チャイナタウンの重要な機能は，華人同胞へのサービスの提供であるが，日本三大中華街は，日本人観光客を対象とした中国料理店，中国物産店などが集積する観光地として存在している（Yamashita, 2003）。特に横浜中華街は日本最大のチャイナタウンである。筆者らの調査（2018年6月）によれば，合計458軒の店舗があり，そのうち224軒（全体の49％）が中国料理店であった[1]。日本においてチャイナタウンの観光地化が進んだ要因として，ホスト社会である日本人の中国文化に対する興味・関心の高さを指摘できる。換言すると，日本では中国文化が観光資源として成立している。中国料理は日本人に好まれ，本場の中国料理の味を求めて，また中国世界を疑似体験するために，多くの日本人が三大中華街を訪れる。

　世界のチャイナタウンで，観光地化が進んでいるチャイナタウンは，それほど多くはない。そのような中，サンフランシスコのオールドチャイナタウンは，同市の観光において，重要な観光スポットなっており，カメラを持った観光客の姿もよくみられる。ニューヨーク・マンハッタンのオールドチャイナタウンも，多くの観光客が訪れる。サンフランシスコとマンハッタンにおいても，中国食材店，中国書店，旅行社，銀行，華人関係団体，学校，宗教施設など，華人同胞へのサービス機能も重要な位置を占め，チャイナタウン内に居住している華人も多い。

　オーストラリアのシドニーのチャイナタウンは，観光地としての性格が強く，1979年には牌楼（パイロウ）（中国式楼門）が建設された。チャイナタウン周辺のショッピングセンター内には多くのフードコートが設けられ，中国大陸，香港，台湾に加えて，東南アジア華人の食文化も味わうことができる。

　ロンドンのオールドチャイナタウンも，ロンドンの繁華街であるピカデリーサーカスの東，徒歩約5分のソーホー地区に位置しており，交通アクセスもよく，中国料理店や中国物産店が集中し，観光地としての性格を有している。

Ⅲ　世界の華人社会とチャイナタウンの動向

　カナダ，ブリティッシュコロンビア州のビクトリアは，バンクーバー島の南端に位置する。1849年にバンクーバー島がイギリスの植民地になり，ビクトリアがブリティッシュ・コロンビア植民地の首都として繁栄し，チャイナタウンが形成された。しかし，バンクーバーが大都市に成長するにつれ，ビクトリアのチャイナタウンは衰退した。現在，ビクトリアの主要産業は観光であり，ビクトリアのチャイナタウンには牌楼が建設され，観光名所として存在している（Lai, 1988）。

　世界の華人人口の8割は東南アジアに居住しているが，東南アジアにある多数のチャイナタウンの中で，観光地化が進んでいるチャイナタウンは少ない。東南アジアのチャイナタウンのほとんどは，当該地域における小売・卸売業の中心地として存在している。ホスト社会の人々にとって，華人文化は観光資源にはなりにくく，チャイナタウンは観光目的で訪れるところではなく，小売・卸売の商品を買い求める場所である（山下, 1987）。

　このような東南アジアのチャイナタウンの中でも，観光地化が進展している事例を見出すこともできる。シンガポールのチャイナタウンは，1980年代以降，シンガポールを訪れる外国人観光客を対象に，行政側によって都市再開発が実施され，観光地としての整備が進められてきた。老朽化した伝統的なショップハウス（shophouse）の修復に伴い，新規の中国料理店，ギフトショップなどが増え，チャイナタウン博物館も作られた（山下, 2000: 100-101）。マレーシアのクアラルンプールのチャイナタウンも，2004年に牌楼やアーケードが建設され，外国人観光客にとってクアラルンプールの重要な観光名所となっている。タイのバンコクのチャイナタウンは，バンコクの重要な小売・卸売業の中心地であると同時に，華人同胞へのサービス機能を有していた。1999年には，牌楼が建設され，多数の外国人が訪れる観光地にもなっている。

　チャイナタウンに限らず，エスニックタウンの観光地化を進める際には，当該エスニック集団のシンボルが創出される。チャイナタウンの場合，シンボルとして建造されるのが牌楼である。

　観光地化が進んでいる横浜中華街には，今日，10基の牌楼が建設されてい

るが，最初の牌楼が建設されたのは1955年である。その後，1982年に神戸南京町に，そして1986年に長崎新地中華街にそれぞれのチャイナタウンの最初の牌楼が建設された。サンフランシスコのチャイナタウンにある唯一の牌楼は，1970年の建設である。アメリカでは，1979年の中華人民共和国との国交正常化以降，米中関係の友好のシンボルという意味も含めて，各地のチャイナタウンに，中国側の協力で牌楼の建設が進められた。例えば，1984年には，フィラデルフィアのチャイナタウンに，友好都市関係を締結している天津市の協力を受けて，牌楼が建設された。また，1986年には，ワシントンD.C.のチャイナタウンに，牌楼が建設され，その他，シカゴ，ボストン，シアトル，ポートランド（オレゴン州）などのチャイナタウンにも牌楼が建設された。

イギリスでは，ロンドンのチャイナタウンに牌楼が建設されているが，リバプール，マンチェスター，バーミンガムのチャイナタウンにも牌楼が建設され，チャイナタウンのシンボルとなっている。

チャイナタウンの観光地化とういう観点では，牌楼の建設のほかに，イベントの開催が重要である。特に春節（Chinese New Year）には，獅子舞，龍舞，パレードなどを見学するためにホスト社会の人々が多数訪れ，イベントの開催は，チャイナタウンの観光地としての知名度を高める役割を果たしている。

(3) オールドチャイナタウンの衰退と再建

一旦形成されたチャイナタウンが衰退し，あるいは消失してしまった例もみられる。カリフォルニアでは，華人排斥運動の高まりにより，華人は白人からの迫害の危険から逃れるために，サンフランシスコのようなより規模の大きなチャイナタウンに集中居住した。この結果，サクラメント，サンノゼ，ストックトンなど多数のチャイナタウンが衰退・消失した（Yu, 1991; Minnick, 1988）。このようにチャイナタウンの盛衰には，華人とホスト社会の相互関係の良し悪しが大きく関わっている。

神戸は，1859年に開港した横浜・長崎・函館より遅れて，1868年に開港され，それに伴い「南京町」が形成された。第二次世界大戦後，神戸の南京町

Ⅲ　世界の華人社会とチャイナタウンの動向

は衰退していったが，1981年には，神戸の新たな観光名所として神戸市の南京町復興環境整備事業が始まった。道路の整備が行われ，中国広場が建設され，新たな中国料理店も多数開業した。1982年には，最初の牌楼が建設された（Yamashit, 2003）。

　神戸南京町とよく似て，韓国の仁川(インチョン)のチャイナタウンも，形成された後に一旦衰退してから再建されたチャイナタウンである。1882年，仁川は開港され，清国租界が設けられ，チャイナタウンが形成された。しかし，第二次世界大戦後，韓国政府は民族経済の自立を掲げて華人の経済活動に対する厳しい規制強化を行ったため，華人社会は大きな打撃を受けた。韓国での生活を諦めざるを得なくなった多数の華人は廃業して，アメリカ，カナダ，台湾，日本など海外に移住し，仁川のチャイナタウンは事実上消滅した。

　2002年，サッカーの日韓共催ワールドカップの際に，多数の中国人が仁川を訪れることを期待し，2001年から仁川広域市は，外国租界時代の歴史的建造物が多く残る地区を整備して，新たな観光ベルトを形成する事業を開始した。その中核をなすのが仁川中華街の再開発であった。仁川中華街の再開発事業は，仁川広域市，特に中区が主体となって進められた（山下，2001）。

　チャイナタウンの盛衰には，華人が生活する国と中国との政治的関係が大きく影響している。インドで唯一のチャイナタウンがある都市はコルカタである。コルカタのオールドチャイナタウンは，インド・中国の両国関係の悪化による政治的要因により衰退した。コルカタの中心部，ティレッタ・バザール（Tiretta Bazar）地区には，オールドチャイナタウンがある。筆者は，2009年に現地調査を実施した（山下，2009）。インドの華人は，イギリス植民地時代の首都であったコルカタに集中してきた。広東省籍が最も多く，特に客家人(ハッカ)が最大多数を占め，彼らの経済活動は皮革業と製靴業に特化してきた。しかし，1962年に発生した中印国境紛争に伴う両国の関係悪化により，海外へ再移民する華人が増加し，コルカタのチャイナタウンは衰退した。筆者が訪れた2009年当時，同郷会館や華人の廟が計9つ残存していたが，華人経営の中国料理店は1軒，その他の商店が2軒を残すのみであった。

　ベトナムのチャイナタウンも一時衰退した。ホーチミン（旧サイゴン）市，

チョロン（Cho Lon）地区のチャイナタウンは，フランス植民地時代に，米の取引を中心に，インドシナにおける経済の一大中心地として繁栄し，東南アジア有数のチャイナタウンに発展していった。しかし，1975年にベトナム戦争が終了し，翌年には南北ベトナムの社会主義統一，そして1979年には中越戦争が起こり，チョロンのチャイナタウンでは，華人経営の店舗の多くが店を閉め，華人の多くは危険を冒して国外脱出を図り，チャイナタウンはゴーストタウン化した。しかし，1986年から実施されたドイモイ（「刷新」の意味）と呼ばれる経済の自由化政策の実施後，いったん海外へ脱出した華人の中には，チョロンに戻ってくる者が増え，チャイナタウンの賑わいは復活した（山下，2000: 115-120）。

(4) インドシナ出身華人の増加とチャイナタウン

世界のチャイナタウンの変容にかかわる近年の重要な現象として，前述したように中国から海外へ移住した華人の「再移住」があげられる。例えば，華人の最大の集中地域である東南アジアから，北アメリカ，オセアニア，ヨーロッパなどへ再移住する華人が増加している。なかでも，ベトナム戦争終結（1975年）以後，ベトナム・ラオス・カンボジアのインドシナ三国の社会主義化の影響で，大量のインドシナ難民が世界中に分散していった。これら難民の中には，資本主義体制下で商工業に従事していた華人が多数含まれている。世界各地のチャイナタウンでは，華人の現地化の進展に伴い，オールドチャイナタウンから離れていく華人が増える一方で，これらインドシナ系華人は，オールドチャイナタウンに流入する傾向がみられる。オールドチャイナタウンでは，ベトナム料理などインドシナ系料理のメニューを多く提供する中国料理店，フランス植民地であった影響を受けたカフェ，特にベトナム式サンドイッチに代表されるベーカリーなど，インドシナ系華人が営業する店舗が増えている。

ロサンゼルスのオールドチャイナタウンでは，ベトナムをはじめとするインドシナ系の華人の流入が特に顕著である。かつてオールドチャイナタウンを形成していた老華僑の大多数は，珠江デルタ出身の広東人であった。しか

し，1970年代半ば以降，アメリカに移住したインドシナ系華人が，料理店，スーパーマーケット，雑貨店，漢方薬店，衣料品店の経営などオールドチャイナタウンの商業活動に参入してきた。その一方で，老華僑は，店舗経営の後継者が不足し，より恵まれた住環境を求めて，オールドチャイナタウンから東の郊外へ転出する者が続いている（Smith 2000, 129-158）。

　このような例は，サンフランシスコ，ニューヨーク，トロントをはじめ世界各地の多くのチャイナタウンでみられる。シカゴのオールドチャイナタウンはSouth Chinatown（中国語で「南華埠」，華埠は広東語でチャイナタウンの意）と呼ばれるが，North Chinatown（北華埠）は，インドシナ系華人によって形成されたニューチャイナタウンである（Ling, 2013）。シアトルのチャイナタウンは，もともとジャパンタウン（Japantown）と併存してきたが，近年，インドシナ系華人の流入が著しく，公式にはインターナショナル地区（International District）と呼ばれている（杉浦, 2011：126）。ホノルルでは，衰退するチャイナタウンから外部へ流出した華人が残した商店が，1970年代後半以降，遅れてやって来たベトナムを中心とするインドシナ系華人難民や韓国人の手に渡っていった。今日，ホノルルのチャイナタウンには，ベトナム系のベーカリー，カフェ，ベトナム風麺類「フォー（Pho）」専門のレストランが集中するベトナム人街や韓国人街の一角が形成されている（山下, 2000：147-151）。

3　ニューチャイナタウンの形成

(1) 郊外型のニューチャイナタウン

　アメリカでは，1965年移民法の改正により，それまでの白人優位の移民政策を改め，アジア系移民の受け入れ枠を拡大した。その結果，華人移民が急増した。アメリカの人口センサスで華人人口の推移をみると，1960年に24万人，1970年に44万人，1980年に81万人，1990年に166万人，2000年に243万人，2010年には335万人[2]と増加の一途をたどってきた。増加する華人人口は，サンフランシスコ，ニューヨークなど一部のオールドチャイナタウン

に向かうだけでなく，郊外にニューチャイナタウンを形成させた（Li, 2009）。このような現象は，アメリカだけでなく，カナダやオーストラリアでもよくみられる。

　都市郊外に形成されたニューチャイナタウンの代表的な例として，ロサンゼルス郊外のニューチャイナタウンがあげられる。ロサンゼルスのオールドチャイナタウンから 10 km ほど東に位置するモントレーパーク（Monterey Park）市の中心部は，「リトルタイペイ（小台北）」あるいは「チャイニーズ・ビバリーヒルズ」と呼ばれ，アメリカ最初の郊外型チャイナタウンである（Fong, 1994）。もともとモントレーパークは，白人中産階級の住宅地であった。1960 年には，同市の人口の 85 % は白人が占めていたが，1965 年移民法の実施以降，同市への華人の流入が著しくなり，2000 年には同市の人口（60,051 人）の 41 % を華人が占めるまでになった。2010 年人口センサスでは，総人口 60,269 人のうち，華人が 48 % を占め，日本人，ベトナム人，フィリピン人，韓国人などを含めると，アジア系が 67 % を占めた。これに対して，白人の占める割合は 19 % であった[3]。華人の集中は，モントレーパーク市の北側に隣接するアルハンブラ（Alhambra）やアルカディア（Arcadia）にも拡大し，主な幹線道路の両側には，中国語の看板を掲げた華人経営の商店が連なり，華人資本による大型のスーパーマーケットやショッピングセンターが各所にみられる。

　新しく形成されたニューチャイナタウンは，モントレーパーク周辺から，さらに東方のサンガブリエルバレー（San Gabriel Valley）方面へ拡大しつつある。特にローランドハイツ（Rowland Heights）やハシェンダハイツ（Hacienda Heights）周辺の丘陵地は，華人富裕層にとって，非常に人気が高い住宅地となっている。最近では，改革開放政策の実施後，豊かになった中国大陸出身の新華僑が高級住宅地を購入する例も多い。複数の邸宅からなる住宅地の周囲を塀で囲み，24 時間警備員を配したゲーテッド・コミュニティ（gated community）形式の高級住宅地（矢ケ﨑・矢ケ﨑, 2016）に居住する華人も増えている。2010 年の人口センサスによれば，ローランドハイツでは，同地区の人口（48,993 人）の 39 % が華人によって占められるまでになった[4]。

Ⅲ　世界の華人社会とチャイナタウンの動向

　サンフランシスコにおいても，郊外型のニューチャイナタウンが形成されている。サンフランシスコ市内の西部に位置するリッチモンド区やサンセット区は郊外住宅地であるが，これらの区に住宅を求める老華僑が増え，リッチモンド区のクレメント通り（Clement St.），およびサンセット区のアービング通り（Irving St.）の周辺には，ニューチャイナタウンが形成されている。この周辺は，社会経済的に上昇したアメリカ在住の華人や，台湾，香港，中国大陸から来た豊かな新華僑に人気のある新興住宅地となっている。オールドチャイナタウンの住民の多くが広東人であり，そこは古くから広東語の世界であったのに対し，ニューチャイナタウンの中国料理店や商店では，標準中国語（Mandarin）が共通語になっている（山下，2000）。

　ニューヨークでは，マンハッタンのオールドチャイナタウンとは別に，新たに第2，第3の郊外型のニューチャイナタウンが形成され，拡大を続けている。ともに，マンハッタンから地下鉄で30分ほどの距離に位置している。第2のチャイナタウンはクイーンズ区のフラッシング（Flushing）にあり，もともと台湾出身の中産階級が多く，レストラン，食料品店，スーパーマーケット，書店，学習塾，華人系銀行の支店などが集中している。周辺には韓国人やインド人も多く居住している。第3のチャイナタウンは，ブルックリン区のサンセットパーク（Sunset Park）にある。マンハッタンのオールドチャイナタウンから地下鉄で30分あまりの「八大道」(8th Avenue) 駅付近に形成されている。フラッシングのチャイナタウンに比べ，その形成は新しく，商店の規模は小さく，所得水準も高くはない中国大陸出身の新華僑が目立つ。周辺には，華人女性労働力を吸引する縫製工場が多い（山下，2000: 137-145）。

　テキサス州ヒューストンでは，ダウンタウン中心部に，オールドチャイナタウンが形成されていたが，2012年の筆者の調査では，老朽化した華人経営店舗がわずかに残存しているだけで衰退していた。一方，ダウンタウンの西郊にニューチャイナタウンが形成されている。主要幹線道路であるベルエアー・ブールバード（Bellaire Boulevard）の両側には，多数の大きなショッピングセンターが連なっている。しかし，ショッピングセンターの内部をみると，ベトナム系のレストランや商店が多く，看板には漢字よりもベトナム語

写真Ⅲ-1　ヒューストンのチャイナタウン（2012年11月）

の方が多く書かれている（写真Ⅲ-1）。チャイナタウンのインドシナ化は、オールドチャイナタウンだけでなく、郊外のニューチャイナタウンでも生じているのである。

　郊外型のニューチャイナタウンの形成は、カナダでも多くみられる。1997年の香港の中国返還は、香港人に将来への不安感を抱かせ、移民ブームを出現させた。そして、カナダ、アメリカ、オーストラリアをはじめ世界各地への移住者が増えた。とくに、カナダのバンクーバーは、香港人にとって人気のある移住先となり、「ホンクーバー」（Honcouver）というニックネームで呼ばれるほどであった。バンクーバーでもトロントでも、豊かな香港人は郊外の住宅地域に多く住み、郊外型のニューチャイナタウンを形成した。バンクーバーでは、裕福な華人は治安があまりよくないオールドチャイナタウンを避け、南郊のリッチモンド（Richmond）に住宅を求め、不動産投資を行った。リッチモンドの中心部には、多くの大規模なショッピングモールや高層マンションが立地している（写真Ⅲ-2）。2010年のバンクーバー冬季オリンピッ

Ⅲ　世界の華人社会とチャイナタウンの動向

写真Ⅲ-2　バンクーバー郊外，リッチモンドのニューチャイナタウン（2010 年 7 月）

ク開催に合わせて，リッチモンドはスカイトレインと呼ばれる新型鉄道でバンクーバー中心部と結ばれ，発展を続けている。2006 年の統計では，リッチモンド市の総人口（78,790 人）のうち，45 ％ が "Chinese" であった[5]。

　ヨーロッパにおいても，郊外型のニューチャイナタウンが形成されている。スペインには，オールドチャイナタウンはなかったが，1990 年代以降の経済発展に伴い，新華僑が大量に流入してきた。2011 年の筆者の現地調査では，バルセロナとマドリードでは，郊外に新しいチャイナタウンが形成されている。スペインでは，浙江省の温州およびその西隣の青田出身者が多い。バルセロナでは，地下鉄 1 号線の終着駅で，バルセロナ中心部の東郊に位置するフォンド（Fondo）駅周辺に，新しくチャイナタウンが形成されている。もともとフォンド地区は，アフリカ出身のイスラム教徒などの移民が多く住む地区であったが，新しく移住して来た新華僑が急増し，この地区のチャイナタウン化が進んだ。中国料理店のほかに，中国食材店，衣料品，スーパーマー

ケットなどの中国人店舗が集中している（写真Ⅲ-3）。首都マドリードにおいても，郊外に新しくチャイナタウンが形成されている。マドリード中心部の南郊に位置する，地下鉄6号線のウセラ（Usera）駅周辺では，ニコラス・サンチェス（Nicolas Sanchez）通りとドローレス・バランコ（Dolores Barranco）通りの2本の通りを中心に華人経営店舗が軒を連ねている（写真Ⅲ-4）。

イタリアにおいても，中国の改革開放後，中国大陸からの新華僑が急増した。フィレンツェから電車で30分足らずのところに位置するプラート（Prato）は，フィレンツェの北西郊外の繊維産業都市である。このプラートには，1990年代，安価な労働力として多数の新華僑が流入し，今や縫製工場の多くの従業員，さらには経営者も新華僑となっている（Smyth and French 2009）。筆者が2010年に現地調査した際には，中心部の一部を除き，町の大半に華人経営の中国料理店，ケーキ店，スーパーマーケット，衣料品店，宝飾店などが集中し，通行人の多くも新華僑であった（写真Ⅲ-5）。プラートでは，イタリア人が経営していた縫製工場を新華僑が買収し，中国から来た労働者を雇って，"made in Italy *by Chinese*" の洋服を生産しているのが実情である。

シドニー南西の郊外，約30kmに位置するカブラマッタ（Cabramatta）には，「シドニー第2のチャイナタウン」が形成された。これはベトナムを中心とするインドシナ系華人によってつくられたチャイナタウンで，リトルサイゴンとも呼ばれる（写真Ⅲ-6）。インドシナの社会主義化により故郷を追われたインドシナ系華人の場合，華人であるがために，差別・虐待を受けた。このため，華人としてのアイデンティティを強く持っている（山下，2000: 195-196）。インドシナ系華人には，海外の移住先において，中国語の読み書きはできなくとも，漢字の看板を掲げて華人としてのアイデンティティを積極的に誇示する傾向がよくみられる。

パリでは，一般にチャイナタウンと言えば，13区のチャイナタウンのことを指す。この13区のチャイナタウンは，1970年代半ば以降，インドシナ系華人によって形成されたものである。ホスト社会の人々からみると，中国出身者もインドシナ系華人も，ともにChineseであり，彼らが経営する店舗が集中する地区がチャイナタウンなのである。

Ⅲ　世界の華人社会とチャイナタウンの動向

写真Ⅲ-3　バルセロナ郊外，フォンド地区のニューチャイナタウンの華人経営の洋装店（2011年9月）

写真Ⅲ-4　マドリード郊外，ウセラ地区のニューチャイナタウンの中国料理店（2011年9月）

写真Ⅲ-5　プラートのニューチャイナタウンの
華人経営の店舗（2010年11月）

写真Ⅲ-6　シドニー郊外，カブラマッタの
インドシナ出身華人のチャイナタウン（1999年8月）

Ⅲ 世界の華人社会とチャイナタウンの動向

　郊外型のニューチャイナタウンの多くは，欧米でよくみられるが，前述したオールドチャイナタウンの一例として取り上げたインドのコルカタにおいても，コルカタ中心部から約5km南東の郊外に位置するタングラ（Tangra，別称ダーパー〈Dhapa〉）地区にニューチャイナタウンが形成されている。インドの皮革業は，コルカタのタングラ地区に集中しており，この地区の皮革工場の経営者のほとんどすべては，広東省梅州地方を祖籍とする客家人であった。世界の華人社会においては，華人の出身地（祖籍）と職業との間には，非常に密接な関係がある。すなわち，特定の出身地の華人は，特定の分野の職業に集中する傾向が強く，言い換えれば，特定の職業は，特定の祖籍の華人によって占められる現象がよくみられる[6]。しかし，近年の皮革業の衰退により，皮革工場から中国料理店への転換が著しく，今日では中国料理店が集中するニューチャイナタウンに発展している。2008年の筆者の現地調査では，タングラ地区には29軒の中国料理店がみられた（山下，2009）。

(2) ダウンタウンのニューチャイナタウン

　ニューチャイナタウンは，都市郊外に形成される事例が多いが，ここでは，ダウンタウンに新しく形成されたニューチャイナタウンについて検討する。

　日本のチャイナタウンと言えば，横浜・神戸・長崎の三大中華街がすぐに思い浮かぶが，日本においても，欧米でみられるようなニューチャイナタウンが東京の池袋に形成された。筆者は，2003年にこの地区を日本最初のニューチャイナタウンであると位置づけ，「池袋チャイナタウン」と名づけた。1980年代の後半以降，日本語学校で日本語を学ぶという建前で取得した就学ビザで来日する中国人が急増した。そのような中国人がしだいに池袋駅北口周辺で，同胞相手に中国料理店，中国食品店，ネットカフェ，美容院などを開業し，北口周辺だけで新華僑経営の店舗が，2010年時点で160軒ほどになった（山下，2010: 19）。池袋チャイナタウンが形成される過程で，新華僑と地元の商店会の相互関係は希薄であった。また，尖閣諸島の領有権問題に伴う日中関係の悪化も加わり，池袋チャイナタウンは，日本では数少ないエスニック・コンフリクトの現場の1つになっている（山下，2013）。

パリの 19 区および 20 区にまたがるベルヴィル（Belleville）は，かつては労働者の街であり，パリにやって来たユダヤ人やアラブ人などの移民を多く受け入れてきた街でもあった。しかし，中国の改革開放政策後，新華僑が増加し，ベルヴィルのチャイナタウン化が急速に進んでいる。中国語の看板を掲げる中国料理店，美容院，宝飾店などが軒を連ねている。イタリア・フランス・スペイン・オーストリアなどでは，浙江省とりわけ温州付近出身者が多く，ベルヴィルにおいても，「温州」「浙江」の地名を入れた店名が目立ち，中国料理店では温州料理が看板メニューとなっている。

　ヨーロッパの新華僑の主要な経済は，安価な中国商品の卸・小売業への従事，および中国料理店の経営と言ってよい。各地で新しいチャイナタウンが形成されているが，新華僑の集住は，ホスト社会からの孤立にもつながる。特に最近のヨーロッパの経済不況により，ホスト社会の世論には移民の制限・反対政策を支持する傾向がみられ，新華僑とホスト社会のエスニック・コンフリクトが顕在化している。

　ヨーロッパの中でも，イタリアは華人が少ない国の 1 つであった。ところが，今やイタリアは，新華僑にとって人気の高い出稼ぎ対象国であり，定住する新華僑も増えている。ローマの中心駅であるテルミニ（Termini）駅周辺には，新華僑経営の靴・バッグ・洋服などの店舗や中国料理店が林立し，ニューチャイナタウンが形成された。より歴史の古いミラノのチャイナタウンも，衣料品店，中国料理店を中心に新華僑経営の店舗が増加し，チャイナタウンの規模が拡大している。

　スペインでも，1990 年代以降の経済発展に伴い，新華僑が大量に流入した。バルセロナとマドリードの郊外のニューチャイナタウンについては前述したが，マドリードの中心部への新華僑の進出も著しい。2011 年の筆者の現地調査では，マドリード中心部の繁華街，グラン・ヴィア（Gran Via）の地下鉄駅プラサ・デ・エスパーニャ（Plaza de España）駅に近いレガニトス通り（Calle de Leganitos）には，中国料理店，スーパーマーケット，旅行社，IT 関連ショップなど 20 軒近くの中国店舗がみられた。郊外だけでなく都心においても，ニューチャイナタウンが形成されているのである。

Ⅲ　世界の華人社会とチャイナタウンの動向

　オーストリアのウィーンにも，新しいチャイナタウンが形成されつつある。2010年および2011年の筆者の現地調査によれば，「ウィーンの胃袋」とも呼ばれる食品市場，ナッシュマルクト（Naschmarkt）の市場には，イスラム系，アジア系などエスニックなレストランが多いが，周辺には，中国料理店，中国食品・雑貨のスーパーマーケット，中国書店，華字紙社などが集積し，ニューチャイナタウンが形成されている。

　ブラジル最大都市，サンパウロの中心部のリベルダーデ（Liberdade）地区には，日系人街が形成された。しかし，第二次世界大戦後，日系人二世が高等教育を受け，専門知識・技術を活かした分野に就職する者が多くなるにつれ，日系人店舗の後継者難が生じてきた。このような中，日本植民地時代に日本語を習得した台湾人が日系人店舗を受け継ぐ例が増えた。また，韓国人移民や中国大陸からの新移民も日系人街に流入するようになり，日系人街は「東洋街」と呼ばれるようになった。また，これまで日系人街で最大のイベントは七夕祭りであったが，今では華人が祝う旧正月の春節祭が，東洋街最大のイベントとなっている。このように，サンパウロのリベルダーデ地区では，日系人街のチャイナタウン化が急速に進んでいる（山下，2003）。

　同じサンパウロでも，リベルダーデ地区の北に位置する3月25日通り（Rua 25 de Março）地区においては，ニューチャイナタウンが形成されている。この地区は，以前，アラブ人街として知られたところで，治安がよくないところでもある。中国の改革開放以降，ブラジルへ移住して来る華人が増加している。この地区には，中国製の安価な衣料品・電気製品・玩具・靴・カバン・時計・サングラス・金物などを扱う商店が多く集まっている。彼らは3月25日通り地区にあるいくつかのショッピングビル内において，「スタンドショップ」と呼ばれる狭い店舗で，ブラジル人を対象に営業している。このため，ショッピングビル内では中国料理店を除き，漢字の看板を掲げた商店はほとんどみられず，外観は一般のチャイナタウンとは異なっている（山下，2003）。

(3) モール型チャイナタウン

　第二次世界大戦前，ヨーロッパの華人の分布をみると，イギリス・オランダ・フランスなどの西ヨーロッパに偏っていた。しかし，中国の改革開放後，新華僑はヨーロッパ全域に広く分布するようになった。特に1989年のベルリンの壁崩壊に伴う東ヨーロッパの社会主義国家の民主化は，新華僑にとって新たなビジネスチャンスをもたらした。東ヨーロッパでは，中国製品を取り扱う流通センターやショッピングモールなどが中国資本によって建設され，これらコマーシャルセンターを中心に，多くの華人の労働・居住地域が結成され，ニューチャイナタウンが形成されている事例が多くみられる。このようなチャイナタウンを，筆者は「モール型チャイナタウン」と呼ぶことにする。

　東ヨーロッパのハンガリーは，1988年10月～1992年4月の期間中，中国人に対してビザ免除制度を採用していたため，この期間中，4.5万人の新華僑がハンガリーへ流入した。ハンガリーは，新華僑が東ヨーロッパ・西ヨーロッパ・南ヨーロッパなどの他の国々へ移動するための通過点としての役割を果たした（Nyiri, 1999）。そして，首都のブダペストには，新華僑によってニューチャイナタウンが形成された。

　東ヨーロッパでみられるニューチャイナタウンの特色は，安価な中国製品の卸売・小売をする商店が集まったバザール形式から始まったと言える。その典型的なタイプが，ブダペスト東郊の「四虎市場」（Jozsefvarosi Piac）である（写真Ⅲ-7）。2010年の筆者の現地調査によれば，この市場のゲートには，ガードマンが常駐し，入場者を見張っていた。ゲート付近には，「犬・ピストル・カメラ・ビデオ」の持ち込み禁止の掲示がある。中国製の衣類，靴，バッグ，電気製品，工具，食品をはじめさまざまな中国製品を販売する店舗が軒を連ねている。店舗の中にはベトナム系のものも含まれている。客の中にはハンガリー人の商人が多い。この市場は，景観的には，急ごしらえの建物の集まりであり，中国人ブローカーらによって形成されたバザールと言える。

　これが原初的タイプとすれば，より現代的なタイプは，ブダペスト北郊の15区に位置する"Asia Center Budapest"である。これは大規模な3階建ての

Ⅲ　世界の華人社会とチャイナタウンの動向

写真Ⅲ-7　ハンガリー,ブダペスト郊外の中国バザール,「四虎市場」(Jozsefvarosi Piac)
(2010年7月)

ショッピングモールであり,牌楼も2003年に建てられた。内部の商店は中国人経営であるが,買い物客の多くは現地人で,このためセンター内には中国語の表記はほとんどみられない。この Asia Center の周囲にも,「中国商城」(Budapest China Mart) という名称のショッピングモールがある。

　ポーランドのワルシャワ南郊のブルカ・コソフスカ(Wólka Kosowska)には,中国製品を取り扱う大規模な流通センターである"GD Poland Distribution Centre"(中国名:GD 中国城)が1994年に建設された。2012年の筆者の調査では,体育館のような9棟の商業ビルが建てられ,衣類,靴,バッグ,電気製品,雑貨など多種多様な中国製品が販売されている。ここでは,卸売が主体であり,各店舗の経営者は新華僑であるが,ポーランド人従業員を雇用している店舗が多い。この流通センターの周囲にも,中国製品を取り扱う店舗が多く入った同様の流通センターのほかに,ここで働く新華僑の生活を支える料理店,美容院,理髪店,マッサージ店などが多数みられ,この地区全体

65

写真Ⅲ-8　アラブ首長国連邦，ドバイのドラゴンマート
(2018年9月)

が流通センターを中心にチャイナタウンを形成している。ルーマニアのブカレスト郊外に 2011 年に開業した大規模なショッピングモール，「ドラゴンロシュ」(Dragonul Rosu) も，モール型チャイナタウンである。

　中東のドバイにおいても，「ドラゴンマート」(Dragon Mart) と呼ばれる巨大なショッピングモールが建設され[7]，現地では「ドバイのチャイナタウン」(Chinatown in Dubai) とみなされている（写真Ⅲ-8）。ドラゴンマートは，中東および北アフリカへの中国製品供給のゲートウェイとして，2004 年に開業したものである。2015 年には増設され，隣接して「ドラゴンマート 2」が開業した。

　ラオスの首都ビエンチャンでは，中国の援助で建設された公共施設が多く，ラオスと中国の密接な関係が窺える。1975 年の南ベトナムのサイゴン陥落以前，ビエンチャンの中心部にはオールドチャイナタウンが形成されていた。しかし，ラオスの社会主義化により，多くの華人が，タイ・フランス・アメ

Ⅲ　世界の華人社会とチャイナタウンの動向

リカなどの国外に脱出し，チャイナタウンは急速に衰退した。その後，新華僑の増加により，中国製のオートバイ，機械，金物，工具，部品などを販売する新華僑経営の店舗が集中する地区が形成され，中国店舗を集めたショッピングモールが建設された。ビエンチャンにおいてもこれらの地区を中心にニューチャイナタウンが形成された（山下，2006）。

4　おわりに

　本章では，筆者がこれまで世界各地のチャイナタウンで実施してきた現地調査の成果，および各地のチャイナタウンに関する先行研究の成果をもとに，世界各地のチャイナタウンの具体的な事例を概観した。考察に際しては，最近の世界の新華僑の増加に伴うオールドチャイナタウンの変容とニューチャイナタウンの形成に着目した。

　増加する新華僑や再移民の増加により，オールドチャイナタウンは大きく変容している。新華僑や再移民の中で社会経済的地位が低い集団は，オールドチャイナタウンに流入する傾向がある。日本の三大中華街や，サンフランシスコ，ロンドンのように一部のオールドチャイナタウンは観光地化が進み，チャイナタウンのシンボルとして牌楼が建設された。チャイナタウンの盛衰は，華人とホスト社会との相互関係に大きく依存している。神戸南京町や仁川中華街のように一旦衰退したチャイナタウンが，行政側の観光開発により「再建」される場合もみられる。多くのオールドチャイナタウンでは，インドシナ系華人や華人以外のエスニック集団の流入により，多民族化が進んでいる。

　豊かになった華人がオールドチャイナタウンから郊外へ移動し，裕福な新華僑が新たに移住して来ることにより，アメリカ・カナダ・オーストラリアなどでは，郊外型のニューチャイナタウンが形成された。また，ハンガリー・ルーマニア・ポーランドなど東ヨーロッパ，および中東のドバイなどでは，中国資本によって中国製品を販売する大規模なショッピングモールが形成され，これを中心にモール型チャイナタウンが形成されている。

これまで述べてきたように，世界各地のオールドチャイナタウンもニューチャイナタウンも，変容と盛衰を遂げてきた。今日，海外で増加する新華僑とホスト社会との間で生じるエスニック・コンフリクトも，ヨーロッパを中心に高まってきており，この動向はチャイナタウンの行方にも影響を及ぼすことになる。

【注】
1)　横浜中華街の実態調査の内容は，以下の筆者のホームページ「清海（チンハイ）老師の研究室」(http://qing-hai.org/)の中に掲載している。
　　　「フィールドワークで探る横浜中華街の現状 ── 立正大学地理学科山下清海ゼミ調査報告2018」(http://wp.me/P8HHYI-nB)
2)　この数字は，人口センサスにおいて，"Chinese alone" と回答した者を示しており，"Chinese in combination with one or more other races"〔華人以外との混血〕は含まれていない。The Asian Population: 2010, 2010 Census Briefs, U.S. Census Bureau〔http://www.census.gov/prod/cen2010/briefs/c2010br-11.pdf〕（最終閲覧日：2013年8月19日）
3)　https://www.zip-codes.com/city/ca-monterey-park-2010-census.asp（最終閲覧日：2013年8月19日）
4)　https://www.zip-codes.com/city/ca-rowland-heights-2010-census.asp（最終閲覧日：2013年8月19日）
5)　City of Richmond: http://www.richmond.ca/discover/about/demographics.htm（最終閲覧日：2013年8月19日）
6)　筆者は，シンガポールの華人の経済活動において，福建人，潮州人，広東人，客家人など華人方言集団の間で，地域的にも，経済的にも，相互に「すみわけ」がみられることについて論じた（山下，1988：72-80）．
7)　Dragon Mart：http://www.dragonmart.ae/（最終閲覧日：2013年8月19日）

【参考文献】
杉浦　直（2011）：『エスニック地理学』学術出版会．
矢ケ﨑典隆・矢ケ﨑太洋（2016）：ロサンゼルス大都市圏のゲーテッドコミュニティ ── 分断された都市空間を地図化する．E-journal GEO，11(1)，99-118．
山下清海（1979）：横浜中華街在留中国人の生活様式．人文地理，31(4)，321-348．
山下清海（1987）：『東南アジアのチャイナタウン』古今書院．
山下清海（2000）：『チャイナタウン ── 世界に広がる華人ネットワーク』丸善．
山下清海（2001）：韓国華人社会の変遷と現状 ── ソウルと仁川の元チャイナタウンを中心に」国際地域学研究．4，261-273．
山下清海（2005）：『華人社会がわかる本 ── 中国から世界へ広がる華人ネットワークの歴

Ⅲ 世界の華人社会とチャイナタウンの動向

　史，社会，文化』明石書店．
山下清海（2009）：インドの華人社会とチャイナタウン──コルカタを中心に．地理空間，2(1)，32-50.
山下清海（2010）：『池袋チャイナタウン──都内最大の新華僑街の実像に迫る』洋泉社．

華人経済年鑑編輯委員会編（1994）：『華僑華人経済年鑑（創刊号）』中国社会科学出版社，北京．
丘進主編（2012）：『華僑華人研究報告（2012）』社会科学文献出版社，北京．
山下清海（1999）：日本唐人街之観光地区化的進展．陳鴻瑜主編：『邁向 21 世紀海外華人市民社会之変遷與発展』中華民国海外華人研究学会，台北，73-85.
沈立新（1992）：『世界各国唐人街紀実』四川人民出版社．
呉景明編（2009）：『世界著名華人街区─唐人街』吉林出版社，長春．

Fong, T.P. (1994): *The first suburban Chinatown: the remaking of Monterey Park, California*. Temple University Press.
Guest, K. J. (2013): From Mott Street to East Broadway: Fuzhounese imigrants and the revitalization of New York's Chinatown. In *Chinatowns around the world: Gilled ghetto, ethnopolis, and cultural diaspora*. eds. B. P. Wong and C. B. Tan, Brill, 36-54.
Gwen, K. (1992): *Chinatown: a portrait of a closed society*. Harper Perennia.
Inglis, C. (2013): Chinatown Sydney: a window on the Chinese community. In *Chinatowns around the world: Gilled ghetto, ethnopolis, and cultural diaspora*, eds. B. P. Wong and C. B. Tan 95-117. Brill.
Kunnemann, V. and Mayer, R. eds. (2011)：*Chinatowns in a transnational world: myths and realities of an urban phenomenon*. Routledge.
Kwong, P. (1987): *The new Chinatown*. Hill and Wang.
Lai, D. C. (2003): From downtown slums to suburban malls: Chinese migration and settlement in Canada. In *The Chinese diaspora: Space, place, mobility, and identity*, eds L. J. C. Ma, and C. Cartier, 311-336. Rowman & Littlefield.
Li, W. (2009): *Ethnoburb: The new ethnic community in urban America*. University of Hawai'i Press.
Li, P. S. and Li, E. X. (2013): Vancouver Chinatown in transition. In *Chinatowns around the world: Gilled ghetto, ethnopolis, and cultural diaspora*, eds. B. P. Wong, and C. B. Tan, 19-34. Brill.
Ling, H. (2013): The new trends in American Chinatowns: The case of the Chinese in Chicago. In *Chinatowns around the world: Gilled ghetto, ethnopolis, and cultural diaspora*, eds. B. P. Wong and C. B. Tan, 55-94. Brill.
Ma, L. J. C. and Cartier, C. eds. (2003): *The Chinese diaspora: Space, place, mobility, and identity*. Rowman & Littlefield Publishers.
Minnick, S. S. (1988): *Samfow: The San Joaquin Chinese legacy*. Panorama West Publishing.

Nyiri, P. (1999): *New Chinese migrants in Europe: The case of the Chinese community in Hungary*. Ashgate Publishing Company.

Sales, R., Hatziprokopou, W. and D'angelo, A. (2011): London's Chinatown and the changing shape of Chinese diaspora. In *Chinatowns in a transnational world: Myths and realities of an urban phenomenon*. eds. V. Kunnemann and R. Mayer, 198-216. Routledge.

Tan, C. ed. (2013): *Routledge handbook of the Chinese diaspora*. Routledge.

Thompson, R. (1989): *Tronto's Chinatown: The changing social organization of an ethnic community*. AMS Press.

Smith, I. (2000): *The lonely queue: the forgotten history of the courageous Chinese Americans in Los Angeles*. East West Discovery Press.

Smyth, G. J. R. and French, R. eds. (2009): *Living Outside the Walls: The Chinese in Prato*. Newcastle: Cambridge Scholars Publishing

Yamashita, K. (1986): The residential segregation of Chinese dialect groups in Singapore: with focus on the period before ca.1970. *Geographical Review of Japan*, 59 (Ser.B), 83-102.

Yamashita, K. (2003): Formation and development of Chinatown in Japan: Chinatowns as tourist spots in Yokohama, Kobe and Nagasaki. *Geographical Review of Japan*, 76, 910-923.

Yamashita, K. (2011): Ikebukuro Chinatown in Tokyo: The first "new Chinatown" in Japan. *Journal of Chinese Overseas*, 7(1), 114-129.

Yamashita, K. (2013): A Comparative study of Chinatowns around the world: Focusing on the increase in new Chinese immigrants and formation of new Chinatowns. *Japanese Journal of Human Geography* (人文地理), 65(6), 527-544.

Yu, C.Y. (1991): *Chinatown, San Jose, USA*. San Jose Historical Museum Association.

Wong, B. P. and Tan C. B. eds. (2013): *Chinatowns around the world: Gilled ghetto, ethnopolis, and cultural diaspora*. Brill.

Zhou, M. (2009): *Contemporary Chinese America: Immigration, ethnicity, and community transformation*. Temple University Press.

第2部

世界のチャイナタウンの
ケーススタディ

Ⅳ
旧金山,サンフランシスコのチャイナタウン
ゴールドラッシュから郊外型ニューチャイナタウンの形成へ

1 はじめに

　アメリカ華人社会に関する研究は,歴史学,文化人類学,社会学をはじめさまざまな分野から研究がなされ,多数の研究成果の蓄積がある。1970年代以降,エスニック・スタディーズの発展により,特にアジア系アメリカ人研究から華人女性,華人文学に焦点を当てたものやライフヒストリー研究など華人を対象とした研究は多様化してきている。園田(2009)は,サンフランシスコの初期のチャイナタウンの華人の団体組織,経済活動,本国(清国)との政治的関係などについて考察した。

　サンフランシスコのチャイナタウンの華人社会の組織や経済活動,ホスト社会との関係などを歴史的に解明することを試みた研究は多い。しかし,新華僑の流入に伴うオールドチャイナタウンの変容やニューチャイナタウンの形成についての研究は不十分である。

　そのような中,地理学サイドからのアプローチは少ない。古くはMurphey (1952)が,ボストンのチャイナタウンの形成過程やアメリカの移民集団における華人のユニークな性格について論じた。この例にみられるように,華人社会を対象とした研究において,地理学的観点から重要な研究テーマの1つとして,チャイナタウンの形成・変容に関する研究があげられる。チャイナタウンがどのような場所に,いかにして形成され,それがどのように変容し

ていったのか，また，その要因は何か，などについて考察することは，華人社会研究において地理学が大きく貢献できるテーマであろう。杉浦（2007）は，シアトルのチャイナタウンの形成とその後の変容について明らかにしている。また，矢ケ﨑（2016）もロサンゼルス大都市圏に形成されたさまざまなエスニックタウンについて論じる中で，チャイナタウンの特色を指摘している。

　本研究では，アメリカで最初の華人社会およびチャイナタウン形成されたサンフランシスコを対象に，ゴールドラッシュに伴いサンフランシスコのチャイナタウンが形成され，その後どのように変容していったのかを明らかにする。また，ダウンタウンのチャイナタウンとは別に新しく形成された郊外のニューチャイナタウンの形成・変容についても考察する。

　サンフランシスコのチャイナタウンは，アメリカ最大のチャイナタウンの規模を誇ってきたが，1980年代以降，中国の改革開放政策の進展に伴う新華僑の流入により拡大したニューヨーク・マンハッタンのチャイナタウンにその規模を抜かれた。しかしながら，サンフランシスコのチャイナタウンは，形成以来，アメリカ華人社会の中心地としての役割を果たしてきた。

2　ゴールドラッシュと大陸横断鉄道の建設 —— 華人のアメリカ移住

（1）ゴールドラッシュと華人の流入

　1848年1月24日，サンフランシスコの北東約170 kmに位置する，シエラネバダ山中のコロマ（現在のエル・ドラド郡に属する）で金が発見された（図Ⅳ-1）。スイス移民であるジョン・サッター[1]（John Sutter）の農場の製材用の水車小屋付近の川底から，ジェームズ・ウィルソン・マーシャル（James Wilson Marshall）が金を発見した[2]。治安が悪かった当時の状況から，金発見の情報は，外部へは秘密にされた。しかし，その情報が外部に漏れると，瞬く間に世界中に広がった。そして，まさに一攫千金の夢を抱いた人々が，アメリカ国内はもとより，世界各地からカリフォルニアを目指し，ゴールドラッシュが始まった。

Ⅳ　旧金山，サンフランシスコのチャイナタウン

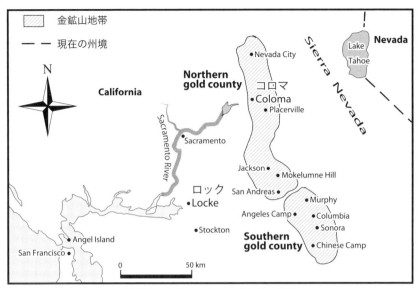

図Ⅳ-1　カリフォルニアの金鉱山地帯
(Avakian 2002: 31 を加筆修正)

　カリフォルニアで金発見のニュースは，1848年10月には太平洋のはるか彼方の香港（1842年の南京条約でイギリスに割譲）に伝わった。珠江デルタの四邑や三邑地方の人々が，カリフォルニアの「金山」（金鉱山地帯）を目指して，太平洋を横断した（図Ⅳ-2）（潮，2010: 3-5）。当時，カリフォルニアの「金山」に至るルートは，次のとおりであった。カリフォルニアの上陸地点はサンフランシスコであり，その後，華人は小さな船に乗り換え，次の大きな町サクラメントを目指し，そこからは陸路で「金山」に向かった。当時，華人はサンフランシスコのことを「金山」（広東語で gam shan）あるいは「大埠」（広東語で dai fow）と呼んだ。「大埠」は大きな都市を意味した。また，サンフランシスコに次ぐ主要都市であるサクラメントは「二埠」（広東語で yee fow）と呼ばれた。ちなみに「三埠」（広東語で sam fow）は，農村地帯の中心都市，ストックトン（現在，サンホアキン郡に属する）である（Minnick, 1988）。
　そして，1851年にオーストラリアのメルボルンで金が発見されると，メルボルンは「新金山」と呼ばれ，サンフランシスコは「旧金山」と称されるよ

75

図Ⅳ-2 珠江デルタにおける四邑・三邑地方
(黎ほか編, 2013：8にもとづき筆者作成)

うになった。今日においてもサンフランシスコの中国語表記は,「三藩市」(「三藩」はサンフランシスコ)とともに「旧金山」が用いられている(写真Ⅳ-1)。

1850年には,カリフォルニアに58,000人の金採掘者がいたが,そのうち華人は500人にも達しなかった。しかし,1851年になると,カリフォルニアの「金山」を目指す華人が急増し,これは白人鉱夫による華人排斥の動きを加速させることになった。1852年,カリフォルニア州議会は,華人の金採掘を制限するために外国人鉱夫税を制定した(麦, 1992：6-7)。カリフォルニア州は,月4ドルの外国人鉱夫税を徴収し,年に約100万ドルの収入を得ていた(堀井, 1989：21)。

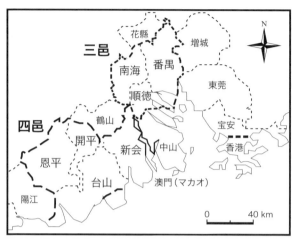

写真Ⅳ-1 北京空港における
出発便の案内掲示
上から東京成田,ソウル仁川,コペンハーゲン,バンクーバー,東京羽田,そしてサンフランシスコ(旧金山)。(2009年9月)

後述する華人排斥法が1882年に公布されるまで,約370,000人の華人が「金山」を目指してアメリカに

Ⅳ 旧金山,サンフランシスコのチャイナタウン

写真Ⅳ-2　コロマにあるマーシャル金発見州立歴史公園に
復元されたゴールドラッシュ時代の華人経営の商店
防犯のために,外壁は石造りで窓はない。(2014年11月)

渡った (Kwong and Miscevic, 2005: 7)。しかし,金採掘現場は白人優位の社会であり,法律で華人は採掘権を得ることはできなかった。このため華人は,白人が放棄した廃鉱で金採掘を試みることが多かった(潮,2010: 19-24)。また,白人鉱夫から雇われてコックや洗濯などに従事する華人もいた。華人が多い鉱区では,華人が経営する商店も設立された(写真Ⅳ-2)。

(2) 大陸横断鉄道の建設

アメリカの人口センサスによれば,1850年におけるアメリカ在住の華人は758人(男女別不明)であったが,1860年には34,933人(男33,149人,女1,784人)に,そして1870年には63,199人(男58,633人,女4,566人)に増加した (Lee, 1960:40)。1850年から1860年の増加の要因はゴールドラッシュであった。しかし,ゴールドラッシュは数年で下火となった。1860年から1870年の華人の増加の主な要因は,大陸横断鉄道の建設のための華人労働者の流入であった。

大陸横断鉄道はアメリカの中西部と太平洋岸を結ぶもので，東のオマハ（現ネブラスカ州）と西のサクラメントを結ぶセントラル・パシフィック鉄道は，"Big 4" と呼ばれるリーランド・スタンフォード，コリス・ハンチントン，チャールズ・クロッカー，そしてマーク・ホプキンズの4人の実業家が資金を出して建設した。1863年1月に着工されたが，当初は，アイルランド人やメキシコ人などが鉄道建設労働者として雇用された。しかし，工事の進行が計画より遅れ，難工事のため脱落者が続出した。これに代わる労働力として，華人が注目されるようになった。"Big 4" の一人，クロッカーは，華人を鉄道建設労働者として最初に募集した。華人労働者の投入により，鉄道建設工事は順調に進み，1869年5月，セントラル・パシフィック鉄道は完成した。冬季のシエラネバダ山脈の工事は困難を極め，華人の犠牲者も多かったが，彼らは低賃金でも忍耐強く，勤勉に働いた。しかし，白人労働者は，華人労働者を「クロッカーのペット」（Crocker's pets）と批判した（劉, 1976: 613-619）。

　大陸横断鉄道が完成すると，華人は鉄道沿いの町に住みつき，また，完成した大陸横断鉄道でアメリカの中部や東部に移動していった。しかし，多くの華人はアメリカ西部において工業と農業に従事した。特に毛織物，タバコ，靴，縫製業において，華人は重要な労働力となった。なかでもサンフランシスコのタバコ生産の9割は華人の手によるものであった。また，サンフランシスコなどの都市部では，洗濯業に従事する者も多かった。カリフォルニア農業の発展に，華人は大きく貢献した。沼地を埋め立て，道路，用水路，貯水池を建設し，テンサイ，セロリなどの商業作物の栽培を成功させた（ライ, 2012: 455）。

3　サンフランシスコにおけるチャイナタウンの形成と華人社会

(1) チャイナタウンの形成

　1849年2月，サンフランシスコの華人は54人であったが，1850年1月には787人に，そして1852年には約3,000人に達した。当時，チャイナタウンは「小広州」（Little Canton）あるいは「小中国」（Little China）と呼ばれ，華

Ⅳ　旧金山，サンフランシスコのチャイナタウン

人男性は，白人から"China boy"とさげすまれた（劉, 1976: 99-101）。

　ゴールドラッシュや大陸横断鉄道建設でアメリカにやって来た華人の最初の上陸地点となったのは，サンフランシスコであった。前述したようにゴールドラッシュ時代，金鉱山地域にも，華人のために食料や雑貨などを販売する華人商店が開設された。それらの華人商店の商品を供給したのはサンフランシスコのほか，サクラメントやストックトンなどに形成されたチャイナタウンの華人店舗であった（楊ほか, 1989: 292-297）。

　サンフランシスコのチャイナタウンの形成は，1849年に始まった。初期，華人商店が集中したのはサクラメント通りで，その後，デュポン街（1908年，グラント街に改名）やポーツマス広場へ拡大していった。1853年のチャイナタウンの範囲は，南はサクラメント通り，北はジャクソン通り，東はカーニー街，西はストックトン通りであった（劉, 1984: 110）。図Ⅳ-3は，1850年頃から1885年頃までのチャイナタウンの主要部を示したものである。

　1850年代半ば，サンフランシスコのチャイナタウンには，雑貨店が33軒，薬局15軒，料理店・肉屋・理髪店が各5軒，裁縫店・旅館・木工場が各3軒，パン屋が2軒，そして漢方医が5軒あった（Chinn et al., 1969: 10-11）。

　初期のサンフランシスコ・チャイナタウンは，広東語で"Tong Yun Fow"（唐人街）と呼ばれた。ここでは，華人が必用なものが提供された。仕事，食事，物品，相互扶助組織，宗教施設，医療，娯楽，華字紙などである。しかし，人口が密集し，アヘンや売春などが蔓延する場でもあった（Yung and et al., 2006: 7）。

　サンフランシスコにやって来た華人の大多数は，珠江デルタの農村から来た広東人で，大半は珠江デルタ西部の四邑出身者であった。四邑地方は，台山，開平，恩平，新会の四地域から成るが，特に台山出身者が多数を占めた（ライ, 2012: 455）。第二次世界大戦前のアメリカ華人社会は，広東人がその中心を成し，チャイナタウンは広東語の世界であった（山下, 2000: 42-43）。

　1860年代のチャイナタウンは，圧倒的な男性社会であり，20～39歳の若年層が75％を占めた。チャイナタウンの内部には，売春宿，アヘン窟，ギャンブル場などが多数あった。また，華人は道教や仏教の寺院を建設し，旧正

79

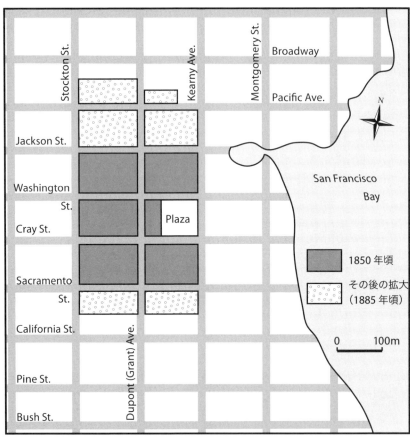

図Ⅳ-3 1850年頃〜1885年頃におけるサンフランシスコのチャイナタウンの主要部
(The plan for San Francisco in 1853, Official Map of Chinatown in San Francisco, 劉 (1984:110) などにより筆者作成)

Ⅳ　旧金山，サンフランシスコのチャイナタウン

月を祝うなど中国の伝統を維持していた。サンフランシスコの中心部にチャイナタウンが形成されたため，サンフランシスコ市当局は，幾度となく華人にこの地区からの立ち退きを要求した（貴堂，2012: 83）。

　1892年，華人商店は674軒に増加した。しかし，華人排斥法の施行により，1890年から1900年に，華人人口も華人商店も減少した。そして，1906年のサンフランシスコ大地震では，発生した火災により，チャイナタウンは焼け野原となった（劉，1976: 134）。しかし，チャイナタウンの復興は速く，1908年には，華人商店は193軒に回復した（劉，1984: 110）。サンフランシスコ市は，震災を機会に，ダウンタウンの重要な場所に形成されたチャイナタウンを，他の地域に移す計画を立てた[3]。しかし，華人は，その移転計画に反対し，もとの場所にチャイナタウンを再建した。

(2) 華人社会

　次に，サンフランシスコのチャイナタウンの華人社会の特色についてみてみよう。

　サンフランシスコにやって来た華人の大多数は，珠江デルタの農村から来た広東人で，大半は珠江デルタ西部の四邑出身者であった。四邑地方は，台山，開平，恩平，新会の四地域から成るが（図Ⅳ-2参照），特に台山出身者が多数を占めた県人が多かった（パン編，2010: 455）。チェーン・マイグレーションにより，四邑地域からアメリカに来る華人が続き，1880年代末まで，サンフランシスコの華人人口の8割以上は四邑地方出身の広東人が維持していた（園田，2009: 134-144）。

　サンフランシスコのチャイナタウンでは，出身地に応じて相互扶助組織である同郷会館が結成された。1850年，三邑会館および四邑会館が設立された。1852年には，陽和会館（中山地方出身者による）と協吉会館（客家人による，後に人和会館に改称）が組織された。1854年には，台山出身者が四邑会館から離脱し，独自に寧陽会館を設立した。1862年には台山および開平出身者の一部が四邑会館を離脱し合和会館を組織し，また四邑会館に残った新会出身者は，鶴山出身者と共同で四邑会館の跡地に岡州会館（岡州は現在の江門市

写真Ⅳ-3　ストックトン通りの中華会館
（2014年11月）

新会区一帯）を結成した（劉, 1976: 150-166）。1862年，これら三邑会館，陽和会館，人和会館，寧陽会館，合和会館，岡州会館の6つの会館は，連合組織として中華会館を結成した。カリフォルニア州への団体登録の際，中華会館は中国六大公司（The Six Companies）に改称された。対外的には中国六大公司の名称が用いられたが，対内的には中華会館と呼ばれた（写真Ⅳ-3）。その後，1878年には肇慶会館（広東旧肇慶府出身者の会館）が加入し，七大会館となった（楊ほか, 1989: 127-145；李・楊主編, 1999: 177-185）。

　中国では　秘密結社がみられるが，アメリカの華人社会でも，「堂」（Tong），「会」（Hui）あるいは「堂会」と呼ばれる秘密結社が活動し，敵対する堂との利権抗争（「堂闘」と呼ばれる）がしばしば発生した（ライ, 2012: 456-458）。
　サンフランシスコのチャイナタウンには多数の堂が組織され，アヘン窟，売春宿，賭博場などは堂会の支配下にあった（劉, 1976: 224-235）。サンフランシスコで最初の有力な堂会は致公堂（Chee Kung Tong）であり，致公堂は中国語名には「洪門」と冠し，英語名は"Chinese Free Mason"と称した。堂会の成員の中には，下層の低賃金労働者が多く，家父長的な相互扶助を求めて入会した（内田, 1976: 122-144）。

（3）華人排斥運動

　ゴールドラッシュが収束し，鉱山町がゴーストタウンと化すと，チャイナタウンへの華人のサンフランシスコへの集住傾向が強まった。これにより，白

Ⅳ 旧金山，サンフランシスコのチャイナタウン

人による華人に対する著しい偏見，差別と激しい排他的感情が高まり，華人排斥運動につながっていった。このような華人を取り巻く厳しい環境の中で，チャイナタウンは，白人からの排斥を免れる一種の避難所の役割を果たした。

華人排斥の最初の大きな暴動が1867年2月に発生した。数百人の白人労働者が建設工事現場で働く華人労働者を襲撃した。そのほか，華人が雇用されていた衣料・繊維関係の工場を白人の暴徒が破壊し，多数の負傷者が出た。白人側からみると，資本家の道具となって低賃金で働く華人を排斥しようとするものであった。暴徒の中には，アイルランド系労働者が多かった。これらの暴動以後，サンフランシスコ市は，華人に対して差別的な条例を制定した。例えば，天秤棒を担いでの道路通行を禁止する条例や男性囚人に断髪を義務づける「弁髪条例」などである（貴堂, 2012: 94-99）。

1877年7月には，勤労者党（Workingmen's Party）の主催により，約8,000人の華人排斥の集会が開かれ，集会の解散後，参加者の一部が暴徒化し，チャイナタウンの店舗（特にクリーニング店），キリスト教伝道団体の施設，太平洋郵船（米中貿易の海運会社）などを襲撃した（貴堂, 2012: 94-99）。

華人に対する排斥の機運が高まるにつれ，小さな町や村に居住していた華人も，サンフランシスコのチャイナタウンに身を寄せざるを得なくなった。農村地域に形成された小規模なチャイナタウンは消滅していった。例えば，サクラメント南部のウォールナットグローブの農村地帯に形成されたチャイナタウンであるロック（Locke, 中国名：楽居または洛克村，図Ⅳ-1参照）は，1912年に中山（マカオに隣接）出身者が住み始めたが（陳, 1984: 299-301），カリフォルニア最後の農村地帯のチャイナタウンと呼ばれ，歴史保存地区として観光スポットになっている（写真Ⅳ-4）。

また，一部の華人は，反華人的感情が充満したカリフォルニアを離れて，しだいにシカゴ，ニューヨークなど中西部や東部の都市へと移動して行くようになった[4]。

カリフォルニアでは，白人の労働組合が華人排斥運動の先頭に立ち，その運動はアメリカ西部全域に拡大した。その結果，1882年，連邦議会において華人排斥法が可決され成立した。この法律により，以後10年間，熟練・非

写真Ⅳ-4 「カリフォルニア最後の農村地帯のチャイナタウン」と呼ばれるロック
東南アジアのチャイナタウンでみられるショップハウスと類似している。1階には騎楼(台湾では亭仔脚と呼ばれる)が設けられている。(1994年9月)

熟練を問わず，華人のアメリカへの入国が禁止され，市民権も認められなくなった。この法律は，1904年まで幾度かの改正を経て，入国禁止期間も事実上無期限となった（鈴木, 1988）。

華人排斥法の制定後，密入国を試みたり，例外的な滞在資格や市民権の保有を主張して入国した華人は，移民検査所での審査の後，強制送還されたり，審査の結果が出るまで施設に拘留された。移民検査所の施設が老朽化したため，新しい移民検査所が1910年，サンフランシスコ湾のエンジェル島（中国名，天使島）に建設され，華人を含むアジアからの入国者の審査が行われた（劉, 1981: 99-111）。ヨーロッパからの移民を審査する移民検査所が置かれたニューヨーク・マンハッタン島の沖合のエリス島に対して，エンジェル島は「西のエリス島」とも呼ばれた（陳, 1984: 248-255）。

エンジェル島の移民検査所の拘留施設では，1910年から1940年までの期間，175,000人の華人がここで検査を受けた。Lai et al.（1980）は，エンジェル島の移民局に拘留された華人が，施設内で書き綴った漢詩を収録したものである。拘留施設では，屈辱的な身体検査が行われ，提供される食事も十分なものではなく，待遇の悪さのために，1919年には暴動が発生した（張ほか主編，1990: 344）。

(4) 華人の経済活動

　次に，華人排斥の状況下における華人の経済活動をみてみよう。

　1870年当時，サンフランシスコの華人労働者の主要な就業分野は，製靴業，タバコ製造業，毛織物業などであり，低賃金で働いていた。これらの分野で，最も激しく華人と対立したのは，アイルランド人労働者であった。華人排斥運動の主要なリーダーで，カリフォルニア労働党を組織したカーニー（Dennis Kearney）はアイルランド出生の移民であった。1882年の華人排斥法の制定後，これらの業界から華人は締め出された（内田，1976: 174-187）。

　白人からの華人排斥の動きが高まるにつれ，経済活動の面においても，華人は多くの分野から排除されるようになった。結果的に白人と競合しない分野にしか進出することができず，小規模なサービス業分野に限定された。とりわけ，クリーニング店，中国料理店，雑貨店が中心であった。華人に対する偏見が強い中で，これらの3つの分野は，華人の生活に密接するものであり，また，英語力が乏しく，専門的教育を受けていない華人にとって，辛抱強く働くことによって，ある程度報われる仕事であった（麦，1992: 80-92）。

　1851年，アメリカ最初の華人経営のクリーニング店が，サンフランシスコのチャイナタウンのワシントン通りにできた。その後，クリーニング店を開業する華人が増加していった。1870年，サンフランシスコでは2,000人あまりがクリーニング業に従事しており，その大部分が華人であった。1876年には，サンフランシスコにあるクリーニング店は300軒であり，市内のどの通りにも華人経営のクリーニング店があったことになる。1884年，華人排斥運動が最高潮に達した際には，華人経営のクリーニング店は，恰好の攻撃対象と

なった (劉, 1976: 310-312)。

　中国料理店は，チャイナタウンが形成された初期には多くなかった。中国料理店は「雑砕餐館」と呼ばれた。「雑砕」(chop suey)[5]は，広東語であり，野菜や肉を油で炒めたアメリカ式中国料理を指すもので，しだいにアメリカ全土に中国料理店が広がっていった（劉 1976: 312）。

　華人は農業部門でも重要な役割を果たした。19世紀末から20世紀に入る頃，サンフランシスコ湾岸地域における日本人移民による花卉栽培が盛んになってきた。その時期，華人はイタリア人とともに，いち早く花卉栽培において重要な地位を占めていた。現在のチャイナタウンの南側に位置するマーケット通りとカーニー街の角は，イタリア人・華人・日本人の花卉生産者が集まり，花卉の露天市場の様相を呈していた（矢ケ﨑 1993: 112-117）。

4　第二次世界大戦後のサンフランシスコにおけるチャイナタウンの変容

(1) 戦後アメリカにおける華人社会の変容

　華人排斥運動の影響で華人人口は減少した。しかし第二次世界大戦中，戦時下で労働力が不足したため，華人の雇用が増加した。また，侵攻した日本と戦う中国に対して，アメリカにおける華人のイメージも少しずつ好転していった。第二次世界大戦中の1943年，連邦議会は華人排斥法を廃止した。これにより，華人に割り当てた移民枠は年間105名となり，華人の帰化権も回復した。また，第二次世界大戦終了後，華人の退役軍人には，妻を中国からアメリカに呼び寄せることが認められ，1945～1950年の間に8,000人近い華人女性がアメリカに入国した（ライ, 2010: 461-462）。

　1949年，中華人民共和国が成立したが，アメリカはこれを承認せず，中華民国と外交関係を継続した。朝鮮戦争（1950年～，1953年休戦），ベトナム戦争（1965～1975年）で中華人民共和国と敵対し，反共産主義ムードが高まり，アメリカ国内の華人や華人団体の監視を強化し，中華民国の影響力を重視した。1950年代から1960年代前半に，アメリカは約3万人の中国難民を受け

入れたが，その多くは，専門家，知識人，国民党の元官吏などであった。また，1950年代後半以降，台湾・香港から多くの留学生がアメリカに渡り，その大半が卒業後，アメリカに留まった（ライ，2010: 461-464）。

　戦後，アメリカは好景気で，華人はアメリカ社会で就職や起業の機会を得ることができた。専門的・技術的職業に就く華人も少なくなかった。華人経営のクリーニング店は，自動洗濯機が家庭に普及し，パーマネント加工の衣類が普及するにつれ，減少していった。その代わり，中国料理店が増加した。

　第二次世界大戦後，白人と結婚する華人が増加し，より待遇の良い仕事に就く者も増え，チャイナタウンから市内の他の地域や郊外への華人の移動が進んだ（Yung and et. al., 2006: 7）。

　1965年の移民法改正（1968年7月発効）により，アジアからの移民を多く受け入れるようになり，台湾・香港，さらには東南アジアの華人がアメリカへ多く流入した。戒厳令下の台湾からは，台湾独立運動の支持者や多くの優秀な人材がアメリカに渡り，ITをはじめとする先端産業で大きな貢献をした。また，難民は移民受け入れ制限の人数の枠外であったため，1975年のベトナム戦争終結前後から，ベトナム・ラオス・カンボジアのインドシナ難民が急増した。これら難民の中には，華人が多く含まれていた（ライ，2010: 465）。1978年末に決定された改革開放政策以降，中国大陸からの移民や留学生が急増した。留学生の中には，勉学終了後もアメリカに定着する者が増えた。表Ⅳ-1はサンフランシスコの華人社会の変容を，年表にまとめたものである。

(2) チャイナタウンの拡大

　サンフランシスコにおいても，第二次世界大戦後，華人人口は増加した。人口センサスによれば，1940年に17,782人（同市の総人口の2.8%）であったが，1950年に24,813人，1960年に36,445となった。1965年移民法改正により中国や東南アジアからの移民が増加し，華人人口は1970年には58,696人，1980年には82,244人（同市の総人口の12.1%）になった。図Ⅳ-4は，サンフランシスコにおける華人人口の推移を示したものである。

　華人人口の増加に伴い，ダウンタウンのチャイナタウンの人口密度が高ま

表Ⅳ-1　サンフランシスコ華人関係年表

サンフランシスコおよび周辺	関連事項
1848　コロマで金発見，1849年からゴールドラッシュ	
1848　アメリカ・メキシコ戦争の結果，メキシコ領カリフォルニアがアメリカ領に編入	
1850　カリフォルニアが州に昇格	1851　太平天国運動（～1864年）の乱発生
1852　カリフォルニア州議会，華人の金採掘を制限するために外国人鉱夫税を制定	
	1861　南北戦争（～1865年）
1863　大陸横断鉄道の建設に華人労働者を募集	1963　奴隷解放宣言
1869　大陸横断鉄道の完成	
1882　華人排斥法，連邦議会で成立	
1906　サンフランシスコ大地震	
1910　サンフランシスコ湾のエンジェル島に移民検査所建設	1911　辛亥革命
	1912　中華民国成立
	1914　第一次世界大戦（～1918年）
1924　排日移民法の施行	
	1939　第二次世界大戦（～1945年）
1943　華人排斥法廃止	
	1949　中華人民共和国成立
	1950　朝鮮戦争，中国義勇軍参戦（1953年休戦）
1950年代～60年代前半，約3万人の中国人難民をアメリカに受け入れ	
1963　美国（アメリカ）華人歴史協会，サンフランシスコに設立	1965　移民法改正（1968年発効）ベトナム戦争激化（～1975年）
	1966　文化大革命の始まり（～1976年）
1970　サンフランシスコ・チャイナタウンに牌楼建設	
	1972　ニクソン大統領訪中
	1978　改革開放政策の開始
	1979　米中国交正常化，台湾と断交
1989年，天安門事件。これを契機に，アメリカ政府は1993年までに中国人留学生5万人以上の永住資格申請を受理	
2011　サンフランシスコ市長に初の華人系，エドウィン・リー（Edwin Lee）就任	
	2013　習近平，国家主席に就任
2015　サンフランシスコ・チャイナタウンに海外初の抗日戦争記念館設立	

（胡ほか編，村田・貴堂訳（1997），ライ（2012），SanFranciscoChinatown.com ほかにより筆者作成）

Ⅳ 旧金山,サンフランシスコのチャイナタウン

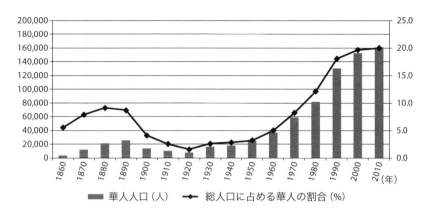

図Ⅳ-4 サンフランシスコにおける華人人口の推移
US.Census による。ただし,2000 年および 2010 年は,センサスの調査で "Chinese (one race)" と回答した者。1860〜1990 年までは,San Francisco History-Population, [http://www.sfgenealogy.com/sf/history/hgpop.htm] により筆者作成。

り,チャイナタウンは周辺に拡大していった。特に,リトルイタリーと呼ばれるイタリア人街であった北側のノースビーチ（North Beach）では,そこに居住するイタリア人が減少する一方で,華人の店舗や居住者が増えチャイナタウン化が進んだ（Godfrey, 1988: 97, 102-105）。

(3) 伝統文化の保持

アメリカ最初のチャイナタウンであるサンフランシスコのチャイナタウンでは,端午節,清明節,春節や龍舞,獅子舞などの華人の伝統文化が保持されてきた。住民の多くは広東出身者であったが,社会主義の中華人民共和国の成立後,アメリカの反共産主義の政策下で,国民党支配の台湾文化の影響も受けてきた（陳,1984: 258-265）。

サンフランシスコのチャイナタウンにおいて,もっとも重要な年間行事は,旧暦の正月を祝う春節祭である。サンフランシスコの春節祭は 1953 年に始まった（ライ,2012: 461-464）。サンフランシスコにおける華人人口の比率の高まりにより,サンフランシスコの公立学校は,1994 年から春節には休校となった。全米ミス・チャイナタウン選考会,バザール,マラソン・競歩大会

などの一連の春節行事の最後を飾るのは,「新年大巡遊」という名の盛大なパレードである。獅子舞,龍舞,企業・学校・団体などによる花車,ブラスバンド,仮装行列,そして市長をはじめサンフランシスコ市の著名人,在郷軍人,警察,消防のパレードなど,参加者も華人に限らず,民族集団の枠を越えた,全市をあげての大イベントとなっている。その模様は,地元テレビ局により実況中継される（山下, 2000: 127-129）。チャイナタウンでは,華人住民の高齢化が進んでいる。チャイナタウンの中心にあるポーツマス広場は,華字紙を読み,中国将棋に興じる華人高齢者のたまり場になっており,標準中国語よりも,広東語やその他の方言が多く話されている（写真Ⅳ-5）。

　チャイナタウンの外に住む華人にとって、チャイナタウンは週末に家族で食事に出かける場所という意味が強い。華人に評判の飲茶（ヤムチャ）レストランは、午前中から満員となる（写真Ⅳ-6）。かつて、このような場では、広東語が主流をなしていたが、今では標準中国語で注文する客が増え、従業員も広東語とはまるで外国語のように大きく異なる標準中国語を理解できなければ務まらなくなってきている（山下, 2000: 127）。

(3) 観光地としてのチャイナタウン

　サンフランシスコは,世界的な観光都市であり,チャイナタウンは,ケーブルカー,フィッシャーマンズ・ワーフ,ゴールデン・ゲートブリッジなどとともに,サンフランシスコの重要な観光名所になっている。サンフランシスコを訪れる国内外からの観光客のほとんどは,ケーブルカーに乗り,チャイナタウンで中国料理を味わう（写真Ⅳ-7）。

　図Ⅳ-5は,2014年現在のチャイナタウンの概況を示したものである。チャイナタウンを南北に走るグラント街（Grant Avenue, 都板街）は,チャイナタウンのメインストリートであり,その両側には観光客相手の中国料理店やみやげ物店が,800 mほどにわたって軒を連ねている。グラント街の西隣りのストックトン通り（Stockton Street, 市徳頓街）には,観光客向けというよりも華人向けに野菜,鮮魚,肉,書籍,衣類などを売る商店や華人の諸団体,華人学校などが多く,華人の庶民生活の場となっている。チャイナタウンの

Ⅳ　旧金山，サンフランシスコのチャイナタウン

写真Ⅳ-5　ポーツマス広場に集う華人高齢者
(2014 年 11 月)

写真Ⅳ-6　休日のチャイナタウンの飲茶レストラン
華人の生活では，家族団欒の時を過ごすことが重視される。(2014 年 11 月)

写真IV-7　チャイナタウンを通過するケーブルカー
チャイナタウンのメインストリートであるグラント街とケーブルカーが通るカリフォルニア通りの交差点にて。(2014年11月)

写真IV-8　チャイナタウンの牌楼
この牌楼は,アメリカのチャイナタウンの牌楼の中で最も早く1970年に建設された。(2014年11月)

Ⅳ　旧金山，サンフランシスコのチャイナタウン

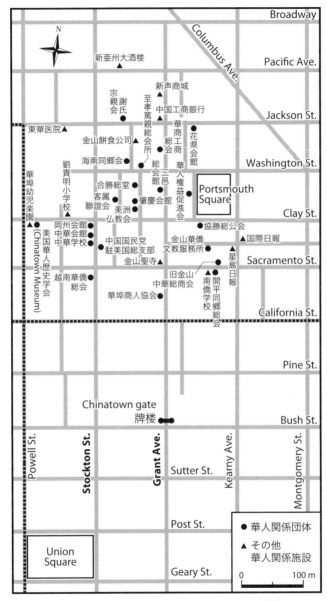

図Ⅳ-5　サンフランシスコ・チャイナタウンの概況
（2014 年 11 月の現地調査により筆者作成）

写真Ⅳ-9　グラント街（上）とストックトン通り（下）
　上の写真に見える街路標識"Sacramento"の中国語の街路名は「唐人街」（中国語でチャイナタウンを意味する）となっている。サクラメント通りがサンフランシスコのチャイナタウンの発祥の地であることを示している。（2014年11月）

Ⅳ　旧金山，サンフランシスコのチャイナタウン

北側は，サンフランシスコのイタリア人街，リトルイタリーであるノースビーチである。最近は，この地区にも華人の商店や住宅が進出している（山下，2000：125-129）。

　多くの観光客は，高級ホテルやデパートが周辺に集まり，観光名所になっているユニオンスクエアから，チャイナタウンの観光シンボルである牌楼を通り（写真Ⅳ-8），チャイナタウンのメインストリートであるグラント街を巡る。

　サンフランシスコのチャイナタウンは，観光地という側面とともに，華人の生活を支える場としての機能ももっている（写真Ⅳ-9）。

(4) 郊外におけるニューチャイナタウンの形成

　サンフランシスコのダウンタウンに位置するチャイナタウンは，増加する新華僑を受け入れるための空間的な余地はない。ダウンタウンのチャイナタウンの西に隣接するノブヒルやロシアンヒルは高所得者の住宅地であり，地価が高い地区である。このため，チャイナタウンの拡大には限界があり，人口密度は高く，常に駐車難となっている。また，建物の老朽化も進んでいる。

　このようなチャイナタウンのフィジカルなマイナス面に加えて，チャイナタウン内の店舗経営者の世代交代も進んでいる。オールドカマーである広東人の経営者に代わって，新しくやって来た中国大陸や東南アジア出身の華人がそれらを継承する現象が多くみられる。特にベトナムを中心とするインドシナ出身者が経営する中国料理店が増加している。また，ダウンタウンのチャイナタウンから郊外への華人の居住地移動も顕著である。

　ダウンタウンのチャイナタウンからさらに西のゴールデンゲート・パーク近くに位置するリッチモンド区およびサンセット地区に，チャイナタウン居住者や新来の華人がより良好な居住条件を求めて移り住むようになり，ニューチャイナタウンが形成された（図Ⅳ-6）。このような郊外型のニューチャイナタウンの形成は，アメリカの他の大都市周辺でも同様なパターンがみられる（Fong, 1994）。

　ダウンタウンのチャイナタウンから西へ6kmほど進むと，サンフランシスコ市リッチモンド区のクレメント通りになる。この1kmあまりの道路の

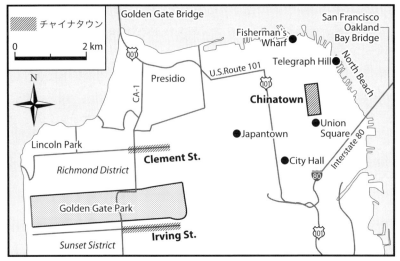

図Ⅳ-6　サンフランシスコの新旧のチャイナタウン
（2014年11月の現地調査により筆者作成）

両側には，漢字の看板を掲げた華人経営のレストラン，ファーストフード店，スーパーマーケット，銀行，書店などが連なる。華人はここを「新華埠」（華埠はチャイナタウンを意味する）すなわちニューチャイナタウンと呼ぶ（写真Ⅳ-10）。レストランの中には，中国料理店に混じって，東南アジア出身の華人が経営するベトナム料理店，タイ料理店，ミャンマー料理店などもみられる。

　ニューチャイナタウンは観光地ではないが，サンフランシスコ周辺各地から訪れる華人でにぎわっている。この周辺は，社会経済的に上昇した華人や，台湾，香港から来たニューカマーに人気のある新興住宅地となっている。オールドチャイナタウンの住民の多くが広東人であり，そこは古くから広東語の世界であったのに対し，ニューチャイナタウンでは標準中国語が共通語の役割を果たしている。

　リッチモンド区のクレメント通りとリンカーン公園を挟んで南に位置するサンセット区のアービング通りにも，ニューチャイナタウンが形成されている（写真Ⅳ-11）。

Ⅳ　旧金山，サンフランシスコのチャイナタウン

写真Ⅳ-10　リッチモンド区クレメント通りのニューチャイナタウン
オールドチャイナタウンと異なり，木造2階建ての新しい華人商店やレストランが建ち並ぶ。
（1994年8月）

写真Ⅳ-11　サンセット区，アービング通り（2014年11月）

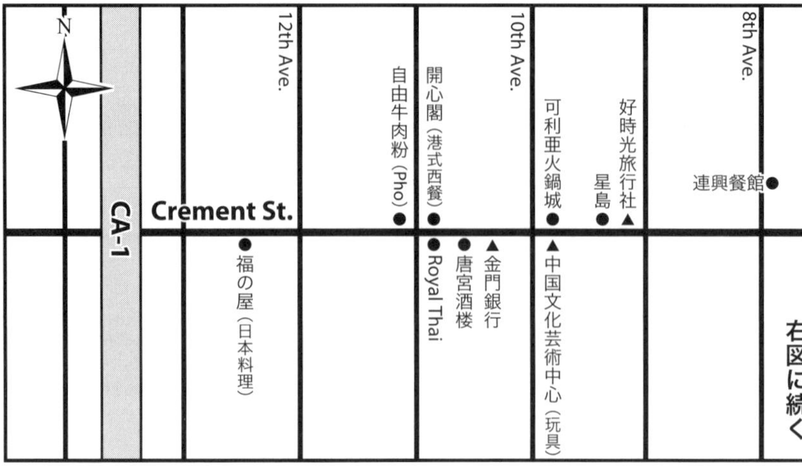

図Ⅳ-7a　リッチモンド区のニューチャイナタウン
（1998 年 8 月の現地調査により筆者作成）

　筆者は，1994 年からこれらのニューチャイナタウンに注目してきた（山下，2000：138-139）。図Ⅳ-7 は，1998 年の調査により，リッチモンド区のニューチャイナタウンにおける華人関係の店舗等を示したものである。店舗名は中国語で表記されていたものを示した。

　2014 年の再調査では，インドシナ出身の華人が経営する中国料理店，ベトナム式サンドイッチ販売店（写真Ⅳ-12），カフェ，スーパーマーケットの増加が目立った。

　以上のように，華人の増加に伴いサンフランシスコのダウンタウンに形成されたオールドチャイナタウンも，そして郊外に形成されたニューチャイナタウンも，変容を続けている。サンフランシスコでみられるこのような現象は，ニューヨーク，ロサンゼルス，シカゴなどアメリカ各地でも共通するパターンである。

【注】
1）　サッターの名は，サンフランシスコの通り名，サッター街（Sutter Street）に残されている。

Ⅳ　旧金山，サンフランシスコのチャイナタウン

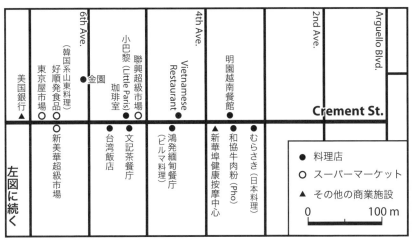

図Ⅳ-7b　リッチモンド区のニューチャイナタウン
（1998年8月の現地調査により筆者作成）

写真Ⅳ-12　クレメント通りのベトナム式サンドイッチの販売店のメニュー
ハム，焼き豚，ローストチキン，ミートボールなどをレタス，トマト，香菜などとともに挟んだサンドイッチが4ドル前後で販売されている。（2014年11月）

2) コロマでの金発見については,Dillinger (2006) が詳しく紹介している。また,呉(2003)は,カリフォルニアにおけるゴールドラッシュ地帯の歴史と現状についての紀行文である。
3) "Plan for new Chinatown", San Francisco Chronicle, April 25, 1906, "Chinese colony at foot of Van Ness the plan to remove celestials to San Mateo County is opposed", San Francisco Chronicle, April 27, 1906
4) 大井(2006)によれば,シカゴに最初の華人が移り住んだのは1876年であった。
5) アメリカにおけるチョプスイ(雑砕)の歴史に関しては,芹澤(2010)が紹介している。

【参考文献】
内田直作(1976):『東洋経済史研究Ⅱ』千倉書房.
大井由紀(2006):「中国人意識」とディアスポラ——19世紀末のシカゴを事例として.華僑華人研究.3:18-28.
貴堂嘉之(2012):『アメリカ合衆国と中国人移民——歴史のなかの「移民国家」アメリカ』名古屋大学出版会.
胡垣坤・曾露凌・譚雅倫編,村田雄二郎・貴堂嘉之訳(1997):『カミング・マン——19世紀アメリカの政治風刺漫画のなかの中国人』平凡社.胡垣坤・曾露凌・譚雅倫編(1994):『美国早期漫画中的華人』三聯書店,香港.
杉浦 直(2007):シアトルにおける初期チャイナタウンの形成とその変容.歴史地理学49(4),1-17.
鈴木 晟(1988):1850〜1920年代におけるアメリカの東洋移民排斥.アジア研究34 (3),92-141.
芹澤知広(2010):新刊紹介 Andrew Coe 著 Chop Suey: A cultural history of Chinese food in the United State. 華僑華人研究7:169-172.
園田節子(2009):『南北アメリカ華民と近代中国——19世紀トランスナショナル・マイグレーション』東京大学出版会.
パン,リン編,游 仲勲監訳(2010):『世界華人エンサイクロペディア』明石書店.
堀井 武(1989):一九世紀アメリカにおける中国人労働者.高円史学5,17-32.
矢ケ﨑典隆(1993):『移民農業——カリフォルニアの日本人移民社会』古今書院.
矢ケ﨑典隆(2016):ロサンゼルス大都市圏の分断化とエスニックタウン.山下清海編:『世界と日本の移民エスニック集団とホスト社会——日本社会の多文化化に向けたエスニック・コンフリクト研究』明石書店,149-174.
山下清海(2000):『チャイナタウン——世界に広がる華人ネットワーク』丸善.
山下清海編(2016):『世界と日本の移民エスニック集団とホスト社会』明石書店.
ライ,マーク・ヒム(2010):米国.パン,リン編,游 仲勲監訳:『世界華人エンサイクロペディア』454-477.明石書店.

潮龍起(2010):『美国華人史(1848-1949)』山東画報出版社.
陳依範著,殷志鵬・廖慈節合訳(1984):『美国華人発展史』三聯書店,香港.Chen, Jack

(1980): *The Chinese America*. Harper & Row, San Francisco.
李春輝・楊生茂主編（1999）：『美洲華僑華人史』東方出版社，北京．
劉伯驥（1976）：『美国華僑史』黎明文化事業股分有限公司，台北．
劉伯驥（1981）：『美国華僑史（続編）』黎明文化事業股分有限公司，台北．
劉伯驥（1984）：『美国華僑逸史』黎明文化事業股分有限公司，台北．
麦禮謙（1992）：『従華僑到華人――二十世紀美国華人社会発展史』三聯書店，香港．
呉琦幸（2003）：『淘金路　上』上海古籍出版社，上海．
楊国標・劉漢標・楊安堯（1989）：『美国華僑史』広東高等教育出版社，広州．
張興漢・陳新東・黄卓才・徐位発主編（1990）：『華僑華人大観』暨南大学出版社，広州．

Avakian, M. (2002): *Atlas of Asian-American history*. Checkmark Books, New York.
The Chinese American Council of Sacramento and the Discovery Museum (1994): *The legacy of Gold Mountain: A history of the Chinse in Sacramento*. The Chinese American Council of Sacramento.
Chinn, T. W., Lai, H. M. and Choy, P. P. eds. (1984): *A history of the Chinese in California: A syllabus* (6th printing). Chinese Historical Society of America, San Francisco.
Dillinger, W. C. (2006): *The gold discovery: James Marshall and the California Gold Rush*. California Department of Parks and Recreation and the Gold Discovery Park Association.
Fong, T. P. (1994)：*The First Suburban Chinatown: The Remaking of Monterey Park, California*. Philadelphia: Temple University Press
Godfrey, Brian J. (1988): *Neighborhoods in transition: the making of San Francisco's ethnic and nonconformist communities*. University of California Press, Berkeley.
Kwong, P. and Miscevic, D. (2005): *Chinese America: The untold story of American's oldest new community*. The New Press, New York.
Lai, H. M., Lim, G., and Yung, J. (1980): *Island: Poetry and history of Chinese: Immigrants on Angel Island, 1910-1940*. University of Washington Press, Seattle.
Lee, R. H. (1960): *The Chinese in the United States of America*. Hong Kong University Press, Hong Kong.
Loo, C. M. (1991): *Chinatown: most time, hard time*. Praeger Publishers, New York.
Minnick, S. S. (1988): *Samfow: The San Joaquin Chinese legacy*. Panorama. West Publishing, Fresno.
Murphey, R. (1952): Boston's Chinatown. *Economic Geography*, **28** (3), 244-255.
SanFranciscoChinatown.com　http://www.sanfranciscochinatown.com/index.html（最終閲覧日：2017年1月5日）
San Francisco History-Population, http://www.sfgenealogy.com/sf/history/hgpop.htm（最終閲覧日：2017年1月5日）
The plan for San Francisco in 1853. Zakreski's map is entitled "The only corect & fully complete Map of San Francisco, Compiled from the Original Map …

http://foundsf.org/images/thumb/2/24/Zakreskis-1853-map.jpg/720px-Zakreskis-1853-map.jpg(最終閲覧日:2017 年 1 月 5 日)
Yung, J. and the Chinese Historical Society of America (2006): *San Francisco's Chinatown*. Arcadia Publishing.

V
膨張するニューヨークの新旧チャイナタウン
マンハッタンからクイーンズ,ブルックリンへ

　前章で検討したサンフランシスコは,アメリカの華人社会発祥の地である。ゴールドラッシュが終わり,大陸横断鉄道の建設が終了すると,カリフォルニアでの華人に対する白人の排斥運動が高まり,集団的な焼き討ちや暴行事件などが多発するようになった。華人の中には,反華人的感情が充満したカリフォルニアを離れ,しだいにシカゴ,ニューヨークなど中西部や東部の都市へ移動していく者が現れた（山下,2000: 123-124）。

　中国の改革開放以後,アメリカに渡る「新華僑」が急増したが,なかでもニューヨーク・マンハッタンのチャイナタウンは周辺に拡大を続け,サンフランシスコを抜いて,カナダを含め北アメリカ最大のチャイナタウンに発展していった。筆者は,1995年以降,マンハッタンのチャイナタウン,および郊外のクイーンズ区およびブルックリン区のニューチャイナタウンの調査を続けてきた。本章では,これらのフィールドワークの調査結果を中心に,ニューヨークの新旧のチャイナタウンの形成と変容について描写しながら,それらの背景について考察する。

1　マンハッタンのチャイナタウン

　ニューヨークのオールドチャイナタウンは,マンハッタン島の南部に位置する。このマンハッタンのチャイナタウンは,イタリア人街（リトルイタリー）,

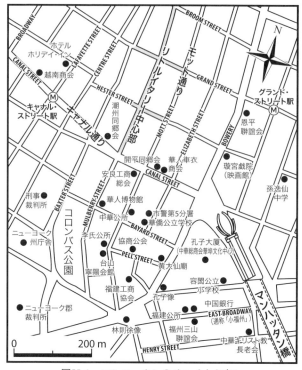

図V-1　マンハッタンのチャイナタウン
(山下, 2000：132)

ユダヤ人街，官庁街などに取り囲まれたモット通り（Mott Street）やキャナル通り（Canal Street）一帯に形成された（図V-1）。ここも，サンフランシスコや日本のチャイナタウンと同様，中国料理店や観光客相手の商店が集中するニューヨークの重要な観光名所となっている。

　地下鉄のキャナル通り駅は，数本の地下鉄の路線が交差する乗換駅でもあり，非常に交通の便に恵まれている。古くてやや薄暗い地下鉄の駅の階段を上がると，まるで香港や東南アジアのチャイナタウンのような華人世界が広がる（写真V-1）。キャナル通り駅の表示も，Canal Street（中国語名「堅尼街」）と並んで「堅尼街華埠」（「華埠」は広東語でチャイナタウンの意）と中国語が併記してあった（写真V-2）。

V　膨張するニューヨークの新旧チャイナタウン

写真V-1　マンハッタン・チャイナタウンの
メインストリート，キャナル通り
大きく書かれた中国語の広告が目立つ。中央の大乗寺は仏教寺院。（2008年4月）

　ここが観光名所であることは，カメラやビデオカメラをぶら下げた観光客の多さから明らかである。治安上の心配もここでは，あまりない。外国人観光客の最大の目当ては中国料理であるが，中国製の民芸品を売るみやげ物店や，指輪，ネックレス，時計などを扱う「金行」の人気も高い（写真V-3）。しかし，これらの金行は，東南アジアのチャイナ

写真V-2　中国語が併記された
地下鉄キャナル通り駅の表示
（1995年9月）

105

写真V-3 キャナル通り沿いの金行街
(2014年5月)

写真V-4 マンハッタン・チャイナタウンの飲茶レストラン
(イースト・ブロードウェイ，2014年5月)

タウンでみられる金行とは，やや性格を異にしているようだ。東南アジアの場合は，不安定な現地通貨に対する保険という意味で，華人が財産を金で保有する傾向が強く，そのために，東南アジアや発展途上地域のチャイナタウンには，金行が多い。一方，アメリカは華人が夢にまで見た「黄金の国」である。いろいろ算段して，やっと入国できたアメリカでは，強い安定したドルがあり，あえて財産の多くを金に換える必要性はあまりない。サンフランシスコのチャイナタウンには，大きな規模の割に金行は少ないし，マンハッタンのキャナル通りの北側に連続する金行街の客も，外国人旅行者が多い。

　昼食時のチャイナタウンは，周辺のオフィスビルから出てきたネクタイ姿のビジネスマンでにぎわう。この点は，都心のオフィス街に隣接する日本の三大中華街やサンフランシスコ，ロンドンのチャイナタウンに共通する特色である。多くの中国料理店は，定額のランチメニュー（Lunch Special）を用意している。また，マンハッタン・チャイナタウンは広東人を中心に形成されたため，広東料理店が多く，飲茶（ヤムチャ）レストランも多く見られる（写真V-4）。

2　チャイナタウンの膨張と福州人街の形成

　マンハッタンのチャイナタウンは，もともと広東人，とりわけ台山地方出身者を中心に形成された（前掲図Ⅳ-2参照）。それが，中国の改革開放後，特

V 膨張するニューヨークの新旧チャイナタウン

図V-2 マンハッタンのチャイナタウンの拡大
(Zhou, 1992: 7を加筆修正)

に1980年代後半以降,新華僑の急増に伴い,周辺に拡大しつつある(図V-2)。チャイナタウンの南は,ニューヨーク州裁判所をはじめ官公庁の施設が多く,このためチャイナタウンは東,北および西に向かって拡大している。北にはイタリア人街のリトルイタリーがあり,マンハッタンの重要な観光スポットである(写真V-5)。しかし2014年訪問時には,イタリアレストランがみられるくらいで,リトルイタリーはチャイナタウンの中に取り込まれてしまっている。しかし,リトルイタリーとチャイナタウンというエスニックタウンは,隣接する観光地として,観光客の集客という面で相乗効果を上げている。チャイナタウンを訪れた観光客は,ついでにリトルイタリーへも足を延ばす。

チャイナタウンの拡大で,特に著しいのは東部方面であり,イースト・ブ

写真V-5　マンハッタンのリトルイタリー
（マルベリー通り，2014年5月）

写真V-6　「小福州」と呼ばれるイースト・ブロードウェイ
正面の橋はマンハッタン橋。橋を写真の右側に進めば，イースト・リバーを渡りブルックリン区となる。（2014年5月）

Ⅴ　膨張するニューヨークの新旧チャイナタウン

写真Ⅴ-7　イースト・ブロードウェイ沿いの華人店舗
中国料理店，食料品店，雑貨店などが建ち並んでいる。(2014年5月)

写真Ⅴ-8　イースト・ブロードウェイのヘアーサロン
看板では経営者が福建省福州出身であることをアピールしている。(1995年9月)

写真V-9　孔子プラザ前の孔子像
（2008年4月）

写真V-10　イースト・ブロードウェイの
林則徐像（2014年5月）

ロードウェイ一帯は，1980年代以降，急増した福建省北部の福州周辺からの移民や密入国者が集中して住み着くようになり，いまでは「小福州」（Little Foochow）と呼ばれるまでになった（写真V-6，写真V-7）。メインストリートのイースト・ブロードウェイには，福建公所，福建同郷会，福建工商聯合総会などの相互扶助団体である同郷会館が集中している。また，東南アジアのチャイナタウンでは，福州人が経営する理髪店が多いが，ここでも「髪型屋」「髪廊」（ヘアーサロン）「髪型中心」「髪型設計」（ヘアーデザイン）などの看板を掲げた理髪店が集中している（写真V-8）。

マンハッタンのチャイナタウンの中に，ひときわ高い茶色のビルが建っている。孔子プラザ（孔子大厦）という名の高層マンションである。このビルの前の広場に，孔子像がある（写真V-9）。文化大革命（1966〜1976年）の際には「批林批孔」運動（林彪を批判し，孔子を批判する運動）で，孔子は徹底的に批判された。その意味では，当時，国民党支持者の多かったマンハッタンのチャイナタウン住民にとって，孔子は反中国共

V 膨張するニューヨークの新旧チャイナタウン

産党の象徴でもあった。

このマンハッタンにもう1つ中国の偉人,林則徐を讃える像が,1997年に建立された(写真V-10)。この年は,中国で映画化された「阿片戦争」(謝晋監督)がヒットした年でもある。林則徐は福建省の出身で,アヘンの禁止を主張して欽差大臣となり,広東でイギリス人の持ち込んだアヘンを廃棄し,その後,イギリスとのアヘン戦争に発展する。イースト・ブロードウェイの西端に建てられた像の台座には,「世界禁毒先駆林則徐(1785～1850)」と書かれてある。この林則徐像の建立資金の提供者は,美東(アメリカ東部)福建同郷会,美国(アメリカ)福建公所,美国福州三山聯誼会など福州関係の団体が名を連ねている。これをみても,ニューヨークにおいて,福州人の勢力が強力になってきたことを如実に物語っている。

本書のⅣのサンフランシスコのチャイナタウンでもすでに述べたが(前掲p.82),マンハッタンのチャイナタウンでも「堂」(Tong),「会」(Hui)あるいは「堂会」と呼ばれるさまざまな秘密結社がみられた。これらの秘密結社は,チャイナタウンの中で互いに賭博,売春などの利権の縄張り争いを続けてきた。1980年代以降,新華僑,特に福建出身者が流入してくると,福建系の組織が加わり,旧来の広東系の組織と対立し,抗争事件も多発するようになった(陳著,葉ほか訳,1995; Chin, 1994)。

マンハッタンのチャイナタウンが,「中国世界」であることを最も強く感じる場所がある。チャイナタウンの南側に位置するコロンバス公園である(写真V-11,図V-1参照)。ここを訪れれば,上海か北京の公園にいるようで,まさかここがニューヨークの公園だとはとても思えない。トランプや中国将棋に興じる人たち,その勝負を見守る

写真V-11　コロンバス公園に集まる華人
トランプや中国将棋などに興じる華人の老人が多い。(2014年5月)

写真V-12　東南アジア出身の華人が経営するレストラン
右側はベトナム料理店，左側はタイ料理店。バクスター通り。(2014年5月)

人たち。ベンチも，高齢者が隙間なく座っている。なかには，友人・知人がいないのか，一人ぼっちでベンチに座る孤独な老人も少なくない。すべて華人たちである。公園の半分は運動場と子ども用の公園になっているが，遊んでいる子どもたちも華人である。「公園」すなわち「パブリック・パーク」ではあるが，白人やその他の人々の一部からは「パブリックな場所が華人に占拠されてしまった」と苦情が出ている。

　チャイナタウンの東にマンハッタン橋がある。イーストリバーにかかるこの橋を渡るとブルックリンである。チャイナタウンの東端，マンハッタン橋の近くにサラ・D・ルーズベルト公園がある。筆者はこの公園の脇のホテルに宿泊した。早朝，外から聞こえる音楽で目を覚ました。公園では，持ってきたプレーヤーからダンス音楽を鳴らし，大勢の華人が踊っていた。中国各地の公園や広場で音楽に合わせて踊る「広場舞」が，マンハッタンのチャイナタウンにも広がっている。

　マンハッタンのチャイナタウンを歩くと，最近の変化に気がつく。ベトナ

ム，タイなど東南アジア系のレストランが増加していることである。これらのレストランの経営者は，東南アジアの華人である。老華僑が経営していた中国料理店が後継者難などで，新来のベトナム・タイなど東南アジア出身の華人がその後に入るという例が多い。このような傾向は，世界各地のチャイナタウンでもよくみられる（写真V-12）。

3　ニューヨーク郊外のニューチャイナタウン

(1)　クイーンズ区フラッシング

　ニューヨークでは，マンハッタンのオールドチャイナタウンとは別に，新たに第2，第3の郊外型チャイナタウンが形成され，拡大を続けている。ともに，マンハッタンから地下鉄で30分ほどの距離に位置している（図V-3）。
　第2のチャイナタウンはクイーンズ区フラッシング（Flushing）に形成された。台湾出身の中産階級が多く居住し，レストラン，食料品店，スーパーマーケット，書店，学習塾，華人系銀行の支店などが集中していった地域である。周辺には韓国人も多く居住し，チャイナタウンに隣接してコリアタウンも形成されている。
　筆者が初めてこれら郊外のニューチャイナタウンを訪れたのは，1995年であった。その時のフィールドノートにもとづいて，当時の状況を再現してみよう。

　　マンハッタンの中心部から東に延びる地下鉄7号線は，通称「オリエント・エキスプレス」と呼ばれる。路線周辺にアジア系住民が多く居住しているからである。イーストリバーをトンネルでくぐり，クイーンズ区に入ると，操車場，倉庫など古びた施設が目立つようになる。と同時に，建物のあちこちにカラフルなペンキで描かれた落書きも増えてくる。ハングルや漢字で書かれた商店の看板が沿線各駅に多く目につくようになる。車内は華字紙だけでなく，『朝鮮日報』，『中央日報』などの韓国の新聞を読んでいる乗客も少なくない。30分ほどで，フラッシング・メ

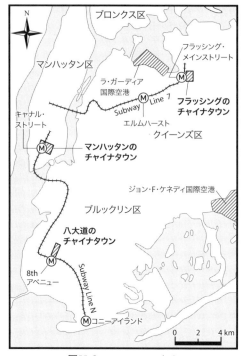

図V-3　ニューヨークの
主要な3つのチャイナタウン
（山下，2016：74に加筆）

インストリート駅に到着。この地下駅から一歩地上に出た瞬間，自分がアメリカにいることが信じられないような華人一色の別世界が展開されていった（写真V-13）。メインストリート（中国語名：緬街）の両側には，漢字の看板が集中し，レストラン，食料品店，スーパーマーケット，書店，学習塾などが林立している。通りを歩くと，標準中国語が耳に入ってくる。広東語世界のマンハッタンのオールドチャイナタウンとは対照的である。「台式○○」と名付けた台湾料理店に代表されるように，台湾系の商店が多い。台湾の大衆料理である「牛肉麺」の味は，台湾と同じである。マレーシア式中国料理のレストランもある。

メインストリートを南下するにつれ，すなわち地下鉄の駅から遠ざか

V 膨張するニューヨークの新旧チャイナタウン

写真V-13　フラッシングのチャイナタウンの店舗
地下鉄フラッシング・メインストリート駅に近い40ロード。(1995年9月)

るにつれ，韓国系やインド系のレストラン，商店が多くなる。メインストリートの銀行の看板は，漢字，アルファベット，ハングルで表示してある。

　もともとフラッシングのチャイナタウン付近には，1960，70年代，日本人駐在員家族や台湾人留学生が多く住んでいた。その後，日本経済の成長に伴い，日本人駐在員家族は，より良い住宅環境を求めて，ニュージャージー州，コネチカット州，ニューヨーク州のウェストチェスター郡などへ移動していった。1980年代以降は，台湾，韓国，インドなどからの新しい移民が増加した（田中，1997）。1995年当時，フラッシングのニューチャイナタウンでは，台湾料理店をはじめ台湾人の店舗や団体が目立った。その後，再訪を重ねるたびに，中国大陸出身の新華僑や東南アジア出身の華人が増えてきた。と同時に，豊かな台湾人はより居住条件がよい地域に転居し，かつてのような台湾カラーが目立たなくなってきた。また，この地域では，新華僑だけでなく，ラテン

写真V-14　多様な移民が集まるフラッシングの
　　　　　ルーズベルト・アヴェニュー（2014年5月）

アメリカ出身者などアメリカへのさまざまな新移民が増加し，非常に活気のある街になっている（写真V-14）。

　フラッシング・メインストリート駅の北東方面に進むとハングルの看板が急増し，コリアタウンになっている（写真V-15；申, 2018）。フラッシングは，華人，コリアンのほかに，ヒスパニックやインド人など多民族化が進んでいる地域である。

　フラッシングの南西5kmほどに位置するエルムハースト（Elmhurst）もニューチャイナタウンの1つである（写真V-16）。地下鉄M線・R線のエルムハースト駅から地上に出ると，中国系スーパーマーケットや中国語の看板を掲げた商店や中国料理店が林立し，公園は華人老人たちのたまり場となっている。公園内のグラウンドでは，若い華人がバスケットボールを楽しんでいる。フラッシング，エルムハースト，その隣のジャクソンハイツをはじめクイーンズ区の住民の半数は，アメリカ国外で生まれた若い移民である。クイーンズ区でしばらく暮らし，生活に余裕ができると，よりよい居住条件を

Ⅴ　膨張するニューヨークの新旧チャイナタウン

写真Ⅴ-15　フラッシングのコリアタウン
コリアタウンの賑やかなユニオン・ストリート。(2014 年 5 月)

写真Ⅴ-16　クイーンズ区エルムハーストのニューチャイナタウン
(2014 年 5 月)

写真V-17　マンハッタンのチャイナタウンと
郊外のニューチャイナタウンを結ぶシャトルバス

車体に書かれた「唐人街 ⟷ 布碌崙」は，マンハッタンのチャイナタウン（唐人街）とブルックリン（布碌崙）のチャイナタウン（八大道）を意味する。（2014年5月）

求めて，他のニューヨーク郊外や隣接するニュージャージー州へ移っていく者が多い。

(2) ブルックリン区八大道

　マンハッタンのチャイナタウンでは，客待ちをしている白いシャトルバスがよくみられる。車体には，中国語で「唐人街 ⟷ 法拉盛」あるいは「唐人街 ⟷ 布碌崙」と書かれている（写真V-17）。「唐人街」はチャイナタウンすなわちマンハッタンのチャイナタウン，「法拉盛」はフラッシング，そして「布碌崙」はブルックリンの中国語表記である。

　第3のチャイナタウンはブルックリン区のサンセット・パーク（Sunset Park）地区にある。オールドチャイナタウンから地下鉄Nラインで20分あまりのエイス・アヴェニュー（8th Avenue）駅に到着する。

　この駅の名前にもなっているエイス・アヴェニューは，中国語では「八大

Ⅴ 膨張するニューヨークの新旧チャイナタウン

写真Ⅴ-18 主要な華人団体の1つである
ブルックリン華人協会（2014年5月）

道」と呼ばれる。同駅から南北に延びる八大道の両側に華人関係の商店，施設が連なり，「布碌崙華埠八大道」（ブルックリン・チャイナタウン・八大道）が形成されている（写真Ⅴ-18）。八大道はニューヨーク第3のチャイナタウンであり，クイーンズ区フラッシングのチャイナタウンと同じ郊外型チャイナタウンである。

　1995年，初めて八大道のニューチャイナタウンを訪れたとき，フラッシングのチャイナタウンに比べると，落書きが多く，人々の姿などからも，ここがより低所得の華人によって形成されていることがわかった。商店の規模はどれも小さく，中国大陸，特に福建省福清地方出身の新華僑が目立った。

　しかし，華人の日常生活に必要な物やサービスが，ほとんど何でもそろっていた。例えば，スーパーマーケット（中国語では「超級市場」），青果店，鮮魚店，肉屋，ケーキ店，ドーナツ店，アイスクリーム店，レストラン（中国料

理店，ベトナム料理店，シンガポール・マレーシア料理店を含む）など。そのほか，衣料品店，電器店，靴店，雑貨店，家具店，ペットショップ，花屋，貸ビデオ店，書店，文具店，写真店，ギフトショップ，自動車部品販売店などがそろっている。各種サービス業関係では，コインランドリー，語学学校，学習塾，幼稚園，自動車教習，不動産屋，銀行，理髪店，美容院なども多かった。

マンハッタンのチャイナタウンには，華人労働者（特に女性）を吸収する縫製工場が多数あった[1]（森田，1991）。しかし，マンハッタンのチャイナタウンではしだいに縫製工場が手狭になり，これらを別の場所に移し，拡大する必要が出てきた。この受け皿となったのが，八大道チャイナタウンの形成要因の1つである。

その後，八大道のチャイナタウンには，大規模なスーパーマーケットも開業し，成長を続け，もともと衰退していたこの地域を活性化させた。2014年に

写真V-19　八大道チャイナタウンの中心部
チャイナタウン形成前からあるレンガ造りの建物の1階に店舗が入っている。（2014年5月）

訪れた際には，歩道は大勢の人出で混雑し，車道も渋滞していた（写真V-19）。華人関係以外の店舗はほとんどなく，1つのモスク（1980年設立）が，かつてイスラム教徒が多かった名残を示していた。マンハッタンやフラッシングのチャイナタウンには中国式楼門である牌楼が見られないが，八大道のニューチャイナタウンでは，ニューヨークのチャイナタウンで初の牌楼の建設が計画されている。約10年の交渉の結果，2018年8月，ブルックリン区から正式の許可を受け，牌楼建設工事が進められている[2]。

(3) 郊外型チャイナタウンのさらなる拡大

近年のアメリカの人口センサスをみると，ニューヨークの郊外型チャイナタウンがさらに拡大していることがわかる（表V-1）。これまで，ニューヨークのチャイナタウンとして，オールドチャイナタウンであるマンハッタン・チャイナタウン，郊外型チャイナタウンとして，クイーンズ区のフラッシング，ブルックリン区の八大道などについて論じてきた。しかし，2010年の人口センサスでは，マンハッタン・チャイナタウンの華人人口の増加に比べ，クイーンズ区やブルックリン区の華人人口の増加がはるかに著しいことを示している。マンハッタン・チャイナタウンに住んでいた華人が，より居住条件がよい郊外に移動し，ニューヨーク市だけでなく，ニュージャージー州でも華人人口が増加している[3]。

ニューヨーク市とその周辺で，新たにニューチャイナタウンと認識されている地区として，クイーンズ区のホワイトストーン（Whitestone，白石），ブ

表V-1　ニューヨークの主要3区における華人人口の推移
（2005年，2010年，2017年）

	2005年	2010年	2017年
マンハッタン区	92,359	95,315	120,670
クイーンズ区	170,404	206,917	262,592
ブルックリン区	145,834	181,130	215,427

（U.S. Census Bureau, American Community Surveyにより筆者作成。人口センサスの人種〔race〕の問いに単一人種で，"Chinese alone"と回答した人口にもとづいて推定。）

ルックリン区のシープヘッド・ベイ（Sheepshead Bay）の Avenue U（U 大道），ベンソンハースト（Bensonhurst，本森社区）などがあげられる。また，ハドソン川を隔ててロウアー・マンハッタンの対岸に位置するニュージャージー州のジャージーシティ（Jersey City）も，華人人口が増加している。

【注】
1) NHK スペシャル「チャイナタウン～ニューヨーク・激増新移民～」（1991 年 2 月 10 日放送）は，当時，マンハッタンのチャイナタウン内にある福建省出身者経営の縫製工場と，そこで働く不法入国した華人労働者などの実情を描き出した非常に優れたドキュメンタリー番組である。
2) 紐約僑報「八大道中式牌楼動工在即」2018 年 8 月 29 日。
3) http://ny.uschinapress.com/spotlight/2018/08-29/151884.html および Daiel Beekman: The changing Chinatowns: Move over Manhattan, Sunset Park now home to most Chinese in NYC. *DAILY NEWS WRITER*, AUG 05, 2011. http://www.nydailynews.com/changing-chinatowns-move-manhattan-sunset-park-home-chinese-nyc-article-1.948028（最終閲覧日：2018 年 9 月 28 日）

【参考文献】
申 知燕（2018）：ニューヨーク大都市圏における韓人のトランスナショナルな移住――居住地選択およびコリアタウンとの関係を中心に．地理学評論，91（1），1-23.
田中道代（1997）：『ニューヨークの台湾人――「元大日本帝国臣民」たちの軌跡』芙蓉書房.
森田靖郎（1991）：『地下経済の新支配者たち――難民・ギャング，チャイナタウン最前線』角川書店.
山下清海（2000）：『チャイナタウン――世界に広がる華人ネットワーク』丸善.
山下清海（2016）：『新・中華街――世界各地で〈華人社会〉は変貌する』講談社.

陳國霖著，葉長青・王淑眞・張月鳳・徐慧玲訳（1995）：『華人幫派』巨龍図書公司，台北.

Chin, K. (1994): *Gangs and social order in Chinatown: Extortion, enterprise, and ethnicity*. The National Institute of Justice.
Zhou, M. (1992): *Contemporary Chinese America: Immigration, ethnicity, and community transformation*. Temple University Press. Philadelphia.

VI
インドシナ系華人と温州人が形成したパリのチャイナタウン
13区・ベルヴィル・マレ

1 フランスの華人社会

　フランスの伝統的な華人社会の大きな特色は，浙江省出身者が多かったことである。とりわけ浙江省南部の中心都市，温州，およびその西に隣接する青田の出身者が今日に至るまで，フランスの華人社会の中核を占めてきた。とりわけ青田県は，隣接する温州市とともに海外出稼ぎ者を多く送出した中国を代表する僑郷の1つであり，青田・温州出身者はヨーロッパを中心に世界各地でみられる（山下, 2014）。

　今日，青田県は行政的には麗水市に属しているが，中華人民共和国成立後，1963年まで温州に属していた。このため，中国の学術研究では，「青田温州人」，「温州青田人」などと，青田出身者を温州出身者に含めて論じることが多い（山下ほか, 2014）。実際に，フランス，イタリア，スペインなどで，筆者が青田出身者に「出身地は中国のどこですか」と尋ねると，ほとんどが「浙江省の温州です」と答える。引き続き，「私は温州の隣の青田に友人がいます」と話すと，「私の出身地も青田です」との回答が続くことがほとんどである。

　先行研究にもとづいて，青田・温州出身者のフランスへの移住の経緯をまとめると，以下のようになる（山下, 2014；山下ほか, 2014；王, 2000；李, 2002；李, 2011；《青田華僑史》編集委員会編, 2011；Live, 1998）。

　第一次世界大戦時，労働力不足を補うため，フランスは中国から労働者を

140,000 人受け入れた。戦後，約 3,000 人がフランスに留まったが，その多くは山東・河北・湖北・安徽省の出身者であった。その後，1919 〜 1921 年，「勤工倹学」[1]（働きながら学ぶ）運動で，中国人青年がフランスに渡った。その中には，周恩来，鄧小平なども含まれた。

1926 年から 1933 年にかけて，浙江省南部の青田地方や湖北省天門地方出身者のヨーロッパへの移住が盛んになった。彼らは行商人としてフランスを中心にヨーロッパ各地に分散していった。温州の西隣の青田は，「青田石」（印章や玩具の材料として有名）を産出する。青田出身者は，この地元特産の「青田石彫」（青田石に彫刻したもの）や小物を各地で売り歩いて生計を立てた。パリには，浙江省の青田・温州出身者が多く住みつき，1929 年には浙江省出身の華人は数千人になった。1970 年代以降，戦乱のインドシナ[2]からの華人系難民の大量の流入まで，フランスの華人社会においては，青田・温州出身者がもっとも有力な集団であった。

1970 年代，1980 年代，フランスはかつての植民地であったベトナム・カンボジア・ラオスのインドシナ難民を大量に受け入れた。1975 年から 1987 年までにフランスが公式に受け入れた難民は 145,000 人にのぼり，そのうち 50 〜 60％が華人であった（パン編，游監訳，2012: 547-560）。

フランスの華人人口は，1987 年に 15 万人，1989 年に 20 万人に達した。そのうち，インドシナ系の華人が 12 万人を占めた。その年のパリの華人人口は，12 万人から 13 万人と推定された。インドシナ出身の華人の多くは，潮州人や福建人であり，そのほか広東人，客家人，海南人，上海人なども含まれ，フランスの華人社会の方言集団の構成も多様化していった。

フランスの華人人口の約 8 割は，パリに集中していると言われる。パリ以外では，リヨン，リール，メス，グルノーブル，マルセイユなどの地方都市に華人が分散している。

2　パリ 13 区のチャイナタウン —— インドシナ出身華人による形成

パリには 3 つのチャイナタウンが認められる（図VI-1）。一般に「パリのチャ

Ⅵ　インドシナ系華人と温州人が形成したパリのチャイナタウン

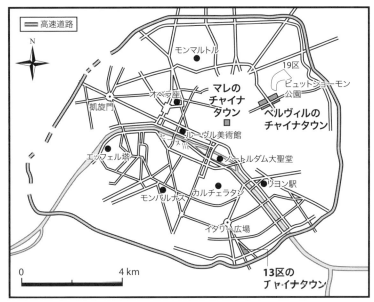

図Ⅵ-1　パリの3つのチャイナタウン（山下，2016：90）

イナタウン」という場合には，パリ南部，13区のチャイナタウンを指す（浅野，2000：159-170）。メトロ（地下鉄）7号線のポルト・ディヴァリー駅，ポルト・ド・ショワジー駅およびトルビアック駅の周辺に形成されている。ショワジー通り，イヴリー通り，マッセナ大通りに囲まれたいわゆる「ショワジー三角地帯」周辺である（図Ⅵ-2）。ルーヴル美術館からは，南東4kmほどのところにある。

13区のチャイナタウンは，チャイナタウンと言っても，景観的には「トゥール」（塔，tour）と呼ばれる高層マンションが林立する地区である（写真Ⅵ-1）。イ

写真Ⅵ-1　パリ13区のチャイナタウンの高層マンション
（オランピアード広場，2015年2月）

図Ⅵ-2　パリ13区のチャイナタウン
（2015年2月の現地調査により筆者作成）

　タリー広場から南下するショワジー通りと，その東側のイヴリー通り沿いに，中国語の看板を掲げる料理店，食品店，雑貨店などが立ち並ぶ（写真Ⅵ-2）。清岡（2012: 164-206）によれば，1960年代，パリ13区の再開発計画が持ち上がり，住宅が建設された。しかし，この地域は「工場地帯」というイメージがあり，大量の空き家が生まれる結果となったという。そこに，ベトナム戦争（1975年終結）の戦火やその後の社会主義化から逃れて，ベトナム・ラオス・カンボジアから大量のインドシナ難民がフランスへ流入し，空き家が多かったこの地区に集住することになった。

　インドシナ系華人のほとんどは中国語があまりできないが，「華人」としてのアイデンティティは強く，この地区で開業した店舗の看板には，フランス

Ⅵ　インドシナ系華人と温州人が形成したパリのチャイナタウン

写真Ⅵ-2 中国語と漢字の看板を掲げる食品スーパーマーケット
（ショワジー通り，2015年2月）

写真Ⅵ-3　インドシナ出身の華人が経営する中国料理店
店内で標準中国語は，あまり通じなかった。
（ショワジー通り，2008年7月）

写真Ⅵ-4　パリ13区の陳氏商場(タン・フレール)
上の写真は古い建物で，看板には「陳氏百貨商場」と書かれている。写真下は同じ場所にある陳氏商場のスーパーマーケット。(ディヴァリー通り，2015年2月)

語に中国語を併記したものが多く見られる(写真Ⅵ-3)。このような景観から，一般のパリ市民により，この地区は「カルティエ・シノワ(Quartier Chinois)」(チャイナタウン)と呼ばれるようになった。

13区のチャイナタウンでは，ベトナム・ラオス・カンボジア出身者向けの料理店，食料品店，雑貨店などが多い。それらの中でも，シンボル的な店舗は「陳氏商場」(タン・フレール)である(写真Ⅵ-4)。このスーパーマーケットは陳氏兄弟公司の経営である。

陳兄弟は，ラオス出生の潮州系の華人である。潮州は広東省の東部，福建省との境に近い，汕頭(スワトウ)の周辺地域である。インドシナ三国の華人の祖先は，珠江デルタ周辺出身の広東人とともに潮州人が多い。13区のチャイナタウンでも潮州人が多く，陳氏商場近くには法国(フランス)潮州会館が設けられている(写真Ⅵ-5)。

11人きょうだいの8番目の陳克光(1952年出生)は，ラオス政府の奨学金で1971年からフランスに留学していた。兄の陳克威(1935年出生)は，1975年，戦火を逃れてラオスからパリに来た。そして，1981年にスーパーマーケットを開業し，陳氏兄弟公司はフランス最大の華人企業となった(《華僑華人百科全書・人物巻》編輯委員会編，2001: 49-50；浅野，2000: 159-170)。

イヴリー通りの陳氏商場では，食料品はもとより，華人が必要とする物は何でも揃うため，周辺の高層マンションの住民だけでなく，車で訪れる買い

Ⅵ　インドシナ系華人と温州人が形成したパリのチャイナタウン

写真Ⅵ-5　法国（フランス）潮州会館
フランス在住の潮州人の同郷会館，内部は左下の写真のように仏教寺院になっている。（オランピアード広場近く，2015年2月）

物客で混雑している。パリ在住の日本人にも，日本食品などが入手できるので好評である。

　筆者が13区のチャイナタウンを初めて訪れたのは1997年であるが，その後，2008年，2015年と，この地区の変化の大きさを強く感じた。

　1997年当時は，街中を歩いている人々の姿や会話から，ベトナム・ラオス・カンボジア出身者であることがわかった。ベトナム式の汁麺(麺は米でつくられる)であるフォーの専門店も多く見られた。商店の看板にフランス語，ベトナム語などとともに中国語が使用され（写真Ⅵ-6），また中国料理店が多い景観から，華人が集中する街であることがわかった。

　2008年の調査では，1997年当時に比べると，店舗の増加や街並み景観から，インドシナ出身者の街からチャイナタウン的な雰囲気が，より強く認められるようになった（写真Ⅵ-7）。なかには日本料理店の看板を掲げる店も数軒あったが，経営者が日本人ではないことは明らかであった（写真Ⅵ-8）。そして，2015年には，チャイナタウン的な雰囲気がさらに増していた。

　この13区のチャイナタウンにも，食品，玩具，書籍，民芸品など中国製

写真Ⅵ-6　陳氏商場近くの広告看板・掲示
フランス語，ベトナム語などの文字の中に一部，中国語が見られた。
（イヴリー通り，1997年8月）

写真Ⅵ-7　ショワジー通りの商店
看板にはフランス語に加えて中国語が目立つようになった。(2008年7月)

Ⅵ　インドシナ系華人と温州人が形成したパリのチャイナタウン

写真Ⅵ-8　インドシナ出身の華人が経営する日本料理店
看板には「YAMATOYA 新世界 日本料理」の文字があり，日の丸の表示もみられるが，入口には財神として華人が崇拝する関羽が祀られていた。
（ショワジー通り，2008年7月）

写真Ⅵ-9　ショワジー通りの華人キリスト教会，中華聖母堂
この中の法亜（フランス・アジア）文化友愛会では，中国語，書道，児童美術創作などのクラスが開設されている。（2015年8月）

品を販売する中国大陸出身の新華僑が経営する店舗も進出するようになった。彼らは，もちろん標準中国語を話すが，インドシナ出身の華人が経営する中国料理店においても，あまり流ちょうではないが，標準中国語が通用するようになっていた。チャイナタウンの中には，標準中国語を教えている小学校や教室もあり（山本，2014：269-270），標準中国語を学習するインドシナ系華人が増加している（写真Ⅵ-9）。

3　ベルヴィル──下町のチャイナタウン

　パリ東部の19区および20区にまたがるベルヴィルは，かつては労働者の街であり，パリにやって来たユダヤ人，アルメニア人，アラブ人，トルコ人のほかヨーロッパ各地からの移民を多く受け入れてきた下町であった（図Ⅵ-3）。また，シャンソン歌手として日本でも有名なエディット・ピアフ[3]も，1915年，このベルヴィルで生まれた（写真Ⅵ-10）。

　2015年2月のベルヴィルのチャイナタウンの情景は次の通りである（山下，2016：93-95）。

　　メトロ2号線と11号線が交差するベルヴィル駅から地上に出ると，緩やかに丘陵を上るベルヴィル通りと道幅の広いベルヴィル大通りの交

図Ⅵ-3　ベルヴィルのチャイナタウン
（2015年2月の現地調査により筆者作成）

Ⅵ　インドシナ系華人と温州人が形成したパリのチャイナタウン

写真Ⅵ-10　エディット・ピアフの生誕の地
写真の矢印の先に，1915年12月19日，ここで生まれたという表示板（右上）が掲げられている。このベルヴィル通りを200mあまり下って行くと地下鉄のベルヴィル駅がある。（2015年2月）

差点である。交差点脇のキオスクでは，華字紙の『欧州時報』（1ユーロ，2015年2月時点）と『星島日報』（1.3ユーロ）が売られていた。漢字の看板を掲げた商店や料理店があちこち目に付く。漢字の看板が最も目立つのはベルヴィル通りである。ベルヴィル駅の近くには，「美麗城大酒楼」と漢字で書かれた中国料理店がある。ベルヴィルの「ベル」は「美しい」，「ヴィル」は「街」を意味し，ベルヴィルは，中国語では「美麗城」と表記される（中国語の「城」は「都市」や「街（町）」を意味し，例えば「中国城」はチャイナタウンのことである）。ベルヴィル通りの坂を10分足らず上った丘陵は，ビュットショーモン公園になっている。

このベルヴィルにも，中国の改革開放後の1980年代，1990年代以降，中国大陸出身の新華僑が増加し，ベルヴィルはすっかり新・中華街と化した。よそ者を多く受け入れてきた伝統をもつベルヴィルは，新華僑のパリへのゲートウエーの役割を果たした。筆者はベルヴィルのチャイナタウンを思うとき，いつも池袋チャイナタウンとの共通性を感じるので

写真Ⅵ-11　ベルヴィル通りの華人商店
右側から「温州正宗点心」,「楽雲点心店」(ともに中国軽食店),「僑郷風味」(中国料理店)。(2015年2月)

ある。新宿,渋谷などに比べると,貧しい画家や漫画家が周辺に移り住んできたように,池袋はベルヴィルと同じようによそ者を受け入れる風土があったのである。

前述したように,1970年代半ば以降,ベトナム・カンボジアなどインドシナの戦火から逃れてきた多くのインドシナ出身の華人がパリに移り住むようになった。1980年代になり,改革開放政策を進める中国からの新華僑も,パリとりわけベルヴィルに多く流入するようになった。

『福建僑報』(1989年12月31日)は,当時,すでにベルヴィルには少なくとも2万人の華人が集中居住していると報じている。前述したように,フランスの老華僑の社会は,温州・青田地方の出身地者が中核をなしてきたが,新華僑によって形成されたニューチャイナタウンであるベルヴィルにおいても,

Ⅵ　インドシナ系華人と温州人が形成したパリのチャイナタウン

写真Ⅵ-12　ベルヴィル大通りのスーパーマーケット（パリ・ストア）
「巴黎超級市場」（巴黎士多）は，「陳氏商場」（タン・フレール）と並ぶパリ最大の華人系スーパーマーケット・チェーン。（2018年2月）

伝統的な地縁的ネットワークが活かされている。ベルヴィル通り（写真Ⅵ-11）およびベルヴィル大通り（写真Ⅵ-12）のベルヴィル駅周辺は，華人経営の店舗が連続して立地し，なかでも，「温州髪形屋」（温州ヘアーサロン），「温州正宗点心」（温州正統の点心〔軽食〕）のように，店名に「温州」あるいは温州が属する省である「浙江」の地名を冠したものが目立つ。中国料理店の中でも，温州料理を看板メニューにする店が多い。

　また，ベルヴィルでは中国大陸出身者のほかに，ベトナム・ラオス・カンボジアのインドシナ出身の華人が経営する料理店も多くみられる（写真Ⅵ-13）。特にベトナムの国民食，「フォー」やベトナム式サンドイッチ，「バイン・ミー」の専門店が目立ち，ランチタイムにはフランス人の客でにぎわっている（写真Ⅵ-14）。そして，ヨーロッパ各地と同様，ベルヴィルでも，新華僑が経営するすし店や日本料理店が目立つ。

写真Ⅵ-13　ラオス出身の華人が経営するラオス・タイレストラン
「寮暹酒家　LAO SIAM」の「寮」は「寮国」すなわちラオスを,「暹」は「暹羅」すなわちシャム＝タイを,そして「酒家」はレストランを意味する。1997年調査時から,同じ場所で営業を続け,ランチタイムには,非華人のビジネス客でにぎわっている。(ベルヴィル通り,2015年2月)

写真Ⅵ-14　ベトナム式サンドイッチ,バイン・ミーのテイクアウト専門店
(地下鉄ベルヴィル駅近く,2015年2月)

　1997年,2008年,および2015年の調査で,このベルヴィルのチャイナタウンの周辺地域への拡大が非常に顕著であることが確認できた。多様な移民によって形成されてきベルヴィルの下町的特色が,新華僑の流入によりチャイナタウンに一変したといっても過言ではない。

4 マレ地区――ユダヤ人街のチャイナタウン化

パリ第3のチャイナタウンは，市内中心部の3区のマレ地区にある。マレ地区は，ノートルダム大聖堂があるセーヌ川のシテ島の北部に位置し，16～18世紀に建てられた貴族の館がある歴史地区である。また，マレ地区は，ユダヤ人の集中地区でもある（荒又，2011；清岡，2012: 18-31）。

メトロ3号線・11号線のアール・エ・メティエ駅界隈の路地（特にヴォルタ通りとオーメール通り）に中国料理店や中国菓子店，中国食料品店などが集中するマレのチャイナタウンが形成されている。この地区は，もともとユダヤ人の皮革加工職人が集中した地区であった。第二次世界大戦中，占領したドイツ軍によりユダヤ人が収容所に送られた後，行商に従事していた温州・青田出身者が，この地区に移り住みユダヤ人の皮革加工を引き継いだ（パン編，2012）。

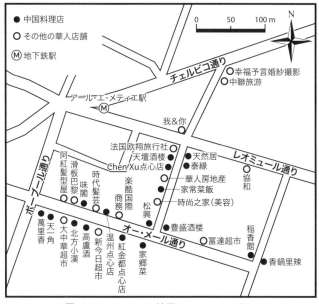

図Ⅵ-4 パリ・マレ地区のチャイナタウン
（2015年2月の現地調査により筆者作成）

写真Ⅵ-15　マレ地区のチャイナタウン
右から華人経営の中国食品スーパー，中国点心店，洋装店が並ぶ。（2015年2月）

　中国の改革開放後は，温州・青田から新華僑がこの地区に流入し，多くの中国料理店を開業するとともに，カバン，衣料品，宝飾品などの店舗が周囲に拡大していった（写真Ⅵ-15）。

5　郊外化するチャイナタウン

　アメリカ，カナダ，オーストラリアなどと同様，パリの新華僑の富裕層も，郊外の良質な住宅地を求める者が多い。特にビューシー・サン・ジョルジュ（Bussy Saint-Georges）では，郊外型のニューチャイナタウンが形成されつつある。

　パリ市内と郊外を結ぶ高速郊外鉄道RERのA4線の終点は，ディズニーランド・パリがあるマルヌ・ラ・ヴァレー・シュシー駅で，その2つ手前の駅がビューシー・サン・ジョルジュである。パリ市内のリヨン駅から約35分で到着する。

　ビューシー・サン・ジョルジュは，パリ郊外のニュータウンである。道路，

Ⅵ　インドシナ系華人と温州人が形成したパリのチャイナタウン

写真Ⅵ-16　ビューシー・サン・ジョルジュ駅前のマンション
マンションの1階には中国料理店が（写真左上は拡大）入っている。店頭には中国語とともに"PHO"と書かれている。（2015年2月）

写真Ⅵ-17　ビューシー・サン・ジョルジュの日本料理店
看板には「日本料理，SUSH，SASHIMI，YAKITORI」などの文字が書かれている。
（2015年5月）

集合住宅，ショッピングセンター，公園などが計画的に造成されている。その中に中国語の看板が多くみられる（写真VI-16）。パリ13区のチャイナタウンでもみられた華人経営のスーパーマーケット，陳氏商場（タン・フレール）や巴黎士多（パリ・ストア）の新しい店舗が設けられている。また，フランスにおける日本料理ブームを反映して，この地区でも華人経営の日本料理店がみられる（写真VI-17）。

そのほか，インドシナ出身の華人とともに，中国大陸出身の新華僑が経営する中国料理店，ケーキ店，美容院，旅行社などの店舗が多数あり，華人の生活には非常に便利な場所となっている。また，フランス最初の中文学校である育英中文学校，またヨーロッパ最大の仏教寺院である仏光山もこの地区にある。よりよい居住環境を求めて，また将来性のある不動産投資先として，ビューシー・サン・ジョルジュに移り住む新華僑が増加している。

【注】
1) 「勤工倹学」とは「労働に励み，倹約して勉強する」という意味で，第一次世界大戦末期から1920年前後の中国では，一時期，勤工倹学する若者をフランスに送り出す運動が盛んに行われた。この運動でフランスに留学した青年たちが1922年に中国共産党旅欧支部を結成し，中国の社会主義運動に大きな影響を与えることになった。周恩来，鄧小平などの後の共産党指導者は，いずれもこの運動によってフランスに行った経験者である（周著，米原・申訳，2000）。
2) 1975年，北ベトナム軍はサイゴンに無血入城し，翌1976年には南北ベトナムの統一が実現した。そして，同年には，カンボジアにポルポト政権が成立，大量虐殺が行われた。ラオスでも，1975年に左派勢力が台頭し，人民民主共和国となった。1978年には，ベトナム軍がカンボジアに侵攻し，これに伴い中国・ベトナム両国の関係が悪化し，翌1979年の「中越紛争」に発展した。このようなインドシナの政変，社会不安の下で，ベトナム・カンボジア・ラオスのインドシナ系の難民が，かつての植民地宗主国フランスに大量に流入した。これらインドシナ系の難民の中には，先祖が中国に出自を持つ華人が多く含まれていた。
3) シャンソン歌手，エディット・ピアフ（1915～1963年）は，フランスだけでなく，日本でも非常に有名で，「愛の賛歌」，「バラ色の人生」などはよく知られている。貧しい家庭で育ち，路上で歌いながら多くの人々の心に響くシャンソンを歌い続け，47歳で亡くなった。

Ⅵ　インドシナ系華人と温州人が形成したパリのチャイナタウン

【参考文献】

浅野素女（2000）：『パリ二十区の素顔』集英社．
荒又美陽（2011）：『パリ神話と都市景観――マレ保全地区における浄化と排除の論理』明石書店．
清岡智比古（2012）：『エキゾチック・パリ案内』平凡社．
周　恩来著，米原　謙・申　春野訳（2000）：フランス勤工倹学生の大波乱（上）．国際公共政策研究，5（1），355-373.
パン，リン編，游　仲勲監訳（2012）：『世界華人エンサイクロペディア』明石書店．
山下清海（2000）：『チャイナタウン――世界に広がる華人ネットワーク』丸善．
山下清海（2014）：世界の中の温州人．山下清海編：『改革開放後の中国僑郷――在日老華僑・新華僑の出身地の変容』明石書店，136-140.
山下清海（2016）：『新・中華街――世界各地で〈華人社会〉は変貌する』講談社．
山下清海・小木裕文・張　貴民・杜　国慶（2014）：温州近郊青田県の僑郷――日本老華僑の僑郷からヨーロッパ新華僑の僑郷へ．山下清海編：『改革開放後の中国僑郷――在日老華僑・新華僑の出身地の変容』明石書店，141-180.
山本須美子（2014）：『EUにおける中国系移民の教育エスノグラフィー』東信堂．

《華僑華人百科全書・人物巻》編輯委員会編（2001）：『華僑華人百科全書・人物巻』中国華僑出版社，北京．
李明歓（2002）：『欧州華僑華人史』中国華僑出版社，北京．
李明歓（2011）：欧洲華僑華人社会現状与発展趨勢．王暁萍・劉宏主編：『欧洲華僑華人与当地社会関系――社会融合・経済発展・政治参与』中山大学出版社，広州，3-25.
《青田華僑史》編集委員会編（2011）：『青田華僑史』浙江人民出版社，杭州．
王春光（2000）：『巴黎的温州人――一個移民群体的跨社会建構行動』江西人民出版社，南昌．

Live, Yu-Sion (1998): The Chinese community in France: Immigration, economic activity, cultural organization and representations. In *The Chinese in Europe*, ed. George Benton and Frank N. Pieke, 96-124. London: Macmillan Press.

Ⅶ サンパウロの日系人街の チャイナタウン化
東洋街の変容とニューチャイナタウンの形成

1 はじめに

　近年，世界各地の華人に関する研究が進んできている中で，南アメリカの華人に関する研究は少ない。南アメリカの大国であるブラジル（人口2億957万人，2016年）についても，日系移民に関する研究成果の蓄積は多いものの，日本語はもちろん，中国語，英語，現地語での先行研究はきわめて乏しく（李，2003），関連の文献・統計などの資料，および華人社会の実情に関する情報も非常に限定されている。

　繰り返し述べているように，華人社会研究において，筆者が専攻する人文地理学の立場からは，当該地域における華人社会の地域的特色の究明が重要な課題の1つとなる。各地における華人社会の経済的，社会的，文化的な特色は，華人が居住する地域の自然条件やホスト社会の状況に応じて異なってくる（山下，2003）。華人の居住パターン，職業，ホスト社会への同化の程度などは，地域よって差異がみられる。人文地理学においては，他の学問分野と比較した場合，華人の居住や景観という側面をより重要視している。

　そこで本章では，ブラジルの華人社会の地域的特色を明らかにするために，ブラジル最大都市であり，華人が集中するサンパウロ[1]における華人集中地区を対象に，それらの地区の形成と変容，およびそれらの地区における華人社会の現状について考察することを目的とする。

　ブラジルのように華人社会に関する先行研究や文献，統計資料が乏しく，

Ⅶ　サンパウロの日系人街のチャイナタウン化

また，華人社会の現状についても情報が少ない地域においては，華人の集中地区に焦点を当て，その地区における居住パターン，景観，経済活動などを通して，当該地域の華人社会の特色を把握していく方法は有効であると思われる。

本章は，以下に述べる手順によって進めていく。まず，19世紀初めから今日に至るまでのブラジルへの華人の移住の歴史，およびブラジルの華人の経済活動，社会組織などの特色について概観する。次に，対象地域をサンパウロの2つの華人集中地区に絞って，よりミクロな考察を行う。この際には，華人と，日系人，韓国人など他のエスニック集団との相互関係に着目する。

対象地区の1つは，日系人と華人の商店が集中するリベルダーデ地区（中国語では「自由区」）の東洋街[2]（Bairro Oriental，中国語では「東方区」と呼ばれる）である。もう1つは，改革開放政策の実施以後，中国から新たに移住して来た華人（以後，新華僑と呼ぶ）が急増している3月25日

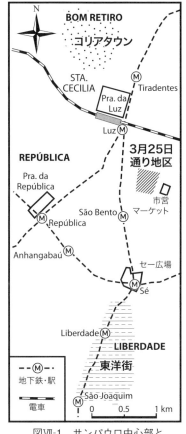

図Ⅶ-1　サンパウロ中心部と
研究対象地域
（2006年8月の現地調査により筆者作成）

通り地区である（図Ⅶ-1）。最後に，両地区における考察結果を総合して，サンパウロにおける華人社会の変容についてまとめる。なお，現地調査は2006年7月下旬から8月上旬にかけて実施し，華人団体，華文教育関係者，華人商店，日系人などへの聞き取り調査，資料収集を行うとともに，土地利用および景観調査を実施し，できるだけ収集したデータの地図化に努めることにした。

史料が少ないため，ブラジル華人の歴史に関しては，陳翰笙主編『華工出国史料匯編　第六輯　拉丁美州華工』および李春輝・楊生茂主編『美洲華僑華人史』が引用されることが多い（陳主編，1984；李・楊主編，1990）。一方，ブラジル在住の華人研究者の文献については，楊宗元，夏佐華，涂捷源の華人に関する論考が，文献研究だけでなく，自らの体験にもとづく貴重な内容が多く含まれており，ブラジル華人の具体像を把握する際に参考になる（楊，1989；楊 1999；夏，1999；涂，1999）。

日本語の文献としては，游 仲勲がブラジル華人の経済活動の状況について論じている（游，1995）。また，丸山浩明は，日本で初めてサンパウロの東洋街における華人について概説している（丸山，2005）。

ブラジルにおける日系移民に関する先行研究の蓄積は多いが，東洋街の形成，変遷，現状に関する研究は乏しく，そのような中で根川幸男は，多民族化が進む東洋街における日系人主体の新伝統行事の創出について論じている（根川，2006）[3]。

中国語による文献の発行の機会が少ない国々においては，現地で刊行されている華字紙に掲載される記事が，華人研究の重要な資料となる。2006年時点で，サンパウロで発行されている華字紙は『美洲華報』（縦書き），『南美僑報』（横書き）の2つである。そのほか，ブラジルの華人社会に関するニュースを集めたインターネット版の「巴西僑網」（http://www.bxqw.com/index.shtm）は，有用な情報ネットである。邦字紙の『ニッケイ新聞』および『サンパウロ新聞』（2018年12月廃刊）にも，日系人との関連で，華人に関する記事が時折掲載されており参考になる。華字紙の記事をまとめた『巴西華人耕耘録——華僑社団紀実』は，華人の団体・学校などの設立過程，概況などが解説されており，資料的価値が高い（巴西美洲華報編，1998）。

2　華人の移住，経済活動，および社会組織

(1) 華人の移住

まず，華人のブラジルへの移住の歴史について整理，概観しておこう。

Ⅶ　サンパウロの日系人街のチャイナタウン化

　19世紀初め，ポルトガル皇帝ジョアン6世は，植民地ブラジルにおいて茶の栽培事業の発展を企図し，植民地マカオから数名の茶栽培の専門家を招聘し，彼らにリオデジャネイロ近郊の植物園で茶の試験栽培を行わせた。それが成功すると，1810年頃，広東や福建から茶栽培の経験を持つ労働者が募集された。その結果，数百人がマカオを出港し，サンパウロ州に移住した。ブラジル側の記録では，1908〜1924年にブラジルへ入国した華人は673名であった（陳主編,1984: 282-285）。

　また，他の記録によれば，1884〜1933年の50年間に，ブラジルへ移住した華人は，わずか1,581人であった（李・楊主編,1990: 673）。第二次世界大戦前，中国駐ブラジル公使館の調査によれば，1931年におけるブラジル在住華人は820人，1940年には592人であった。中華人民共和国成立以前，ブラジル在住華人は1,000人に達しなかった。第二次世界大戦後，ブラジルへの華人の移住の第1波は，1949年の中華人民共和国成立から1960年代であった。この時期，資本家，国民党の軍・政府関係者などが中国からブラジルへ逃れて来た[4]。また，香港，マカオ，そして台湾から，企業家や知識層がブラジルへ移住して来た。台湾側の調査によれば，華人人口は1950年には6,748人になり，1967年にはさらに増加して17,490人に達した。1971年の国連からの台湾追放は，台湾の将来に不安を抱く台湾出身者（以下，台湾人と呼ぶ）のブラジルへの移住を促進する結果となった。またインドネシア，フィリピンなど東南アジアからブラジルへ移住する者も少なくなかった。1974年，ブラジルは中華人民共和国と国交を締結した。1978年末からの中国改革開放政策の進展に伴い，新華僑がブラジルへ多く流入するようになってきた。中国側の統計によれば，1980年代初め，ブラジル在住の華人は10万人前後に達し，そのうち，ブラジル国籍を有する者が約80％，中国などその他の国籍を有する者が20％であったと推定された（李・楊主編,1990: 673-674）。

　次に，出身地に着目して華人のブラジルへの移住の流れをみていくと，1950年代以前の華人はポルトガル領であったマカオとの関係が強く，その周辺の広東語を使用する広東人が主であった。1950年代，1960年代には，広東・山東・浙江・江蘇の各省など中国各地からブラジルへ移住する者が増えた。1965

年9月,インドネシアで9・30事件が起こり,大量の華人が虐殺され,多数の華人が国外に脱出した(山下,1987: 112-116)。この際,インドネシアからブラジルへ移住した者もあった。台湾人は1960年代からブラジルへ移住する者がいたが,台湾が国連から追放された1970年代に1つのピークに達した。1980年代,中国の改革開放以後,北京・上海をはじめ中国の沿海各省からの移民が増えた(涂,1999: 106)。

　ブラジルの華人人口に関する正確な統計はないが,地理学者である Ma ほかは,1997年時点のブラジルの華人人口を12.8万人と推定している(Ma and Cartie eds., 2003: 13-16)。また,中国側の資料によれば,1999年時点のブラジルの華人人口は25万人としている(華人経済年鑑編委会編,2001: 455-463)。さらに,台湾側の推定によれば,2003年のブラジルの華人人口は,146,190人であり,その6割は台湾人であると推定している(中華経済研究院編,2004: 112)。このように,華人の推定人口には大きな隔たりがある。2006年8月の現地調査において,サンパウロの華人研究者や華人団体の関係者からの聞き取りによれば,「現在,ブラジルの華人人口は約20万人で,その9割はサンパウロに集中している」というのが,半ば定説化している。

(2) 華人の経済活動

　次にブラジルにおける華人の経済活動の特色についてみてみる。華人の経済活動に関する統計は存在しないが,楊によれば,華人の経済活動分野の中では,商業が最も多く全体の約80％を占めている。その次は,鉱工業,そして農牧業の順となっている。商業は小規模な家族経営が多く,なかでも料理店経営が多数を占める。焼きそば(炒麺),チャーハン(炒飯),チョプスイ(雑碎),鶏肉とカシューナッツのピリ辛炒め(宮保鶏丁)などは,ブラジル人から好まれている中国料理メニューである。商業の中で次に多いのは,中国語で「提包」[5]と呼ばれる訪問販売業である(楊,1999: 51)。

　ブラジル特有の華人の飲食業として,パステル店の経営をあげることができる。もともとパステル(pastel,卵・肉などが入った小型のパイ)はイタリア移民のパスタ料理の1つで,パステル店の経営者は,もっぱらイタリア人で

Ⅶ　サンパウロの日系人街のチャイナタウン化

あったが，その後，多くの広東人がパステル店経営に進出した。中国語の文献では，パステルのことを「油炸餃子」（李・楊主編,1990:674）あるいは「角仔」（楊,1999:51）と表記しているが，日本でいうところの焼き餃子や揚げ餃子とは別物である。広東人の多くは，中華人民共和国成立以前にブラジルに移住した者で，小規模なコーヒー店（咖啡館），料理店，パステル店などを経営していた。パステルは，ブラジル人の誰もが好む食品であり，サンパウロだけで，300～400軒のパステル店があり，華人の3割以上は，これに従事していた（李・楊主編,1990:674-675）。しかし，近年のファストフード業の隆盛で，パステル店経営は減少している（楊,1999:51）。

クリーニング業はアメリカやカナダでは，華人の代表的なエスニック・ビジネスであったが，ブラジルにおいても同様で，ブラジル人は，クリーニング店のことを"China"と呼び，ブラジル人が経営するクリーニング店さえ"China"と呼ぶ者もいる（楊 1999:51）。華人の農牧業に関しては，小麦，大豆，綿花などを栽培する大規模農園を営む者もいる。工業方面では，セメント・紡績・製粉・食品加工・縫製業などに従事する者がみられるが，それらの規模は大きくない（李・楊主編,1990:674-675）。

(3) 華人の社会組織

まず，ブラジル華人の出身地についてみると，広東省出身者が総数の約20％を占める。その多くは，中華人民共和国成立以前にブラジルに移住した，いわゆる老華僑である。そのほか，中華人民共和国成立後，資本を携えてブラジルに移住して来た江蘇・浙江省出身者および山東省出身者が20％弱，台湾出身者が60％強を占めると推定される（李・楊主編,1990:674）。

次に，ブラジルにおける主要な華人の団体についてみてみよう[6)]。ブラジルへの華人の移住の流れと対比するために，ここでは，団体の設立年次の順にみていくことにする。1919年，当時首都であったリオデジャネイロにおいて，巴西（ブラジル）中華会館が設立され，1976年には，巴西里約（リオデジャネイロ）中華会館に改称している（巴西美洲華報編,1998:14-16）。1929年には，聖保羅（サンパウロ）中華会館が設立された。1950年当時の会員数は

391人であった(陳主編,1984: 261)。

　中華民国台湾同郷会は,1969年,サンパウロに設立された。1972年には,同会の名称から「中華民国」を削除するかどうかで会員内部で対立がおこり,結局,巴西台湾同郷会に改称された。同会の会所は,東洋街に設けられている。台湾出身の客家人の団体としては,巴西客属崇正総会がある。同会は,1971年,巴西崇正総会としてサンパウロで設立され,1981年,現在の巴西客属崇正総会に改称された。

　巴西山東同郷会は,1983年にサンパウロで設立された。山東省からブラジルに移住した者以外にも,韓国や台湾出身の「山東籍」の者も含まれる。韓国在留華人の多くは山東省出身であり,台北郊外,永和市中興街には,韓国系華人の集中地区が形成されている(山下,2002: 117-135)。1993年には,サンパウロにおいて巴西広東同郷総会および巴西北京僑民総会が設立された。前者の会所も東洋街にある。翌1994年には,前述したように「提包」業でよく知られている浙江省青田出身者によって聖保羅青田同郷会が設立された。同会の会所は,東洋街に設けられている。1980年代末から1990年代初めにかけて,上海からの来住者が増加し,1996年に上海同郷会が,サンパウロに設立された。また,巴西福建同郷会も1997年に設立された。

　このように,中華人民共和国成立以前は,珠江デルタ出身の広東人を中心に中華会館が組織され,その後台湾人の増加に伴い,台湾同郷会や,巴西客属崇正総会が設立された。改革開放政策の実施後,中国大陸から海外へ出国した人々は中国では「中国新移民」と呼ばれる。遠く離れているがブラジルにおいても新華僑が増加し,これに伴い中国各地の出身者による同郷会館の設立が続いた。

　サンパウロ,特に東洋街との関係で,ここでは,巴西客家活動中心(ブラジル客家活動センター)(写真Ⅶ-1)について特筆しておきたい[7]。同センターは,東洋街のサン・ジョアキン(São Joaquim)街に位置する地上4階,地下3階の近代的なビルである。サンパウロの華人社会における台湾人,客家人の地位の重要性を象徴する景観となっている。総工費650万米ドルをかけて,2005年に開館した。1階は1,000人収容できる貸しホールになっており,2,

3階は巴西客属崇正総会，駐聖保羅台北経済文化弁事処，聖保羅文化服務中心などのオフィスが入っており，最上階の4階には禅宗の如来寺が設けられている。

本節においては，ブラジルの華人社会の全体的特色をみてきたが，次に，具体的な考察の対象をサンパウロの華人集中地区に移そう。

3 東洋街における華人社会

(1) 東洋街の形成と変容

第二次世界大戦後，日本の敗戦で帰国をあきらめ，ブラジルに残留することを決めた日系人の中には，

写真Ⅶ-1　巴西客家活動中心
（ブラジル客家活動センター）
（東洋街にて，2006年8月撮影）

植したコーヒー農場がある農村部から契約雇用労働者として子弟の教育に有利な都市部へ，特に大都市であるサンパウロへ移動する者が増えた[8]。なかでも，サンパウロの中心部，リベルダーデ地区のガルボン・ブエノ街（Rua Galvão Bueno）に，1953年，日本映画館シネ・ニテロイが設立され（サンパウロ人文科学研究所編，1996：117），日系人向けの食堂，商店が軒を連ねるようになり，日系人の住居もリベルダーデ地区に集中するようになった（根川，2006）。そして，ガルボン・ブエノ街一帯は，日系人街と呼ばれるようになった。

すでに述べたように，中華人民共和国の成立後，中国の資本家や国民党関係者などが，多額の資金を携えてブラジルへ移住し，その後も，香港や台湾などからの移住者が続いた。1971年，台湾の国連からの追放は，台湾の将来に不安を抱いた台湾人のブラジル移住を加速させた。日本統治時代に日本式教育を受け，日本語が堪能な台湾人は日系人街に集中し，日系人と混住するようになった。日系人からみると，日本語を解し，日本的生活様式に慣れ親

しんでいる台湾人は，心理的にも近い関係にあった。これに対して，早期に来住した広東人や，近年の新華僑と日系人との交流は少ない。

東洋街の全体像を把握するために，2006年8月の現地調査に基づいて，東洋街の概略を図に示したものが図Ⅶ-2である。この図から，東洋街には，日系人が経営する日本料理店，書店，和菓子店，みやげ店などの商店，ホテル（ニッケイ・パレス），寺院（曹洞宗南米別院仏光寺），邦字紙の社屋（ニッケイ新聞，サンパウロ新聞），さらに沖縄，岡山，愛知，群馬，福島，宮城などの県人会が集中していることがわかる。東洋街の主要な道路には，1973年にすずらん灯が設置されたが，すずらん灯設置の道路が，東洋街の主要道路と考えてよい。とりわけ，地下鉄リベルダーデ駅近くのリベルダーデ広場から，ガルボン・ブエノ街を南に下って，大阪橋の赤い鳥居（1974年建設）を通り，ニッケイ・パレス・ホテル付近までが，東洋街で最もにぎやかな地区である（写真Ⅶ-2）。

写真Ⅶ-2　リベルダーデ広場からみたガルボン・ブエノ街
写真中央奥に大鳥居がある。(2006年8月)

Ⅶ　サンパウロの日系人街のチャイナタウン化

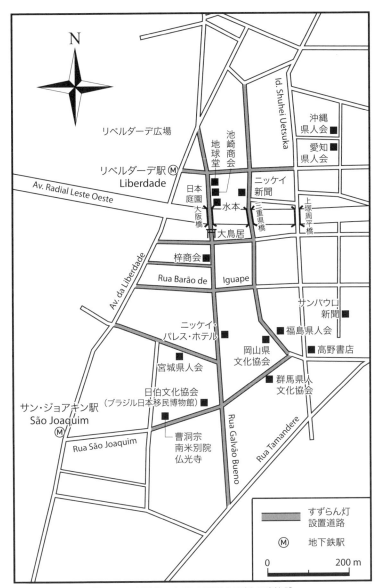

図Ⅶ-2　東洋街における日系人関係の諸施設
（2006年8月の現地調査により筆者作成）

(2) 東洋街における台湾人，新華僑，および韓国人

　日系人を中心とする街であった日系人街には，台湾人や新華僑などの華人の進出が著しくなり，名称も東洋街になった。このような状況を確認するために作成したのが図Ⅶ-3である。図Ⅶ-3では，東洋街における華人関係の商店・施設の分布と中国語表記の商店・施設の名称を示している。店舗については，看板などの景観から華人関係であるかどうかは判別が難しい場合もあるが，多くの日系人や華人からの聞き取りの結果，華人経営であると認知されたものはこの図に記載した。商店や施設の名称については，現状をありのまま記録するために，また景観を分析するためにも看板等に記載された漢字をそのまま記録するように努めた。

　図Ⅶ-3に記載された商店や施設を種類ごとにみていくと，団体・施設9，料理店23，その他商店13，医院ほか5，美容院4，ショッピングセンター3，その他9，合計66であった。なお，地球堂，水本，SoGo（写真Ⅶ-3）の3つのショッピングセンターのうち，前者2つは日系人の経営である。3つのショッピングセンターのビル内には，華人が経営するスタンドショップと呼ばれる非常に狭い面積の店舗が多数入っているが，それらは，上記の合計数には含まれていない。

　図Ⅶ-3の凡例の分類において，最も多いのは料理店であり，全体の34.8％を占めていた。華人経営の料理店のほとんどすべては中国料理店であるが，一部，台湾人が日本料理店を経営している例もみられる。台湾人が経営している料理店，その他の商店，ホテルなどでも，日本語表記がなされているものがほとんどで，来街者からは，店舗の経営者が日系人であるか台湾人であるかは識別できず，それらは日系人の店舗であるとみなされていることが多い。東洋街へは，多くの買物客や旅行者が訪れ，特に週末は大勢の人出でにぎわっている。台湾人は，商店の看板などに日本語表記を用い，日系人中心の東洋街としての特色を温存している。高齢の台湾人は，第二次世界大戦前，日本統治下の台湾において，日本語教育を受けており，日本的な生活様式にも通じている。日系人が多い東洋街で商業を営んでいる台湾人は，商業戦略上，チャイナタウンとしてよりも，日系人中心の東洋街としての特色を生か

Ⅶ　サンパウロの日系人街のチャイナタウン化

図Ⅶ-3　東洋街における華人関係の商店・施設）
（2006 年 8 月の現地調査により筆者作成）

写真Ⅶ-3　ショッピングセンター "SoGo"（日本名「そご」）
6階建てのビルには，130あまりの店舗が入っている。店舗の経営者は日系人・華人・ブラジル人など多様である。最上階には，日本料理・中国料理・韓国料理の豊富なメニューを選べるバイキングスタイルのオリエンタル食堂（ポルキロ por kilo〔重量で料金を計算〕形式）がある。
（東洋街にて，2006年8月撮影）

Ⅶ　サンパウロの日系人街のチャイナタウン化

すことによって，多くのブラジル人顧客を獲得しようとしていると考えられる。

　一般に，高等教育を受けた日系人の子弟は，大学で高度な技能や知識を身に付け，医師・弁護士・エンジニアなどの専門的職業に従事する者が多く，日系人が経営する商店では，後継者難に陥るところが少なくない。日本関係の食品・商品などを中心に扱う商店やショッピングセンター，ホテル，レストランも，日本語の看板を残しながら，今日では，経営者が日系人から台湾人に移っているところが多い。

　東洋街には，聖保羅中華会館，巴西広東同郷会，巴西柯蔡宗親会，観音亭などが，東洋街の東側の上塚周平通り（Vd. Shuhei Uetsuka）に設立されている。この周辺には，華人関係の食品店，美容院などの店舗が多く集まっている。

　また，新華僑や韓国人の東洋街への商業的進出も多数みられる。台湾人が東洋街の中心部においても多くの店舗を構えているのに対し，来住の時期が遅く，資金力が乏しい新華僑の場合は，東洋街の縁辺部で中国料理店を経営するパターンが認められる。韓国人の場合も同様な傾向が認められるが，東洋街の中心部には日本人が好む韓国焼肉店がみられる。韓国人は，アジア系の中では新しい移民であるが，韓国人経営のレストランも，東洋街で増えている。2001年に始まったサンパウロ市が進めるリベルダーデ再活性化計画では，その目的を，日本人，中国人，韓国人移民の歴史や文化を備えた特色ある地区として，東洋街を観光地化すること，としている[9]。

　日系人中心であった東洋街は，しだいに日系人，華人，韓国人が混在する文字通りの「東洋街」の性格を濃くしつつあるが，その変容を如実に示す象徴的なイベントとして，春節祭（中国語では「中国春節園游大会」）の開催があげられる。それまで，東洋街のイベントとしては，日系人主体の東洋祭りや七夕祭りがサンパウロでは有名であったが，初めて華人主体の春節祭が新たに始まった意義は大きい。春節祭の主催は国際青年商会巴西華僑分会（邦字紙は「ブラジル中国青年会議所」と称している）で，春節祭の開催に対しては，政治的対立を越えて，台湾海峡両岸の支持を得ている。獅子舞，中国伝統舞

写真Ⅶ-4　　東洋街で初の春節祭（春節園游会）の開催（2007年1月）
（サンパウロ新聞提供）

踊，カンフー（功夫）などが，リベルダーデ広場の特設舞台で催され，大阪橋では，春節に欠かせない餃子など中国料理の屋台が並び，大勢の人出でにぎわった[10]（写真Ⅶ-4）。翌2007年には，初回より規模を拡大して，約20万人の人出を見込んで，2月10日（土），11日（日）に第2回の春節祭が開催された[11]。

第1回の春節祭に関する報道で，邦字紙『ニッケイ新聞』（2006年1月31日）は，「イベントは両日とも昼夜通して行われた。主な街路には，『あけましておめでとう』を意味する『新年快楽』と中国語で書かれた赤いのぼりが立ち並んだ。さらに，同区のシンボルである街灯『すずらん灯』は別の装飾でおおわれ，『日本人街』としての表情が町から消えた印象も」と報じた。日系人中心の街であった東洋街が，華人の増加でチャイナタウン化が進んでいくのではないかということに対して，多くの日系人からは，日系人も華人も

Ⅶ　サンパウロの日系人街のチャイナタウン化

同じアジア人として互いに協力し合って東洋街が発展していくことが重要である，との答えが返ってくるが，本音では，日本人中心の街としての東洋街のよき伝統が失われていくと危ぶむ声も聞かれる。一方，巴西客家活動中心で，このことを 2, 3 人の華人に個別に尋ねると，たとえ東洋街に華人の店舗が増えたとはいえ，東洋街を実質的に「管理」しているのは依然として日系人であり，東洋街がチャイナタウンになることはない，との答えが異口同音に返ってきた。2017 年の春節にも，1 月 28 日と 29 日の 2 日間第 12 回の春節祭が大勢の人出でにぎわった。

4　3 月 25 日通り地区における華人社会

(1) 華人の進出

　サンパウロの中心地であるセー広場の北，市営マーケット（Mercado Municipal,「旧市場」とも呼ばれる）の西側の 3 月 25 日通り（Rua Vinte e Cinco de Março）を中心とする地区（中国語では「25 街」とも呼ばれる。以下，3 月 25 日通り地区と呼ぶ）は，もともとレバノン人の衣料品問屋が多く集中し，サンパウロにおける卸売業の中心地であった。しかし，最近は小売業が盛んになっている。カメロー（camelô）と呼ばれる露天商が，歩道の上にビニルシートや布を広げ，その上に玩具，カバン，化粧品，ティッシュ，CD・DVD，菓子，飲料，雑貨などの小物を置いて売っている光景が続く。

　すでに述べたように，改革開放政策の実施以降，中国大陸からブラジルへ移住して来る新華僑が増加している。彼らの商業活動の中心は，前節で検討した東洋街ではなく，3 月 25 日通り地区である。サンパウロの日系人に聞き取りをすると，3 月 25 日通り地区は治安が悪いので，めったに行くところではないという共通の認識を持っていた。実際に，道端には防弾チョッキを身に着けた警官の姿が多数目立つ。

　3 月 25 日通り地区に関する情報はきわめて少ない。この地区がどのような地区であるのかについて，華字紙の報道を通してみることにする。治安が悪いこの地区では，発砲事件や爆弾事件などがたびたび発生している[12]。この

ような事件を伝える華字紙の記事の中では，3月25日通り地区は，サンパウロの華人店舗が最も集中しているところであり，ラテンアメリカ最大の露天マーケットであり，華人にとっては，サンパウロのチャイナタウンと言えるところであると性格づけしている。

　3月25日通り地区における華人の進出過程については，華人からの聞き取りや華字紙の記事などにもとづくと，おおむね以下のとおりである。この地区は，1960年代，ブラジル全国の大規模な卸売市場・商品集散地となった。3月25日通り地区への華人の進出は，台湾人が最初で，のちに新華僑が増えていった。1980年代半ば以降，華人の進出が顕著になり，同地区の商業の中核を占めるまでになった。1990年代に入り，この地区に華人経営の貿易会社が進出し，新華僑も貿易業に携わるようになった。1993年，ある華人が64軒のスタンドショップが入ったショッピングセンターを開設し，資金力に乏しい零細な新華僑に歓迎され，華人の店舗が占める割合がしだいに増加し，40軒あまりになり，新たなショッピングセンターも開設された。3月25日通り地区には，3,000あまりの店舗があるが，華人の店舗は，すでに700軒あまりにのぼる。華人が増加するにつれ，同胞を対象とした中国料理店，中国語教室，会計事務所，旅行社，診療所，ネットカフェ，コンピュータ修理，美容院・理容院などのエスニック・ビジネスもみられるようになってきた[13]。新華僑が安価な中国製品を大量に仕入れて，薄利多売の経営を展開するようになるにつれ，台湾人経営者はこの地区から撤退するようになり，3月25日通り地区の華人社会は新華僑中心となっていった。

(2) 新華僑のスタンドショップ経営

　次に，3月25日通り地区における新華僑の経済活動の実情を明らかにするために，特徴的な経営スタイルであるスタンドショップに焦点を当てて検討しよう。

　3月25日通り地区の新華僑は，ショッピングセンター内において，間口2～3m，奥行き1.5m前後のスタンドショップと呼ばれる狭い店舗で，中国製の安価な衣料品・電気製品・玩具・靴・カバン・時計・サングラス・金物・

Ⅶ　サンパウロの日系人街のチャイナタウン化

写真Ⅶ-5　ショッピングセンター"Shopping 25 de Março"内の
華人経営のスタンドショップ
輸入化粧品を販売している。華人経営のスタンドショップの多くは，ブラジル人の若い女性従業員を雇用している。店頭で華字紙を読んでいる華人の姿をよく見かける。
（3月25日通り地区にて，2006年8月撮影）

PCサプライ（CD，DVDなど）・ゲーム機などを販売している。顧客の対象は，主としてブラジル人であるために，ブラジル人の店員を雇用している例も多く，看板や店内の掲示にも，漢字は見られない（写真Ⅶ-5）。このことは，新華僑経営のスタンドショップが対象としている顧客がブラジル人であることを示している。

図Ⅶ-4は，現地調査により，3月25日通り地区のショッピングセンターや周辺の状況を示したものである。この地区を訪れる買物客の多くは，地下鉄のサン・ベント駅を利用する。

同駅から3月25日通りを北に歩いていくと，4階建てショッピングセンター"Shopping 25 de Março"がある。Shopping 25 de Marçoの1階のフロア

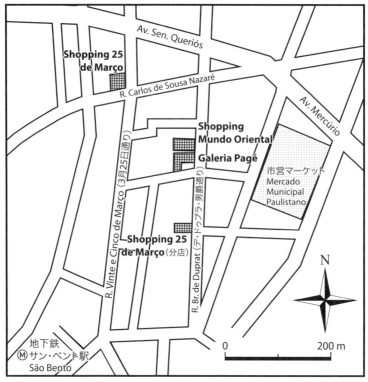

図Ⅶ-4　3月25日通り地区における華人ショッピングセンター
（2006年8月の現地調査により筆者作成）

案内図から，スタンドショップの軒数を数えると，合計136軒であった。このようなフロアが，2階，3階と続き，最上階の4階は，中国料理店を含むフードコートになっている。Shopping 25 de Março の中で，看板に漢字が用いられているのは，このフードコートの中国料理店のみである。Shopping 25 de Março は，この他にデ・ドゥプラ男爵通り（Rua Br. De Duprat）に分店（1, 2階のみ営業）を持っている。

　同じデ・ドゥプラ男爵通りには，ショッピングセンター，"Galeria Pagé"（12階建て）（写真Ⅶ-6）および "Shopping Mundo Oriental"（6階建て）も隣りあわせで立地している。いずれのショッピングセンターでも，漢字の看板

Ⅶ　サンパウロの日系人街のチャイナタウン化

写真Ⅶ-6　ショッピングセンター "Galeria Pagé"
3月25日通り地区では，最大のショッピングセンターである。
（3月25日通り地区にて，2006年8月撮影）

はなく，顧客の大多数はブラジル人であり，その内部は平日でも歩きづらいほど非常に混雑している。スリや引ったくりに加えて，すでに述べたようにピストル発砲や爆弾爆発などの事件が多発しているため，ショッピングセンター内には多数のセキュリティー要員が配置されている。

5　サンパウロ華人社会の変容

　本章では，ブラジルの華人社会の地域的特色を明らかにするために，ブラジル最大都市であり，華人が集中するサンパウロにおける華人集中地区を対象に，それらの地区の形成と変容，およびそれらの地区における華人社会の現状について考察を行ってきた。とくに第二次世界大戦後，日系人を中心に形成されてきた東洋街が，台湾人の新華僑，および韓国人が多く流入することによって変容してきた過程や，東洋街における華人の現状について論じた。また，東洋街と対比する形で，近年，新華僑が集中する3月25日通り地区の形成や新華僑の商業活動などについて分析してきた。

　以上の考察の結果は，図Ⅶ-5のようにまとめることができよう。

　まず，第二次世界大戦後，日本の敗戦で帰国をあきらめ，ブラジルに残留することを決めた日系人の中に，農村部からサンパウロへ移動する者が増えた。なかでも，サンパウロの中心部，リベルダーデ地区のガルボン・ブエノ街に，1953年，日本映画館ができたのを契機に，日系人向けの食堂，商店が軒を連ねるようになり，日系人の住居もリベルダーデ地区に集中し，日系人街が形成された。

　その後，増加した台湾人の中には，日本語が堪能な者が多く，東洋街に流入するようになった。また韓国人も，日本語を通じて情報を得やすい東洋街の縁辺に位置するアパートに多く居住するようになった。日系人や華人より遅く，1963年以降，移住して来た韓国人は，ボン・レチーロに大規模なコリアタウンを形成し，現在，コリアタウンはアパレル産業の中心地に発展している[14]。

　日系人街では，後継者不足に悩む日系人の店舗を台湾人が受け継ぐ例も多

Ⅶ　サンパウロの日系人街のチャイナタウン化

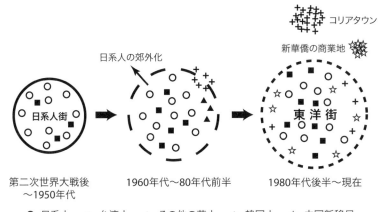

図Ⅶ-5　サンパウロ・東洋街の変容の概念図
(筆者作成)

く，日系人中心の街としての景観を温存しながらも，しだいに，台湾人，新華僑などの華人や韓国人が経営する店舗や団体施設が増えるにつれ，日系人街は東洋街に変容しつつある。

　一方，1980年代半ば以降，非合法の移民も含めて，多くの新華僑がブラジルに来住してきた。これら新華僑は，彼らの経済的活動の中心となる華人経営のショッピングセンターがある3月25日通り地区に集中した。ショッピングセンター内の狭いスタンドショップで，中国から大量に輸入した安価な商品をブラジル人に販売することで，経済的に発展してきた。

　これまでの考察の結果，ブラジル華人社会の地域的特色について改めてまとめてみよう。

1.　第二次世界大戦前，ブラジルへの華人の移住は少なく，ブラジルでの華人社会の実質的な形成は，第二次世界大戦後である。ブラジルの華人社会では，台湾人が重要な地位を占めてきた。世界各国の華人社会において，台湾人が優位な地位を占めてきた国は，日本や，台湾との外交関係を維持し

ているパラグアイなどきわめて少なく，これは，ブラジル華人社会の重要な特色の1つである。
2. ブラジルの華人人口はサンパウロに集中しているものの，チャイナタウンは形成されず，台湾人はサンパウロの日系人を中心とする日系人街に集中した。その要因として，台湾人の多くが日本植民地時代に日本語教育を受け，日系人および台湾人との相互関係が密接であったことがあげられる。社会経済的な地位が上昇した日系人の郊外化が進むにつれ，東洋街のチャイナタウン化の兆しが認められる。いわばジャパンタウンからチャイナタウンへの変容というパターンは，ホノルルのチャイナタウン（山下，2000：147-151）やシアトルのインターナショナル地区（杉浦，2001）などにおいてもみられる。
3. 世界各地と同様に，ブラジルでも新華僑が増加しているが，彼らはブラジル特有のスタンドショップ経営という形態で，急速に経済力を伸ばしてきている。複数のショッピングセンターが集中する3月25日通り地区の商業地区に新たなチャイナタウンが形成される可能性を有している。新華僑中心のショッピングセンターの設立にともなう華人社会の成長というパターンは，南アフリカ・スーダン・アラブ首長国連邦などアフリカ・西アジアをはじめ，現在，世界各地でみられるようになってきた（松本，2008）。

【注】
1) 在サンパウロ日本国総領事館（http://www.sp.br.emb-japan.go.jp/nihongo/jsp02t.htm 最終閲覧日 2006年8月15日）によれば，サンパウロの人口は1,074万人（2005年）で，ブラジルの全人口の約6％が集中している。さらに近郊都市を含む大サンパウロ圏の人口は，1,900万人と推定されている。また，台湾側資料によれば，2003年当時，サンパウロには推定で約10万人の華人が集中し，その次に華人が多く居住する都市はリオデジャネイロとなっている（中華経済研究院編，2004：112）。
2) 東洋街は，東洋人街とも呼ばれ，サンパウロの邦字紙の記事では，両方が用いられている。また，日系人が多かったことから，日系人街という言い方もされるが，本稿では，より一般的な呼称である東洋街を使用することにする。
3) 根川はディスカバー・ニッケイのウェブ・サイトにおいて，サンパウロの東洋街に関する「ブラジルの日本人街」を連載している［http://www.discovernikkei.org/forum/en/taxonomy/term/91（最終閲覧日 2006年8月15日）］

Ⅶ　サンパウロの日系人街のチャイナタウン化

4) 中国の国共内戦で共産党が勝利を収めると，中国国内の有力な財閥，例えば上海の丁家，榮家，銭家，薛家などが，資金や技術者を伴って，ブラジルへ移住して来た（楊，1998：461）。
5) 「提包」とは，中国語で本来，手提げカバンの意味である。中国の手工芸品，輸入品，国産品などの入った手提げカバンを持って，裕福な家の呼び鈴を鳴らして訪問販売する形式を「提包」と呼び，特に浙江省温州地方の青田出身者の「提包」業は，ブラジルにおいても，またフランスを中心とするヨーロッパにおいてもよく知られている。少ない資本で始められ，利幅の多い職業で，初期の移民にとっては，従事しやすい職業であった。筆者の台湾人からの聞き取りによれば，台湾人も，ブラジルへ移住して間もない間，多くが「提包」業に従事した。
6) ブラジルの華人の団体に関しては，聞き取りのほかに，『巴西華人耕耘録——華僑社団紀実』，『華僑・華人百科全書・社団政党巻』を参照した（巴西美洲華報編，1998；《華僑華人百科全書・社団政党巻》編輯委員会編，1999）。
7) 巴西客家活動中心は，独自のウェブ・サイトを開設している（http://br.ihakka.net/）。サンパウロの邦字紙，『ニッケイ新聞』2004年4月5日～7日では，この巴西客家活動中心の建設に時期をあわせて，「台湾コロニア＝"周縁"から"中心"を目指して」と題して3回にわたって連載している。
8) 第二次世界大戦前においても，サンパウロのリベルダーデ地区のコンデ・デ・サルゼーダス街付近に日系人の集住地があった（日本移民80年史編纂委員会編，1991：128）。
9) 『ニッケイ新聞』2001年11月13日「東洋人街を再活性化——ビバ・リベルダデ計画発足」，および2002年4月11日「リベルダーデ広場を再開発」による。
10) 『ニッケイ新聞』2006年1月20日，「中国文化に親しんで春節祝うイベント＝東洋人街で初開催へ＝聖市」，およびニッケイ新聞2006年1月31日，「見えるも食べるも中国一色＝旧正月を祝う行事＝東洋人街にぎわう」などの報道による。
11) 『巴西僑網』2007年2月9日「聖保羅中国春節大会拉開序大放異国色彩」。
12) 『華声報』2005年12月27日「巴西聖保羅華人商舗集中区発生爆炸」，および『華声報』2006年5月16日「聖保羅騒乱　呼吁僑胞加強防範」など。邦字紙では，『ニッケイ新聞』2006年2月11日「連続発砲事件で2人死亡＝3月25日通り＝圧倒的人出に限界の警備＝聖市」。
13) 別林業「二十五街，巴西聖保羅唐人街華人店家達数百家」中新社2003年9月5日，および王志山『25街的燦爛明珠——華商』『巴西僑網』2006年2月8日（『南美僑報』から転載）。
14) サンパウロの韓国人社会の変容に関しては，『ニッケイ新聞』2002年5月29日～6月15日の連載記事「ブラジル・アリランの世界——韓国系コロニアは今」(1)～(13)が非常に参考になる。

【参考文献】
サンパウロ人文科学研究所編（1996）：『ブラジル日本移民・日系社会史年表——半田知男編著改訂増補版』サンパウロ人文科学研究所．

杉浦　直（2001）：エスニック都市空間の再開発過程と建造環境の変容——シアトルの「インターナショナル地区」を事例として．季刊地理学，**53**（3），139-159．
日本移民80年史編纂委員会編（1991）：『ブラジル日本移民八十年史』移民80年祭典委員会・ブラジル日本文化協会，サンパウロ．
根川幸男（2006）：マルチエスニック都市サンパウロにおける「日本文化」の表象——東洋街における新伝統行事を中心に．『現代ブラジルにおける都市問題と政治の役割』平成16～17年度科学研究費補助金（基盤研究C）研究成果報告書（研究代表者：住田育法），129-140．
松本仁一（2008）：『アフリカ・レポート——壊れる国，生きる人々』岩波書店．
丸山浩明（2005）：ブラジル——サンパウロ東洋人地区の華人．山下清海編：『華人社会がわかる本——中国から世界へ広がるネットワークの歴史，社会，文化』明石書店，219-222．
矢ケ崎典隆（2003）：カリフォルニアにおける日系移民の適応戦略と居住空間．歴史地理学，**45**（1），57-71．
山下清海（1987）：『東南アジアのチャイナタウン』古今書院．
山下清海（2000）：『チャイナタウン——世界に広がる華人ネットワーク』丸善．
山下清海（2002）：『東南アジア華人社会と中国僑郷——華人・チャイナタウンの人文地理学的考察』古今書院．
山下清海（2003）：華人社会研究と地理学．高橋伸夫編：『21世紀の人文地理学展望』古今書院，437-446．
游　仲勲（1995）：中南米，とくにブラジル．可児弘明・游　仲勲編：『華僑華人——ボーダーレスの世紀』東方書店，105-110．

巴西美洲華報編（1998）：『巴西華人耕耘録——華僑社団紀実』巴西美洲華報．
陳翰笙主編（1984）：『華工出国史料匯編　第六輯　拉丁美州華工』中華書局，北京．
《華僑華人百科全書・教育科技巻》編輯委員会編（1999）：『華僑・華人百科全書・教育科技巻』新華書店，北京．
《華僑華人百科全書・経済巻》編輯委員会編（2000）：『華僑・華人百科全書・経済巻』新華書店，北京．
《華僑華人百科全書・歴史巻》編輯委員会編（2002）：『華僑・華人百科全書・歴史巻』新華書店，北京．
《華僑華人百科全書・社団政党巻》編輯委員会編（1999）：『華僑・華人百科全書・社団政党巻』新華書店，北京．
華人経済年鑑編委会編（2001）：『華人経済年鑑（2000～2001）』朝華出版社，北京．
李安山（2003）：拉丁美洲華僑華人研究概述．第二屆海外華人研究與文献収蔵機構國際合作会議（跨国網絡：海外華人研究與文献収蔵面臨的挑戦）提出論文，香港中文大学（2003年3月13～15日）．
李春輝・楊生茂主編（1990）：『美洲華僑華人史』東方出版社，北京．

Ⅶ　サンパウロの日系人街のチャイナタウン化

沈立新（1992）:『世界各国唐人街紀実』四川人民出版社，成都．
楊宗元（1998）:巴西華人経済前景．庄国土・黄猷・方雄普主編:『世紀之交的海外華人　上冊』福建人民出版社，福州，459-472．
楊宗元（1999）:南美華僑概況．文化建設基金管理委員会編:『南美華人天地 ── 三十年来南美華人生活文化学術研討会文集』文化建設基金管理委員会，49-59．
夏佐華（1999）:点滴辛酸話移民．文化建設基金管理委員会編:『南美華人天地 ── 三十年来南美華人生活文化学術研討会文集』文化建設基金管理委員会，95-98．
涂捷源（1999）:巴西中文教育概況兼談華人的双語現象．文化建設基金管理委員会編:『南美華人天地 ── 三十年来南美華人生活文化学術研討会文集』文化建設基金管理委員会，106-114．
中華経済研究院編（2004）:『華僑経済年鑑　美洲篇　中華民国九十一年～九十二年版』中華民国僑務委員会，台北．

Ma, L. J. C. and Cartier, C. eds.（2003）: *The Chinese diaspora: Space, place, mobility, and identity*. Lanham: Rowman & Littlefield Publishers.

VIII 中印国境紛争後のコルカタのチャイナタウン
インド唯一のチャイナタウンの変容

1 はじめに

　本章においては，インドの華人社会の地域的特色について考察するとともに，コルカタのチャイナタウンの現状を記述・分析することを目的とする。インドの華人社会については，世界の華人社会研究においても空白域となっており，先行研究は非常に乏しく，また関連する情報も少ない。

　本章の意義は，華人社会研究の空白域を埋める研究であるということだけでない。次に述べる2つの点からみても，インドは非常に興味深い研究対象地域である。すなわち，インドは，インドネシアやベトナム・ラオス・カンボジアなどと同様，中国と居住国との政治的関係の悪化による華人排斥を経験した国である。また，世界の華人社会の中では，福建人，広東人，潮州人が多数派を占める国が多い中で，世界的にみて華人社会の少数派である客家人（Hakka）が最大の華人方言集団の地位を占める国である。

　次に，インドの華人社会に関する先行研究について検討しよう。インドの華人社会に関する学術的研究はきわめて乏しい。『印度華僑志』（華僑志編纂委員会編，1962）は，インドの華人社会について総合的に解説したものとして，最も重要な文献であるといえる。これは台湾側が出版した『華僑志』シリーズの中の1冊であり，このインド編は1960年前後までのインドの華人社会の状況を，歴史，人口，経済，教育，団体などに分けて記述しており，1962年に大規模な軍事衝突に発展した中印国境紛争以前のインド華人社会を理解す

Ⅷ 中印国境紛争後のコルカタのチャイナタウン

る上で非常に参考になる。

『印度華僑志』と同様,台湾側の華人関係の最高行政組織である僑務委員会が主として編集した『華僑経済年鑑』各年版のインドに関する記述も重要である。各国の解説の中には「華僑経済概況」の項目が設けられており,各年版の記述内容を追跡していくことにより,インド華人社会の変化を知ることができる。

一方,インドの華人社会に関する中国側発行のまとまった文献はないが,『華僑華人百科全書』(全12巻,1999～2002年発行)の社区民俗,教育科技,新聞出版,著作学術などの巻のインド関連項目の記述は有用である。また,中国華僑華人歴史研究所(北京)が発行する季刊雑誌『華僑華人研究』2008年第4期は,インド華僑・華人の特集号(印度華僑華人専題)となっており,計8編の論文・書評等が掲載されている。特に1960年代以降の華人社会の動向を知る上で貴重である。このほか,インドの華人社会を簡略的に論じたものとして,Oxfeld(1998),李・陳編(1991, 234-238)などがある。なお,《華僑華人百科全書・著作学術巻》編輯委員会(2001: 228)において,フランス語で出版されたコルカタの華人社会に関する学術専門書として,『加爾各答的華人——孟加拉之虎』(Berjeaut(2000)による原書名の中国語訳,日本語では『コルカタの華人——ベンガルの虎』の意味)が紹介されているが,筆者は未見である。

本章では,コルカタのチャイナタウンに関する考察に重点を置くが,コルカタのチャイナタウンに関する文献は乏しい。このような中で,Liang(2007)は,コルカタの華人社会の形成過程や経済活動の特色などについて,主として華人への聞き取り調査にもとづいて明らかにしており,中国語文献にはない貴重な情報が含まれている。このほか,沈(1992: 105-111)は,中国,香港,シンガポールなどの華字紙の記事などを参考に,コルカタのチャイナタウンの事例も紹介している。また,竹内(2005)は,朝日新聞のインド特派員時代にコルカタのチャイナタウンを取材してまとめたリポートであり,筆者が現地調査を行う際に,非常に参考になった。文献が限られた状況の下では,インターネット上の中国語,英語,日本語で書かれたコルカタのチャイ

ナタウンに関する情報も貴重である[1]。

本章では,研究目的を達成するために以下のようなアプローチをとる。

まず,文献にもとづいて,今日に至るまでのインドの華人社会の歴史的推移を整理する。次に,インド華人社会の地域的特色について,現地調査および文献をもとに,おもに社会文化的側面および経済的側面から考察する。最後に,インドにおいてチャイナタウンが存在する唯一の都市であるコルカタの事例に焦点を当て考察する。コルカタには,2つの地区にチャイナタウンが形成されているが,両地区のチャイナタウンにおいて,現地の華人からの聞き取り調査,土地利用調査,観察調査などを行い,これまでなかったチャイナタウンの地図の作成を試み,チャイナタウンの現状について記述・分析する。なお,現地調査は,2009年3月にコルカタおよびデリーで実施した。

2　インドの華人社会の歴史的推移と地域的特色

(1) 華人社会の歴史的推移

インド・中国両国は3,000 kmあまり国境を接しており,古くから人や物資の交流が活発に行われてきた。イギリスは,ムガル王朝時代(1526～1858)の1600年,東インド会社を設立し,コルカタ(カルカッタ),ムンバイ(ボンベイ),チェンナイ(マドラス)を拠点に,インドの植民地化を進めた。特にコルカタはイギリス植民地時代の首都として発展した。

18世紀以降,インドと中国の貿易が盛んになり,多くの珠江デルタ出身の広東人が貿易のためにインドを訪れるようになり,コルカタに定住する者も現れた。太平天国の乱(1851～64年)や辛亥革命(1911年)の時期には,国内が混乱する中,中国からインドに逃れて来る者が増加した(李・陳編,1991: 235)。

1858年の *Calcutta Review* によれば,当時のコルカタの華人人口は約500人であり,大部分は男性で,華人女性は極めて少なかったと記されている。20世紀に入ってから,華人人口が増加し,1911～31年の間に,華人の男女比は8:1から4:1に縮小した。特に1930年代,40年代,日本軍の中国侵略に

Ⅷ 中印国境紛争後のコルカタのチャイナタウン

より，中国国外へ避難する人々が増え，コルカタの華人女性人口が急増した（Oxfeld, 1998）。また，イギリスの植民地であったビルマの華人の多くが，日本支配を避けてインドに避難して来た。今日，コルカタの華人の多くは，この時期に移入したものである（李・陳編, 1991: 235; Liang, 2007: 403）。

　第二次世界大戦後の中国で，共産党と国民党の内戦の結果，共産党が勝利を収め，1949 年に中華人民共和国が成立すると，インドはただちに中華人民共和国を承認し，両国は良好な関係にあった。1954 年には，周恩来・ネルー会談で，平和五原則の協定が結ばれ，翌 1955 年には，周・ネルー・スカルノが主導して，インドネシアのバンドンでアジア・アフリカ会議が開催された。しかし，1959 年にチベット動乱が発生し，ダライ・ラマ 14 世がインドに亡命し，多数のチベット族もインドやネパールに流入した。これにより，中印関係は悪化し，国境問題で対立するようになった。1962 年 10 月に中印国境紛争が発生すると，数千人の華人がインドを離れ，インドの華人人口は激減した（Oxfeld, 1998）。

　中印国境紛争に伴い，インド政府はインドの国家利益に反する活動をしている疑いのある華人の活動を制限する命令を出し，一部の華人に国外退去を命じた[2]。また，1962 年 11 月には，治安維持法により，ダージリン地区の 240 人の華人が逮捕されるなど[3]，インド在住華人の 6 分の 1（約 2,000 人）が拘留された[4]。1963 年 1 月，中国政府は，インド政府が多数のインド在住の華人を長期にわたって拘留，虐待していると，インド政府に強く抗議している[5]。2,000 名以上の華人がラジャスタン州にある収容所で抑留された。そのほかに，インドから出国することを要求されたり，工場を解雇されたりした（Oxfeld, 1998）。これに対して中国政府は，1962 年 4 月から 8 月まで 3 回にわたって帰還船を送り，2,398 人の華人を中国に引き取った。彼らの多くは，広東省，雲南省，広西壮族自治区などの華僑農場に収容された（張秀明, 2008: 14-15）。

　コルカタ在住の華人 A 氏（1950 年インド出生，父親は広東省東莞からインドに来た）への筆者の聞き取りによれば，「中印国境紛争当時，私たちは非常に辛い思いをした。裕福な華人は，カナダ，香港など海外に逃げ出したが，私

171

表Ⅷ-1　第二次世界大戦後，インドにおける華人人口の推移

年	漢族(人)	チベット族(人)	その他少数民族(注)(人)	出典
1947	16,000	—	—	『印度華僑史』(台湾)
1950	2.3万あまり	—	—	インド政府調査．『印度華僑史』(台湾)に転載
1956	23,481	19,549	—	The Times of India Directory & Year Book 1956-57．『印度華僑史』(台湾)に転載
1959	23,322	34,800	483	『華僑経済年鑑　中華民国48年』(台湾)
1962	24,189	33,288	396	『華僑経済年鑑　中華民国51年』(台湾)
1963	19,539	34,255	406	『華僑経済年鑑　中華民国52年』(台湾)
1964	17,221	33,793	428	『華僑経済年鑑　中華民国53年』(台湾)
1969	12,926	58,730	—	『華僑経済年鑑　1969』(台湾)
1971	12,717	6万あまり	506	『華僑経済年鑑　中華民国60年』(台湾)
1976	14,660	65,045	594	『華僑経済年鑑　中華民国65-66年』(台湾)
1981	約2万	8万あまり	—	『華僑経済年鑑　中華民国70-71年』(台湾)
1986	合計　135,000			『華人経済年鑑　1986』(北京)
1991	2万あまり	9万あまり	—	『華僑経済年鑑　中華民国80年』(台湾)
1995	約2万	約12万	千あまり	『華僑経済年鑑　中華民国84年』(台湾)
1997	合計　167,800			Ma and Cartier eds.(2003)
1998	約2万	13万あまり	千あまり	『華僑経済年鑑　中華民国86年』(台湾)
2002	約2万	約12万	—	『華僑経済年鑑　亜太篇　中華民国90年～91年版』(台湾)

(注)：ウイグル族，カザフ族など

のように貧しい家の華人は，インドに残らざるを得なかった」と述べている。

　中印国境紛争発生から1960年代末まで，インド在住華人の多くは，ヨーロッパ・オセアニア・北アメリカなどへ移住し，1971年，インドの漢族系華人の人口は11,000人にまで減少した。カナダのトロントには数千名のインド華人が「再移民」[6]しており，チェーンマイグレーション（連鎖移動）により，トロントの華人人口は増えている（Oxfeld, 1998）。1970年代後半以降，インド・中国の新たな関係悪化を危惧し，多様な経済活動を求めて，多くの華人がインドから出国した（欧，2008：46）。

　第二次世界大戦後のインドの華人人口に関しては，インド側，中国側，台

湾側いずれも正確な統計はないが，表Ⅷ-1 は，主として台湾側の資料により，華人の推定人口を筆者がまとめたものである。表Ⅷ-1には漢族だけでなく，チベット族，その他の少数民族も含まれている。最近は，インドに流入するチベット族も多くなり，帰化してインド国籍を取得する者も増え，正確な華人人口はますます把握しにくくなっているが，1980 年代以降の漢族の華人は約 2 万人と推定されている。なお本章では，インド華人の中でも漢族を中心に考察していく。

(2) インドの華人社会の地域的特色
①社会文化的特色

　世界各地の華人社会をみると，地域によって華人の祖籍（中国語で「籍貫」）の構成には特色がみられるが，インドの場合にも明瞭な特色がある。1960 年頃の推定によれば，チベット族などの少数民族を除いた漢族系華人の祖籍では，広東省籍者が最も多く全体の 80 ％ を占めた。そのほかには，湖北省籍者が 9 ％，山東省籍者が 8 ％，その他が 3 ％ となっていた。広東省籍者は，さらに客家人と広府人（旧広州府出身者，いわゆる広東人）に二分され，なかでも，広東省東部の山間部に位置する梅県[7]を祖籍とする者が多く，その割合は 43 ％ であった（華僑志編纂委員会編，1962: 39-40）。

　イギリス植民地時代から，インドにおける華人は，コルカタに集中してきた。1964 年のインドの漢族系華人の人口をみると，全国合計が 17,221 人であり，その 81.8 ％（14,090 人）がコルカタに居住していた（華僑経済年鑑編輯委員会編，1964）。インドの華人関係の同郷会館，廟，華文学校などの施設は，ほとんどがコルカタに設立された。これらコルカタの同郷会館や廟については，コルカタのチャイナタウンの事例の考察において，地域に即して論じることにする。

　華人社会においては，華文（中国語）教育が，伝統文化を維持する上できわめて重要である。インドの華文学校の歴史についてみると（《華僑華人百科全書・教育科技巻》編輯委員会編，1999: 121-122），コルカタの梅県籍の客家人は，客家人の団体である嘉応会館に，1920 年，印京華僑小学校を設立した。その

後，初級中学部を増設し，校名を梅光初中曁附属小学に変更した。同じく梅県籍客家人は，1934 年，タングラ地区のチャイナタウンに，培梅小学を創設し，1953 年には初級中学部に相当する専修部を増設し，培梅学校となった。建国小学校は，インドを視察した中華民国教育部関係者の進言によって，1943 年に設立され，1955 年，現在地のコルカタのティレッタ・バザール地区のチャイナタウンに移転された。

　1949 年に中華人民共和国が建設されると，華人社会の政治的対立を反映して，華文学校も，中国大陸系と台湾系に分かれることになった。1962 年頃，インドには華文学校が 13 校あったが，そのうち，台湾系 3 校，台湾系に近い学校 2 校，中国大陸系 8 校となっていた（華僑志編纂委員会編，1962: 62-77）。今日では，培梅学校がコルカタ唯一の華文学校となっている。

　インドにおける最初の華字紙は，1933 年にコルカタで創刊された『印度日報』（英語名 The Chinese Journal of India）である（華僑志編纂委員会編，1962: 81）。第二次世界大戦中，インド駐留の中国の軍関係者や東南アジアからの華人避難民の増加で，華字紙は最盛期を迎えたが，戦後は，中華人民共和国と台湾の政治的対立などにより，華字紙も中国大陸系と台湾系に分かれ，華人読者の減少とともに，華字紙は衰退していった。インドの漢族の華人人口は，約 2 万人と推定されるが，2009 年 3 月時点，インドで発行されている華字紙は，『印度商報』（英語名 Overseas Chinese Commerce of India）のみである（写真Ⅷ-1）。印度商報は 1969 年 3 月 10 日に創刊されたもので，発行人は張國才，発行所はコルカタのタングラ地区となっている。初期の発行部数は約 700 部であったが，1990 年代初めには 400 部程度まで減少した（《華僑華人百科全書・新聞出版巻》編輯委員会編，1999: 480）。本紙は海外，中国，台湾関係のニュースが中心で，華人団体からの「通告」（お知らせ）なども掲載され，繁体字の中国語で書かれている。紙面は全体で 4 ページあり，印刷はところどころ不鮮明な部分もあり，文字の大きさも不揃いで，切り貼りした痕跡も窺え，質素な作りである。

Ⅷ　中印国境紛争後のコルカタのチャイナタウン

写真Ⅷ-1　インド唯一の華字紙『印度商報』
2009年3月14日刊。創刊は1969年3月10日。

②経済的特色

次に，インドの華人社会における経済活動の特色について検討する。インドの華人社会においても，華人の出身地と職業との間に密接な関係がみられる。以下は，『華僑経済年鑑』の各年版および華僑志編纂委員会編（1962）を中心に，インド華人の経済活動を，特に華人の原籍と職業との結びつきに着目しながら論じる。

1959年当時の華人の職業構成をみると，全体の25％が皮革業，20％が製靴業となっており，以下，歯科，雑貨，大工，小資本の商業（中国語で「小本売買」）がそれぞれ8％で，これらに続く料理業は5％と推測されていた（華僑経済年鑑編輯委員会編,1960: 484）。すなわち，皮革業と皮革を原料とする製靴業が当時の華人の経済活動の中では，最も重要であった[8]。このことは，インド華人社会の最大の特色の1つであり，今日においても，この2つの産業が，インドの華人経済の基盤を形成している。のちに詳しく論じるが，イン

175

ド華人の最も重要な職業である皮革業および製靴業は，梅県籍の客家人が占有している。

　華人の製靴業と皮革業が，インドにおいて発達した要因としては，インドや隣国パキスタンにおいて原料の牛皮や羊皮などが豊富であったことも重要である（華僑経済年鑑編輯委員会編，1996：367）。そのほかに，インドの特有の文化・習慣なども影響している。ヒンドゥー教のカースト制度によると，靴製造の仕事は指定カーストの仕事とみなされており，インドに移り住んだ華人にとって，比較的競争が少ないこの分野への進出は容易であった。客家人の中には，東南アジアで靴製造の技術を習得してから，インドに来て，靴店を開業した者もいる。コルカタのティレッタ・バザール地区近くのベンティンク通り（Bentinck Street）には，客家人経営の靴店が100軒以上もあり，中国語で「靴街」と呼ばれていた。20世紀の第1四半期，客家人の製靴業者はタングラ地区に移動した。この地区で最初の華人が皮革業を始めたのは1910年頃で，低湿地であるタングラ地区では，指定カーストのチャマール（chamar）が，華人の製靴業者に材料を提供するために皮革業を行っていた。第二次世界大戦中，華人の皮革業は発達し，戦中には70以上の客家人経営の皮革工場があった。第二次世界大戦後，この地区の皮革業はさらに発展し，コルカタの新しいチャイナタウンに発展していった（Liang, 2007: 406）。

　インド社会において，華人の入歯師は重要な役割を果たしてきた。入歯を作って，患者に挿入する（中国語で「鑲牙」）技能を有する者（ここでは，入歯師と呼ぶ）が少なかったインドにおいて，華人の入歯師は貴重な存在であった。華人の入歯師のほとんどすべての祖籍は，湖北省天門地方であった。1931年前後，当時オランダ領であったジャワ島で入歯師の技能を習得した湖北省籍者がインドに渡り，その後同郷人の入歯師がインドで増加していった（華僑志編纂委員会編，1962: 49-50）。湖北省籍の入歯師は，患者を求めてインド各地を移動する方法で生計を立てていたが，1962年の中印国境紛争後は，華人の行動や職業が制限されるようになり，多くがコルカタに定住するようになった（Liang, 2007: 408）。

　以上のように，インドにおける華人の職業選択においては，ホスト社会で

Ⅷ　中印国境紛争後のコルカタのチャイナタウン

写真Ⅷ-2　コルカタ中心部の中国料理店
看板に書かれた店舗名 "TUNG FONG" は，中国語で「東方」を意味する。コルカタ市内の中心部，チョウロンギ（Chowronghee）地区に位置する。（2009 年 3 月）

あるインド人の社会のわずかなニッチに経済活動を集中し発展させていくという華人の適応戦略（矢ケ﨑, 2008）が認められる。

　世界の華人社会において，中国料理店の経営は華人の代表的な職業の1つであるが，インドにおいては，当初，中国料理店の主要な顧客は，欧米人をはじめとする外国人とインド人富裕層であった。ヒンドゥー教やイスラム教を信仰するインド人大衆の間には，中国料理はあまり浸透しなかった。第二次世界大戦中，インドに駐留する連合軍関係者が増加し，また東南アジアから逃れてきた華人も加わり，中国料理店が増加した。しかし，終戦後は，顧客の減少により，中国料理業は衰退した（華僑志編纂委員会編, 1962: 48-49）。

　一方，第二次世界大戦後，しだいに中国料理店に来客するインド人が増えていった。施主編（1969，インドの章 p.6 ［通しページなし］）は「この1, 2 年，現地のインド人たちが，公然と家族連れで中国料理を食べに来るようになった」と記している。今回の筆者の現地調査によれば，インドの中国料理業を

177

写真Ⅷ-3　インド人経営の料理店
メニューには，インド料理，南インド料理とともに，中国料理（正面の看板の中央）がある。（ニューデリー駅近く，2009年3月）

表Ⅷ-2　デリーのレストランにおける中国料理メニュー

メニュー		価格(ルピー)
Chicken Spring Rolls	（鶏肉入り春巻）	65
Vegetarian Spring Rolls	（ベジタリアン用春巻）	60
Hot & Sour Soup	（酸辣湯）	50
Cantonese Fried Rice	（広東式炒飯）	75
Vegetarian Hakka Noodles	（ベジタリアン用客家式あんかけ焼そば）	60
Chinese Chopsuey	（中国式あんかけかた焼そば）	85
Vegetarian Chopsuey	（ベジタリアン用あんかけ焼そば）	85
Tea		25
Coffee		30
Lassi	（ラッスィー）	45

注）1ルピーは約2円。（2009年3月の現地調査により筆者作成）

とりまく環境は大きく変化していることが明らかになった。デリーやコルカタの中国料理店の顧客のほとんどはインド人であるばかりでなく（写真Ⅷ-2），中国料理店ではない一般のインド人経営の料理店においても，メニューの中には，大衆的な中国料理が含まれており（写真Ⅷ-3），インド人のベジタリアン用の中国料理のメニューも提供されている場合が多い。よくみられる中国料理のメニューとしては，chow mein（焼そば，中国語で「炒麺」），Hakka noodle（客家式焼そば，中国語では「客家麺」），chopsuey（あんかけかた焼きそば），spring roll（春巻），noodle soup（汁そば，「湯麺」），hot and sour soup（スパイシースープ，「酸辣湯」）などがある。インド社会においては，中国料理の受容が確実に進んでいる。表Ⅷ-2は，デリーの一般的なレストラン（中国料理店ではない）のメニューの中に含まれている中国料理を抜粋したものである。紅茶（Tea）が25ルピー（約50円）であるのに対し，焼そば類は60〜85ルピー（120〜170円）で食べることができ，大衆的なメニューとなっている。

3　コルカタのチャイナタウン

(1) コルカタの華人社会

　コルカタの2009年の推定人口は15,414,859人であり，ムンバイ（21,347,412人），デリー（18,639,762人）についで，インド第3の人口を有する大都市である[9]。1690年，イギリス東インド会社は，インド北東部のウェストベンガル州の州都であるコルカタに拠点を造った。インド大反乱（1857〜59）をイギリスが鎮圧し，インドはイギリスの直轄植民地となり，1911年に首都がデリーに移転されるまで，コルカタはインドの首都として，またガンジスデルタの特産品であるジュートの集散地，貿易港として発展した（北川, 1978）。

　チベット族などを除くインドの漢族系華人の大部分は，コルカタに集中していた。1959年頃の華人（漢族のみ）人口についてみると，インド全体で23,322人であったが，そのうちコルカタに15,740人（全体の67.5%）が集中し，以下，ムンバイ1,880人，アッサム980人の順となっていた（華僑経済年鑑編輯委員会編, 1960: 483）。

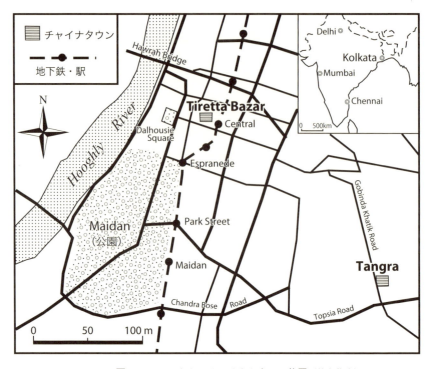

図Ⅷ-1　コルカタのチャイナタウンの位置（筆者作成）

　上述のように，インドの漢族系華人の3分の2がコルカタに集中し，コルカタはインドで唯一，チャイナタウンを有する都市であった。コルカタのチャイナタウンは，2つの地区に分かれて形成されてきた。すなわち，コルカタの中心部，ティレッタ・バザール（Tiretta Bazar, Bowbazar とも呼ばれる）地区と，コルカタ中心部から約5km南東の郊外に位置するタングラ（Tangra，別称ダーパー〈Dhapa〉）地区である（図Ⅷ-1）。《華僑華人百科全書・社区民俗巻》編輯委員会編（2000: 172）では，前者を「旧中国城」（「中国城」は中国語ではチャイナタウンを意味する），後者を「新中国城」と呼んでいる。以下，これら2つのチャイナタウンについて，現地調査をもとに検討していくことにする。

180

Ⅷ　中印国境紛争後のコルカタのチャイナタウン

(2) ティレッタ・バザール地区のチャイナタウン

　ティレッタ・バザール地区のチャイナタウンは，中国語では「唐人街」あるいは「中国街」と表記されることが多い。この地区は，比較的貧しいイスラム教徒が多い地区でもある。図Ⅷ-2は，筆者が現地調査にもとづいて作成したティレッタ・バザール地区のチャイナタウンとその周辺を示したものである。

　コルカタの地下鉄はインドで最初に建設されたが，地下鉄セントラル

図Ⅷ-2　ティレッタ・バザール地区のチャイナタウン
（2009年3月の現地調査により筆者作成）

写真Ⅷ-4 南京酒楼の廃屋
手前のゴミの山の後に南京酒楼があった。(2009年3月)

(Central) 駅の北出口から西へ，ルーシュン（魯迅）通り（Lu Shun Sarani あるいは Peter Lane と呼ばれる）を 200～300 m 歩くと，通りの左側に 2 m 前後の高さまで積み上げられたゴミの山がある。その背後には，かつてはコルカタを代表する高級中国料理店として栄えた赤レンガ造りの南京酒楼[10]の廃屋がある（写真Ⅷ-4）。

この地区において，かつてチャイナタウンとして栄えた名残を最も留めているのは，ブラックバン・レーン（Black Bum Lane）とダムゼン・レーン（Damzen Lane）である。ここには，華人団体の会所や廟などが集中している。しかし，通りを歩いている華人の姿をみかけることは少ない。

義興会館は 1930 年に洪門会系の華人によって結成された団体で，そのため「義興」の名称を用いている（華僑志編纂委員会編，1962: 87）。同会館の 2 階は関帝廟になっている。

Ⅷ　中印国境紛争後のコルカタのチャイナタウン

写真Ⅷ-5　会寧会館・湖北同郷会・四会阮梁仏廟
1階右側は会寧会館，1階左側は四会阮梁仏廟，2階は湖北同郷会。(2009年3月)

　ブラックバン・レーンの角には，会寧会館，四会阮梁仏廟，湖北同郷会がある（写真Ⅷ-5）。会寧会館は，広東省旧肇慶府の四会県と広寧県を祖籍とする者によって組織された同郷会館であり，会寧会館の隣には，四会籍者の四会阮梁仏廟がある。会寧会館と四会阮梁仏廟の建物の2階には，湖北省籍の同郷会館である湖北同郷会がある。すでに述べたように，湖北省籍者の職業には，大きな特色があり，インドでは，伝統的に入歯師，のちに歯科医になる者が多かった。
　ダムゼン・レーンには1962年の中印国境紛争勃発前には，多くの華人が居住しており，チャイナタウンの中心であった。その名残を示すのが天后廟である。廟内の碑文によれば，天后廟は1904年（光緒30年）に「広府人」（広東省旧広州府籍者）によって建立されたものである。また，碑文「重修唐人街天后廟序」(1999年記)によれば，天后廟の老朽化により，1999年には寄付

183

写真Ⅷ-6　南順会館内部の関帝廟
南順会館前のダムゼン・レーンは，周辺のスラムに住む子どもたちの遊び場となっている。(2009 年 3 月)

写真Ⅷ-7　四邑会館の入口
周囲には貧しいインド人が多く住んでいる。
(2009 年 3 月)

金が集められ，修復工事が行われた。

　南順会館は，ダムゼン・レーンの奥まった突き当りに位置している (写真Ⅷ-6)。南順会館は旧広州府の南海県と順徳県の出身者によって組織された同郷会であり，その会所の内部は，関帝廟になっている。1902 年に設立されたもので，会員の多くは商業および建築業に従事していた (華僑志編纂委員会編, 1962: 91)。南順会館の敷地内には，建国小学校がある。チャイナタウンの衰退により，華人人口が減少し，現在，建国小学校で学んでいる生徒は周辺に住むインド人 (多くはイスラム教徒) のみである。

　2009 年時点，ティレッタ・バザール地区のチャイナタウンの中で，最も規模が大きく，華人が集まる会館は四邑会館であり (写真Ⅷ-7)，1907 年に設立された (華僑志編纂委員会編, 1962: 90)。四邑とは，広東省の珠江デルタに位置し，中華民国時代の広州府に属する台山県 (旧新寧県)，新会県，肇慶府に属する恩

Ⅷ　中印国境紛争後のコルカタのチャイナタウン

写真Ⅷ-8　誠昌醤園の店舗内部
上部の扁額「誠昌金舗」は，かつて金行を営業していた当時のもの。写真左側の電話中の男性が経営者。(2009年3月)

平県，開平県の4県出身者が結成した同郷会館である（前掲図Ⅳ-2参照）。四邑籍の広東人は，アメリカ，カナダ，オーストラリアなどの華人社会では，主流をなしてきた集団である。四邑会館の1階は集会場になっており，近くに住む高齢の華人たちが訪れ，談笑したり，新聞を読んだりしている。四邑会館の2階は観世音菩薩を主神としてまつる観音廟になっている。

　現在では，衰退しているが，かつて繁栄したチャイナタウンであったことを示す景観の1つとして，「金舗」の看板がある。ルーシュン通りに面した誠昌と寶昌は，現在，ともにソースや麺をはじめとする食材販売店であるが，元は金行（金舗）であり，「誠昌金舗」や「寶昌金舗」の漢字で書かれた扁額が，店内や店頭に掲げられている[11]（写真Ⅷ-8, Ⅷ-9）。東南アジアのチャイナタウンには，金を売買する金行が集中しているのが特徴であるが（山下, 1987: 161-165），1962年に出版された『印度華僑志』にも，コルカタの「中国街」には華人経営の「金店業」が集中している，と述べている（華僑志編纂委員会編, 1962: 55-56）。「誠昌金舗」は，現在，「誠昌醤園」として，チリソース，ガー

写真Ⅷ-9 「實昌金舗」の看板を掲げた店舗
英語名は Pou Chong Brothers Ltd. 店舗前のルーシュン通り（Lu Shun Sarani）には，人力車も通る。(2009年3月)

リックソース，醤油などを製造販売するとともに，中国，東南アジアなどから輸入した中国料理の調味料を中心に販売しており，その工場は，タングラ地区のチャイナタウンにある。

　地利飯店は，ティレッタ・バザール地区で営業している数少ない中国料理店である（写真Ⅷ-10）。80歳あまりの経営者（男性）の父母は広東省の梅県から来た客家人で，彼自身はインドで生まれた。彼の話によれば，現在，この付近に住んでいる華人は大幅に減少したが，1962年の中印国境紛争前，ティレッタ・バザール地区のチャイナタウンには多数の華人が住み，賑わっていたという。特に南京酒楼は非常に繁栄しており，コルカタの日本領事館関係者や日本人ビジネスマンも，よく訪れていたという。

　今日，ティレッタ・バザール地区のチャイナタウンで，通りを歩いている華人の姿を見かけることは少ない。貧しい多数のインド人が，かつて華人が居住していた家屋や商店に住みついており，中印国境紛争が発生する以前繁栄していたチャイナタウンは，衰退化が著しい状況にある。しかし，春節

(旧正月）には，海外に再移民していた華人がコルカタに里帰りし，龍舞や獅子舞がチャイナタウンの路地を練り歩き，一時的にチャイナタウンらしさを取り戻す[12]。

(3) タングラ地区のチャイナタウン

コルカタはガンジス川の下流デルタに位置し，支流のフーグリ川右岸の自然堤防上に市街地が形成された。Googleの衛星写真を見ると，タングラ地区周辺には沼沢地が多くみられることから，この地区は，地形的にみると，フーグリ川の後背湿地に位置していると思われる。タングラ地区のあるコルカタの東郊は，製造業施設が多く，スラムが多い地区であった[13]。

写真Ⅷ-10 客家人が経営する中国料理店，「地利飯店」
小さな中国料理店ではあるが，周辺に住む華人にとって，中国料理を味わえる貴重な存在となっている。（2009年3月）

正確な華人人口に関する統計はないが，中国の新華社の記事（2008年2月18日）は，タングラ地区（図Ⅷ-3）には1,500人近くの華人が生活しており，30軒あまりの華人経営の中国料理店があると報じている[14]。タングラ地区のチャイナタウンの西側を南北に走るゴビンダカティク通り（Gobinda Khatik Road）の脇に，チャイナタウンの案内板がある。その案内板には，上から中国語で「塔壩中国城」，英語で「Tangra China Town」，そしてベンガル語で，最後にヒンディー語で書かれている（写真Ⅷ-11）。この案内板から，東へ入っていくとタングラ地区のチャイナタウンになる。ゴビンダカティク通りにはチャイナタウンらしい景観はみられず，この案内板がなければ，一般の人々

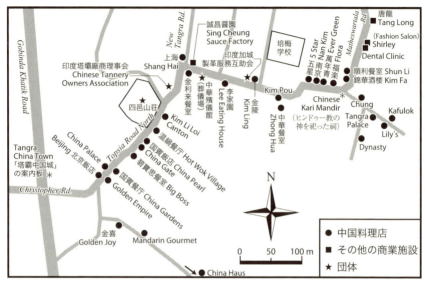

図Ⅷ-3　タングラ地区のチャイナタウン
（2009年3月の現地調査により筆者作成）

はチャイナタウンの存在に気づかずに通り過ごしてしまうに違いない。

　インドの皮革業はタングラ地区に集中しており，この地区の皮革工場の経営者のほとんどすべては，広東省梅県地方を祖籍とする客家人である。図Ⅷ-3の中にある印度塔壩廠商理事会（写真Ⅷ-12）は，1949年にタングラ地区（壩廠 Dhapa）の皮革工場経営者によって設立された団体で，後述する培梅学校の経営も支えている（華僑志編纂委員会編，1962: 88）。皮革工場の経営者の家族は工場内に居住し，職住同一が基本で，小規模経営が多かった。

　一方，製靴業は，第二次世界大戦中に非常に隆盛し，靴店は300軒あまりであったが，戦後，この分野へのインド人の進出に伴い，華人経営の靴店が減少した影響で，華人経営の皮革工場は，1959年当時200あまりとなった（華僑経済年鑑編輯委員

写真Ⅷ-11
チャイナタウンの案内板
（2009年3月）

Ⅷ　中印国境紛争後のコルカタのチャイナタウン

写真Ⅷ-12　印度塔壩廠商理事会
タングラ地区で皮革工場を経営している華人の同業団体。(2009年3月)

会編,1960:484-485)。

　1962年の中印国境紛争以後，インド政府の華人排斥政策により，皮革工場を閉鎖し，海外へ再移民する華人も多かった。近年，人造皮革の製品が増加し，またインド企業の皮革業への参入に伴い，天然皮革を製造してきた当地の華人の皮革業も衰退化してきた。さらに十数年前から皮革工場の環境汚染[15]への批判が高まり，1995年には，ウェストベンガル最高裁判所は，タングラ地区の皮革工場の他地域への移転命令を下し，皮革工場を閉鎖する華人が増え[16]，後述する中国料理業へ転換する例が多くなった。

　今日でも，タングラ地区のチャイナタウンの路上では，皮革工場で生産された皮革をリヤカーに積んで運んで行くインド人労働者の姿がよくみられる(写真Ⅷ-13)。入口の鉄製の扉が赤く塗られた華人経営の皮革工場の内部に入ると，なめし作業に使われる薬品の臭いがし，毛のついたままの牛皮が積ま

写真Ⅷ-13　皮革をリヤカーで運ぶインド人労働者（2009年3月）

写真Ⅷ-14　華人経営の皮革工場の内部
皮革をなめす薬品の強い臭いが充満している。
（2009年3月）

れている（写真Ⅷ-14）。薄暗い工場内で作業をしているのは，華人ではなく，すべてインド人である。

チャイナタウンとはいっても，路上で華人をみかけることは少ない。しかし，華人の住居や工場では，門を赤色に塗装し，「吉祥如意」，「歳歳平安」，「招財進宝」などと書いた門聯を貼り，門神を画くなど，景観からそれらの建物が華人の所有であることが容易にわかる（写真Ⅷ-15）。

通りを歩いていると，通りの左右に多数の中国料理店があるが，ほとんどの店の前には，客の誘導を兼ねたガードマン的な役割をするインド人が椅子に座って，来客を待っている。この地区の中国料理店の敷地利用には特色がある。トラックが通過できるような鉄製の赤く塗られた門をくぐって敷地の中に入ると，自動車が数台駐車できる広いスペースがあり，その奥に中国料理店があるというパターンが多い（写真Ⅷ-16）。これは，かつての皮革工場を改装して，中国料理店を開業したためである。筆者の調査では，2009年3月現在，29軒の中国料理店を確認した。

中国料理店の従業員はほとんどインド人で，一般に華人はレジ台に座っているのみである。中国料理店の客は大半がインド人であり，一般にメニューはヒンディー語と英語で書かれたもののみである。昼食時は客が少なく，夕

Ⅷ　中印国境紛争後のコルカタのチャイナタウン

写真Ⅷ-15　華人の住居
鉄製の門とその周囲は赤色に塗装されている。隣家はインド人の住宅。（2009年3月）

食時に自動車でタングラ地区のチャイナタウンに中国料理を食べに来るインド人が多い。

地元の華人の話によれば、現状では、中国料理店の数が多すぎて、過当競争状態にあり、一部の中国料理店を除くと経営は苦しいようである。しかし、中国料理店経営者には、カナダをはじめ海外在住の家族が多く、彼らからの海外送金があるので、

写真Ⅷ-16　皮革工場を改装して造られた大規模な中国料理店
中国語の店名は「碧寶思餐室」。（2009年3月）

写真Ⅷ-17 培梅学校
正面の校舎の屋上には,関帝廟の屋根が見える。(2009年3月)

中国料理店の経営収入の不足を補っているとのことである。

タングラ地区における華人の重要な施設の1つは,培梅学校(1934年設立)である。培梅学校の敷地は広く,校舎の建物も3階建て,その規模の大きさは,この地区が華人で栄えた時代を思い起こさせる(写真Ⅷ-17)。培梅学校はもともと台湾系の華文学校であり,繁体字で書かれた台湾式の教科書を用いて授業を行っていた。しかし,今日ではクラスによっては,簡体字で書かれた中国大陸出版の教科書も用いている。培梅学校では,平日は英語教育の学校に通っている華人生徒に,週末に中国語を教えるための「補習中文」コースを設けており,なかには7,8人のインド人生徒も含まれている。校舎の屋上には,関帝廟が設けられており,春節の際には,参拝に訪れる大勢の華人でにぎわう。

華人の宗教関連施設としては,タングラ地区のチャイナタウンには,図Ⅷ-3

写真Ⅷ-18　カーリー女神（2009年3月）

中にも示した四邑山荘がある。これは，前述した広東省珠江デルタの四邑地方出身者が組織した四邑会館所有の共同墓地である。また，同図中のChinese Kari Mandirは，ヒンドゥー教のカーリー女神（写真Ⅷ-18）を祀った祠であり，宗教面での華人の伝統文化の現地社会への融合の1つの例である（張幸，2008: 56-57）。

4　おわりに

　本章では，世界の華人社会研究においても空白域となっており，これまで先行研究が乏しかったインドの華人社会を対象に，その地域的特色について考察するとともに，インドで唯一チャイナタウンを有する都市であるコルカタのチャイナタウンの現状を記述分析してきた。その結果，明らかになった事項は，以下のようにまとめることができる。

インドの華人は，イギリス植民地時代の首都であったコルカタに集中してきた。華人の祖籍では，広東省籍が多数を占め，特に梅県出身の客家人が最大多数を占めた。客家人の経済活動は皮革業と製靴業に特化した。インドにおける華人の職業選択においては，ホスト社会であるヒンドゥー教を中心とするインド社会のわずかなニッチに経済活動を集中し発展させていくという華人の適応戦略が認められる。

1959年のチベット動乱により，チベットからチベット族難民がインドへ大量に流入した。一方，1962年に発生した中印国境紛争に伴うインド政府の華人排斥政策の大きな影響を受け，カナダやオーストラリアなど海外へ再移民する漢族系華人が増加し，華人社会は衰退していき，今日に至っている。

1965年にインドネシアで発生した9・30事件や1975年のベトナム戦争終了後のベトナム・ラオス・カンボジアの社会主義化など居住国と中国との政治的関係の悪化による華人社会の衰退・停滞が，インドの華人社会においても同様に認められた。

コルカタには市中心部のティレッタ・バザール地区および南東郊外のタングラ地区にチャイナタウンが形成されている。ティレッタ・バザール地区のチャイナタウンは，中印国境紛争までは繁栄し，その名残として，会館，廟などの華人の伝統的な施設が今日でもみられる。しかし，中印国境紛争後の華人の海外への再移民による華人人口の減少により，この地区のチャイナタウンは衰退した。一方，タングラ地区のチャイナタウンは，華人経営の皮革工場の集中により形成された新しいチャイナタウンである。近年の皮革業の衰退により，皮革工場の中国料理店への転換が著しく，タングラ地区のチャイナタウンは，今日では中国料理店集中地区となっている。これは，インドにおける中国料理の受容の進展，および華人の職業としての中国料理業の発展の可能性を示している。

人口11.9億（2008年推定）を有するインドにおいて，インドに居住する漢族系華人が1万〜2万人程度というのは極めて少数である。1990年代以降，インド・中国の両国関係は幾分改善してきており，インドの経済発展に伴い，市場には安価な中国製品が出回ってきている。最近では，中国からの新華僑も

Ⅷ　中印国境紛争後のコルカタのチャイナタウン

増加しており，その数は 1991 〜 2001 年までに 11,100 人あまりに達していると言われる（張秀明，2008：19）。インドにおいても，東ヨーロッパ，西アジア，アフリカ，南アメリカ（山下，2007）などでみられるように，ビジネスチャンスを求めて，中国から流入する新華僑のさらなる増加が予想される。これに伴い，衰退・停滞してきたインドの華人社会も変容，発展していくものと思われる。

【注】
1) 例えば，「印度加爾各答塔壩中国城」(2006 年 6 月 5 日，中国新聞網) http://www.chinanews.com.cn/news/2006/2006-06-05/8/739449.shtml（最終閲覧日：2009 年 3 月 5 日），「コルカタで中華三昧（1）」(2006 年 2 月 17 日) http://www.indo.to/index.php?itemid=329（最終閲覧日：2009 年 3 月 5 日）など．
2) 朝日新聞 1962 年 11 月 16 日「危険な中国人に措置　インド内相が言明」．
3) 朝日新聞 1962 年 11 月 21 日「中国人 240 人逮捕　ダージリンで」．
4) 朝日新聞 1962 年 11 月 27 日夕刊「インド在住中国人の 6 分の 1 に上る　逮捕すでに二千人」．
5) 朝日新聞 1963 年 1 月 20 日「中共，インドに明確な回答要求　在印中国人引取り問題」）．
6) 中国では，主として改革開放政策実施後の海外への新しい移民を「新移民」と呼び，一旦，東南アジアや南アメリカなどへ移住した華人が，さらに他の地域へ移住していく現象を「再移民」と呼んでいる（山下，2005：24）．
7) 梅県は，現在の梅州市の中心地であり，客家人にとっては，客家人居住地域の「首都」的な地位を有している．筆者の東南アジアや台湾における客家人の調査によると，梅県で用いられている方言は，最も標準的な客家方言と言われ，梅県出身の客家人は，客家人の中でも最も主流であるとみなされている．客家人が「私は梅県の客家人です」という言い方には，強い誇りが感じられる．
8) 北川（1979：87）は，「インドでは華僑の進出は殆どなく，わずかにカルカッタにのみ中国人街があり（中略），その多くは靴屋をやっており，社会的地位は低い．住居は CBD の北東行政区 42 に集中している」と記している．北東行政区 42 は，ティレッタ・バザールが位置する地区である．
9) World Gazetteer, India: metropolitan areas
http://www.world-gazetteer.com/wg.php?x=&men=gcis&lng=en&dat=80&geo=-104&srt=pnan&col=aohdq&msz=1500&va=&pt=a（最終閲覧日：2009 年 3 月 5 日）
10) 南京酒楼は 1927 年に開業し，中国情緒豊かな豪華な設備で，コルカタで最も有名な中国料理店の 1 つで，イギリス領インドの上流社会の人々や外交官などの顧客が多かった（施主編，1969：インドの項，p .10）．
11) 華僑経済年鑑編輯委員会編（1960：488）は，第二次世界大戦中は東南アジアからイン

ドに避難してきた華人が多く，コルカタのチャイナタウンの金行も栄えていたが，戦後，金行の多くは閉店し，当時，華人経営の金行は「誠昌」と「信興」の2軒のみとなったと述べている．

12)「加爾各答塔壩中国城：保留舞龍拝年祭祖伝統」（中国新聞網，2008年2月19日）http://www.chinanews.com.cn/hr/trj/news/2008/02-19/1167265.shtml（最終閲覧日：2009年3月5日）

13) 北川（1978）に掲載されているコルカタの地域区分図，スラムの分布図などによる．

14)「加爾各答塔壩中国城：保留舞龍拝年祭祖伝統」（中国新聞網，2008年2月19日）http://www.chinanews.com.cn/hr/trj/news/2008/02-19/1167265.shtml（最終閲覧日：2009年3月5日）

15) 日本革類業卸売協同組合のホームページ（http://www.nikkaku.or.jp/）によれば，皮なめしには大きく分けて，木の皮や果実などから抽出したタンニン（一般に渋などともいう）によってなめすタンニンなめしと，金属化合物である塩基性硫酸クローム液を用いてなめすクロームなめしがある．タングラ地区の皮革工場の環境汚染問題とは，なめし作業に使用した薬品の廃液の問題と思われる．

16) 前掲14）参照．

【参考文献】

北川建次（1978）：カルカッタ．織田武雄編：『南アジア』（世界地理4）139-151，朝倉書店．

北川建次（1979）：カルカッタ．高野史男ほか編：『世界の大都市（下）』73-92，大明堂．

竹内幸史（2005）：インド——コルカタのチャイナタウン．山下清海編『華人社会がわかる本——中国から世界へ広がるネットワークの歴史，社会，文化』明石書店，192-197．

矢ケ﨑典隆（2008）：エスニック集団の適応戦略．山下清海編：『エスニック・ワールド——世界と日本のエスニック社会』明石書店，20-27．

山下清海（1987）：『東南アジアのチャイナタウン』古今書院．

山下清海（1988）：『シンガポールの華人社会』大明堂．

山下清海（2002）：『東南アジア華人社会と中国僑郷——華人・チャイナタウンの人文地理学的考察』古今書院．

山下清海（2005）：華人社会の見方と現状．山下清海編：『華人社会がわかる本——中国から世界へ広がるネットワークの歴史，社会，文化』16-24，明石書店．

山下清海（2007）：ブラジル・サンパウロ——東洋街の変容と中国新移民の増加．華僑華人研究，4，81-98．

山下清海編（2005）：『華人社会がわかる本——中国から世界へ広がるネットワークの歴史，社会，文化』明石書店．

《華僑華人百科全書・法律条令政策巻》編輯委員会編（2000）：『華僑華人百科全書・法律条令政策巻』中国華僑出版社，北京．

《華僑華人百科全書・教育科技巻》編輯委員会編（1999）：『華僑華人百科全書・教育科技巻』中国華僑出版社，北京．

Ⅷ　中印国境紛争後のコルカタのチャイナタウン

《華僑華人百科全書・社区民俗巻》編輯委員会編（2000）：『華僑華人百科全書・社区民俗巻』中国華僑出版社，北京．
《華僑華人百科全書・新聞出版巻》編輯委員会編（1999）：『華僑華人百科全書・新聞出版巻』中国華僑出版社，北京．
《華僑華人百科全書・著作学術巻》編輯委員会編（2001）：『華僑華人百科全書・著作学術巻』中国華僑出版社，北京．
華僑経済年鑑編輯委員会編（1960）：『華僑経済年鑑　中華民国48年』華僑経済年鑑編輯委員会，台北．
華僑経済年鑑編輯委員会編（1962）：『華僑経済年鑑　中華民国51年』華僑経済年鑑編輯委員会，台北．
華僑経済年鑑編輯委員会編（1963）：『華僑経済年鑑　中華民国52年』華僑経済年鑑編輯委員会，台北．
華僑経済年鑑編輯委員会編（1964）：『華僑経済年鑑　中華民国53年』華僑経済年鑑編輯委員会，台北．
華僑経済年鑑編輯委員会編（1971）：『華僑経済年鑑　中華民国60年』世界華商貿易会議総聯絡処，台北．
華僑経済年鑑編輯委員会編（1977）：『華僑経済年鑑　中華民国65-66年』世界華商貿易会議総聯絡処，台北．
華僑経済年鑑編輯委員会編（1982）：『華僑経済年鑑　中華民国70-71年』世界華商貿易会議総聯絡処，台北．
華僑経済年鑑編輯委員会編（1996）：『華僑経済年鑑　中華民国84年』僑務委員会，台北．
華僑志編纂委員会編（1962）：『印度華僑志』華僑志編纂委員会，台北
《華人経済年鑑》編輯委員会編（1996）：『華人経済年鑑　1996』社会科学文献出版社，北京．
環球経済社編（1998）：『華僑経済年鑑　中華民国86年版』僑務委員会，台北．
李原・陳大璋編（1991）：『海外華人及其居住地概況』中国華僑出版公司，北京．
欧愛玲著，張銘・趙莉苹訳（2008）：依旧是"客人"——印度加爾各答客家人認同的重塑．華僑華人歴史研究，2008年第4期，33-48．
沈立新（1992）：『世界各国唐人街紀実』四川人民出版社，成都．
施応元主編（1969）：『世界経済年鑑1969』世界華僑年鑑社有限公司，台北．
張幸（2008）：文化認同的伝承与創新——印度加爾各答華人的多元化宗教信仰研究．華僑華人歴史研究，2008年第4期，79-58．
張秀明（2008）：被辺縁化的群体——印度華僑華人社会的変遷．華僑華人歴史研究，2008年第4期，6-23．
中華経済研究院編（2003）：『華僑経済年鑑——亜太篇　中華民国90年〜91年版』中華民国僑務委員会，台北．

Berjeaut, de J. (2000): *Chinois à Calcutta: Les Tigres du Bengale*. L'Harmattan.
Liang, J. (2007): Migration Patterns and Occupational Specializations of Kolkata Chinese: an Insider's History. *China Report* (New Delhi), 43: 397-410．　梁慧萍著，胡修雷訳（2008）：

加爾各答的華僑華人——移民模式与職業特性. 華僑華人歷史研究, 2008 年第 4 期, 24-32.

Ma, L. J. C. and Cartier, C. eds. (2003) : *The Chinese Diaspora: Space, Place, Mobility, and Identity*. Rowman & Littlefield Publishers, Oxford.

Oxfeld, E. (1998) : India. Pan, L. : *The Encyclopedia of the Chinese Overseas*. Archipelago Press. Singapore, 344-346.

IX
アフリカの島嶼国，モーリシャスの華人社会
ポートルイスのチャイナタウンを中心に

1 はじめに

(1) 問題の所在

　Chang（1968）は，華人の分布と職業についてグローバルスケールで論じ，特徴的なパターンを見出した。その研究の中で，インド洋においては，1830年に最初の華人がモーリシャスのポートルイスに現れたと述べている。本研究の対象とするモーリシャス共和国（以下，モーリシャス）は，華人の世界的展開を考える上で，非常に重要である。しかしながら，モーリシャスの華人社会に関する学術的な研究は少なく，特にフィールドワークにもとづく研究成果は極めて乏しい。

　まず，モーリシャスに関する先行研究について整理しておくことにする。モーリシャスの地理学的研究に関しては，寺谷の一連の研究がある（寺谷，2003，2004，2005）。また，堀内（1995），寺谷（2008），戸谷ほか（2010）は，地誌学的立場からモーリシャスの地域的特色について論じている。

　モーリシャスでは，後述するようにインド系住民が多数を占めるが，インド系移民に関しては，杉本（1999）をはじめ研究の関心が高い。しかし，モーリシャスの華人社会に関する研究は少ない。植民地時代に華人に関する若干の記録が残されており，これらが貴重な資料となっている。陳主編（1984: 258-262）は，歴史的資料にもとづき，イギリス領モーリシャス時代の華人の移住経緯や経済活動などについて論じている。方編（1986）には，モーリシャ

スの華人の歴史に関する貴重な文献資料が収録されている。李 (2000) はアフリカ華人の歴史について総合的に論じる中で，モーリシャスの華人に関しても多く言及している。また，Pan ed. (1998; 351-355) および方・胡 (2002) は，モーリシャスの華人社会の変遷と特色について概説している。

　一方，モーリシャスのチャイナタウンに関する学術的な研究はない。一般書としては，李・陳編 (1991: 316-321)，沈 (1992: 239-247.)，および呉編 (2009: 167-168) が，首都ポートルイス（Port Louis，中国名：路易港）にチャイナタウンが形成されており，その華人社会は客家人が中心をなしていることなどを概説している。

　先行研究の検討の結果，本章では，モーリシャスの華人社会の変容を考察するとともに，ポートルイスのチャイナタウンの地域的特色を明らかにすることを目的とし，華人の経済，社会，文化を総合的に分析し，それらの特色が反映されているチャイナタウンの土地利用および景観に焦点をあてる。モーリシャスにおける現地調査は，2014年2月に行い，ポートルイスのチャイナタウンを地図化するとともに，華人団体，廟，華字紙の発行所，華人個人などからの聞き取りを中心にフィールドワークを実施した。

(2) モーリシャスの概観

　本論を進める前に，前述した文献（堀内, 1998；寺谷, 2008；戸谷ほか, 2010）などをもとに，研究対象地域であるモーリシャスについて概観しておく（図Ⅸ-1，図Ⅸ-2）。

　モーリシャスはマダガスカル島の東約900 kmに位置する。モーリシャスは29の島々からなり，国土面積は2,040 km^2（東京都2,189 km^2）で，主島であるモーリシャス島の面積は1,865 km^2（香川県は1,877 km^2）である。モーリシャス島は，インド洋ではマダガスカル島（587,041 km^2）に次ぐ面積を有する島である。

　ポートルイスは，モーリシャス島の北西部沿岸に立地し，2011年の人口センサスによれば，総人口1,236,817人のうち，主島であるモーリシャス島に1,196,383人（総人口の96.7％），モーリシャス島の東550 kmのロドリゲス島に

Ⅸ　アフリカの島嶼国，モーリシャスの華人社会

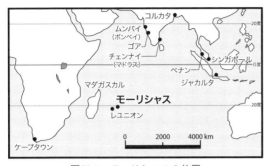

図Ⅸ-1　モーリシャスの位置
（筆者作成）

図Ⅸ-2　モーリシャス島
（筆者作成）

40,434人が居住している（Statistics Mauritius, 2011 Housing and Populations）。

モーリシャス島は，マダガスカル島およびレユニオン島とともに，マスカレン諸島を構成するが，マスカレン諸島の他の島と同様，火山性起源の島であり，緩やかな起伏を持つ地形が卓越し，残丘地形としての孤立峰の岩山が散在し，特異な山地景観がみられる。沿岸はほぼ全域サンゴ礁に覆われ，波の静かなラグーンやビーチが形成されている（写真Ⅸ-1）。

モーリシャスは高温多湿な亜熱帯海洋性の気候で，11月から4月が夏季，5月から10月が冬季となる。ほぼ南緯20度に位置するため，南東貿易風地域に属し，風上側の東部および中央部の中央高原が多雨地域となる。年間降水量は最も多い内陸部では4,000 mm以上に達し，最も少ない西岸では800mm未満である[1]（寺谷, 2008）。

モーリシャスのエスニック・コミュニティの構成をみると，1846年以降の人口センサスでは，ジェネラル（General），華人（Chinese），インド系（Indo-

写真Ⅸ-1　モーリシャス島北部の
ビーチリゾート，グラン・べの海岸
（2014年2月）

201

Mauritian）に分類されてきた。インド系はさらに宗教からヒンドゥーとムスリムに区分されている。ジェネラルは卓越するインド系移民との区別の含意から用いられるモーリシャス特有の人口区分カテゴリー用語であり，クレオール（Creoles，白人とアフリカ系黒人の混血）とフランス系住民（Franco-Mauritians）を併せた概念である。1983 年以降の人口センサスでは，所属コミュニティの調査がなされていない。所属コミュニティの最後の調査が行われた 1972 年の人口センサスをみると，総人口 826,199 人のうち，ジェネラルが 236,867 人（総人口の 28.7 ％）であるのに対し，ヒンドゥー教徒が 428,167 人（同 51.8 ％），イスラム教徒（Muslim）が 137,081 人（同 16.6 ％），華人が 24,084 人（同 2.9 ％）であり，インド系が総人口の 68.4 ％ を占めた[2]（寺谷, 2003, 2008）。台湾側の推計によれば，モーリシャスの華人人口は 3 万人（2011 年）であり，総人口の 2.3 ％ を占める（国立中正大学編, 2012: 568-571）。また，台湾発行の中華経済研究院編（2004: 287）は，モーリシャスの華人は 3 万人あまりであり，その 85 ％ は広東省梅県出身の客家人であり，その 15 ％ は広東省の南海および順徳出身であると述べている。

　モーリシャスの宗教別および言語別の構成を，2011 年の人口センサスにより概観してみよう（Statistics Mauritius, 2011 Housing and Populations）。まず宗教別構成をみると，ヒンドゥー教徒 48.5 ％，ローマ・カトリック教徒 26.3 ％，イスラム教徒 17.3 ％，その他のキリスト教徒 6.4 ％ などとなっており，インド系住民の多さを反映している。次に，家庭内での使用言語別の構成をみると，複数の言語が家庭内で使用されている。モーリシャスの公用語は英語であるが，クレオール語（Creole，フランス語を基本に，英語やアフリカの諸言語の単語を用いて簡略された言語）が広く使われている。クレオール語のみの使用者が全体の 40.5 ％，ボージュプリー語（Bhojpuri，インドで使用されている言語）のみの使用者が 19.3 ％，フランス語のみの使用者が 1.6 ％，タミル語のみの使用者が 1.5 ％，中国語のみの使用者が 1.0 ％，英語のみの使用者が 0.1 ％ などとなっている。その他にクレオール語とフランス語が 2.4 ％，クレオール語と中国語が 0.5 ％，クレオール語とタミル語が 0.4 ％ などとなっている。

　モーリシャスの経済をみると，植民地時代からサトウキビ栽培と製糖業が

Ⅸ　アフリカの島嶼国，モーリシャスの華人社会

写真Ⅸ-2　サトウキビ・プランテーション
写真後方には，モーリシャス島特有の残丘地形がみえる（グラン・ベ近郊，2014年2月）

重要な役割を果たしてきた。今日でも，郊外では広大なサトウキビ・プランテーションが広がっている（写真Ⅸ-2）。モーリシャスは，1968年，イギリス植民地から英連邦内の王国として独立した[3]。サトウキビ栽培・製糖業に依存するモノカルチャー経済から脱出するために，モーリシャス政府は，1971年にアフリカ最初の輸出加工区（Export Processing Zone）を設立し，輸出指向型の外国企業を誘致し，繊維・縫製業が発展した（寺谷, 2008）。これらの産業とともに，美しいビーチリゾートを活かした観光業も重要である[4]。2013年度には，993,106人の観光客がモーリシャスを訪れ，国別にみるとフランス（24.6％），レユニオン（14.4％），イギリス（9.9％），南アフリカ（9.5％），ドイツ（6.1％），インド（5.8％），中国（4.4％〔香港を含む〕）の順であった（Mauritius, Handbook of Statistical Data on Tourism 2013）。

2　モーリシャスにおける華人社会の形成と変容

(1) モーリシャスの開発と移民

　モーリシャスの開発の歴史については，先行研究（杉本, 1999；寺谷, 2003, 2008；戸谷ほか, 2010）により，次のようにまとめることができる。

　モーリシャス島は長く無人島であったが，古くからインド人水夫やアラブ商人の間では，ディナロビン島（Dinarobin）の名で知られていた。1513年，ポルトガルの海軍提督が同島を「発見」し，ヨーロッパ船舶の食料・水の供給地となった。1598年，オランダが同島の占領を宣言し，マウリティウス（Mauritius）と命名した。オランダはヨーロッパとアジアの中継地点として，モーリシャスに着目したが，南アフリカのケープ植民地（ケープタウン）の確立（1652年）により，食料補給基地としてのモーリシャスの地位は低下した。

　1639年，バタヴィア（現ジャカルタ）からサトウキビが導入され，入植が試みられたが，オランダ東インド会社は，1706年に同島の放棄を決定した。1715年，フランスが同島を占領し，フランス島（Ile de France）と名付けた。プランテーションのフランス人農園主は，フランス東インド会社を介して，同島にアフリカ奴隷を導入し，サトウキビ生産を軌道に乗せた。

　フランスがナポレオン戦争に敗北した結果，1810年，イギリスはモーリシャスを占領，1814年のパリ条約により，正式にイギリスの植民地になった。同島はフランスからイギリスへ譲渡され，モーリシャスと改名された。1835年の奴隷解放令施行を見据えて，その前年の1834年，プランテーション農園主は，最初のインド人契約労働者を導入した。その後，インド系移民が増加し，1846年には，インド系移民が総人口の3分の1に達した。

　イギリス植民地時代には，奴隷制が廃止され，インド人契約労働者が大量に移入され，サトウキビ・プランテーションおよび製糖業が発展した。イギリス領となった後にも，法律，学校制度，宗教施設などは，フランス植民地時代のものがほとんど変更せずに受け継がれた。このため，国民の多くは英語よりもフランス語を主に話し，地名のほとんどがフランス語起源であるなど，フランス文化の影響は現在でも色濃く残存する。

（2）華人社会の形成

次に，華人に焦点を当て，モーリシャスにおいて，華人社会がいかにして形成され，変容してきたかについて検討する。

陳主編（1984: 258-262）には，「非洲華工」（アフリカ華人労働者）の章が設けられ，その中でイギリス領モーリシャス島の項がある。華人に関する文献資料が乏しい中で，ここでの記述は重要である。これらの主な内容をまとめると，以下のようになる。

モーリシャスにおけるサトウキビ栽培技術は，オランダ東インド会社がバタヴィアから連れてきた華人によりもたらされたものである。1715年，モーリシャスはフランス東インド会社の手に渡った。フランス植民地時代に，モーリシャスのプランテーションは大いに発展し，サトウキビのほかに，綿花，インディゴ，クローブ（丁香）などの熱帯作物が栽培されるようになった。18世紀後半，サトウキビ・プランテーションや製糖工場の労働者は，アフリカやインドから連れてこられた奴隷であった。

1810年，イギリス東インド会社がモーリシャスを占領した際，この島はすでに重要なサトウキビ産地になっていた。1824年前後，現在のマレーシアのペナンやシンガポールから数十人の華人労働者が，モーリシャスに導入された。以後，イギリスやフランスのプランテーション経営者は，シンガポールやペナンから華人労働者を導入するようになった。華人労働者が最初にモーリシャスに来た際，プランテーションで働いていたのは奴隷であった。イギリスが奴隷制度を廃止した1834年には，コルカタなどから連れてこられたインド人奴隷が数千人いた。

現在のオーストラリアのイギリス領ニューサウスウェールズおよび南米のイギリス領ガイアナに華人契約移民が導入される以前，すでに1843年，シンガポールとペナンから最初の華人労働者が，モーリシャスに移入され，サトウキビ・プランテーションや製糖業に従事した。

1921年，モーリシャスの人口316,681人のうち，インド人は264,884人，華人は6,820人であった。イギリス植民地では，マレー半島を除き，一般に華人よりインド人が多いが，モーリシャスも同様の状況で，南アメリカのガイ

アナやトリニダード・トバゴとよく似ていた。

　Pan ed.（1998: 351-355）および方・胡（2002）は，前述した陳主編（1984: 258-262）掲載の文献に依拠しながら，モーリシャスの華人社会の歴史について概述している。これによると，華人は広東貿易で活躍したフランス商人のパートナーとして，モーリシャスに来たが，華人のモーリシャス定住の基礎を築いたのは，イギリスの初代総督のロバート・ファーカーであった。ファーカーはモーリシャスに来る前，ペナンに赴任しており，その際，華人労働者を移入した経験を有していた。彼はオランダ領東インドの華人カピタン（甲必丹）制度に似て，一人の華人に同郷人を統率する責任を負わせる方式を採用した。この役割を担った最初の華人が福建出身の陸才新（Hayme Choisanne）であった。陸才新は1826年，5人の華人を中国から連れてきて，彼らの後見人となった。1839年，陸才新はポートルイス西郊に関帝廟を建立し（写真Ⅸ-3），管理委員会を設置し，華人への援助・管理などにあたった。

　サトウキビ・プランテーションの労働に従事していたのは，当初はアフリカから移入した奴隷であり，1835年の奴隷解放以後の代替労働力はインド人労働者であった。華人の経済活動は交易と職人仕事に限定された。19世紀末，華人人口の81.3％は商人であった。1850年以降，インド人労働者を移送する船に便乗して，モーリシャスに来る華人が増加した。

　1860年までモーリシャスに来た華人は福建人と広東人であり，両者は平和的に共存していた。しかし，1860年に最初の客家人が到来し，広東人と対立するようになった。同年，中国では客家人の洪秀全が主導する太平天国の乱が発生し，清朝政府により鎮圧され，1860年の北京条約締結以降，客家人の出国が加速化された。客家人はMotais Streetに関羽を祀る廟を建立し，梁氏堂（Liong See Tong）を設立した。客家人は果敢で進取的であり，積極的な商業活動を行い，広東人の反感をかった。1877年，モーリシャスへの入移住制限が撤廃されると，華人の到来が増加し，その大半は客家人であった。

　広東人は南海（現在の広東省仏山市南海区）と順徳（現在の広東省仏山市順徳区），すなわち南順出身者が多かったが，広東人と客家人の対立は，1903年，関帝廟の代表をめぐって暴力沙汰に発展した。両者は中国においても，先住

IX　アフリカの島嶼国，モーリシャスの華人社会

写真IX-3　関帝廟
石獅子は，2011年12月に中華人民共和国僑務弁公室が寄贈したものである。(2014年2月)

の「本地人」と後来の客家人の間で衝突があり，その影響も受けていた。1906年，最高裁判所の裁定により，広東人，客家人，福建人各5人による15人委員会が関帝廟の管理を担うことになり，共同指導体制になった。1909年位設立された華商公所も，共同指導体制で運営された。

(3) 華人社会の変容と特色

次に，モーリシャスの華人社会の変容を，社会，文化，経済の各側面から考察する。

まず，方言集団の構成について検討しよう。張ほか主編（1990: 20-21）によれば，早期のモーリシャスの華人の祖籍は，広東の南海および順徳が多く，その次が福建，客家人であった。南海および順徳は，前述したようにあわせて「南順」と呼ばれた。客家人は広東の梅県（現在の広東省梅州市梅県区）が主で，そのほか豊順，蕉嶺，興寧であった。早期の福建人の多くはモーリシャスの人々と通婚，同化した。1990年当時のモーリシャスの華人は，客家人が主であり，客家人の3分の2あまりは梅県人で，その次は南海人，順徳人で

写真Ⅸ-4　客家人により設立された仁和会館
(Joseph River Street, 2014年2月)

写真Ⅸ-5　仁和会館内の講堂
華人の体操教室が行われていた。(2014年2月)

あった。

　筆者の聞き取り調査によれば、モーリシャスの華人は、フランス語系クレオール語、英語、および客家語を話すことができる者が多い。筆者が聞き取りをした華人（70歳代）は、フランス語を話すフランス人観光客とも、流ちょうに会話をしていた。

　次に、華人の団体（社団）について検討する。まず、地縁的な団体では、仁和会館と南順会館が代表的なものである。仁和会館（Heen Foh Lee Kwon Society）は、1872年に客家人によって設立された。1990年代、会員数200人あまりで、その多くは商店主や企業の経営者である（《華僑華人百科全書・社団政党巻》編輯委員会編, 1999: 305）。仁和会館は客家人優位のモーリシャスの華人社会において有力な団体で、養老院も有しており、歴史が古く、チャイナ

IX　アフリカの島嶼国，モーリシャスの華人社会

写真IX-6　南順会館
シャン・ド・マルス競馬場近くに位置し，赤色の廟である。「1988年　雲南公司建造」の碑がある。(2014年2月)

タウンの中心に位置しており，財神宝殿と呼ばれる廟も付設されている（写真IX-4，写真IX-5）。

　南順会館は，広東の南海，順徳を祖籍とする華人によって，1859年に設立された。その前身は，ポートルイスの関帝廟の忠義堂である。1990年代初期の会員数は3,000人あまりであった（《華僑華人百科全書・社団政党巻》編輯委員会編，1999: 305)。現在，南順会館は，シャン・ド・マルス競馬場の近くの住宅地域に位置している（写真IX-6）。そのほかの地縁的団体として，1968年，客家人の団体として設立された客属会館がある。設立初期の会員数は300人あまりであった（《華僑華人百科全書・社団政党巻》編輯委員会編，1999: 305）。

　非地縁的な組織としては，華聯会（Hua Lian Club）がある。中華文化の弘揚（発揚），華人の聯誼（懇親），交際提供場所などを目的に1976年に設立された。1991年の会員数は609人で，公務員，弁護士，エンジニア，会計士など華人エリートの組織の1つである（《華僑華人百科全書・社区民俗巻》編輯委員会編，2000: 154；《華僑華人百科全書・社団政党巻》編輯委員会編，1999, 304）。また，1988年に設立された華人社団聯合会は，南順会館，広東会館をはじめ

華字新聞社，学校など24の団体会員から構成されている（華僑華人百科全書・社団政党巻』編輯委員会編，1999：304）。

　宗教的団体組織として最も重要なのが，前述した関帝廟（Kwan Tee Pagoda）である。1842年に，ポートルイスの南西郊外のレ・サリーヌ（Les Salines）地区に建立された。陸才新ら5名の華人リーダーが管理し，華人の集会の場であった。華人社会の民事・司法機構の所在地で，関帝廟内に法廷が設けられていた。客家人，広府人（主に南順人），福建人の3集団が共同管理をしている（関帝廟内の説明文および《華僑華人百科全書・社区民俗巻》編輯委員会編，2000：217）。

　次に華文学校についてみると，モーリシャスで最も重要な華文学校は新華学校である。同校は，1912年に広東の梅県籍の客家人によって，華文小学校として設立された。設立初期には生徒は20人あまりであった。1941年には，初級中学が併設され，校名を新華中学に改めた。1940年代，50年代には生徒数が1,000人あまりに増加し，生徒の中にはレユニオンやマダガスカル出身の華人生徒も含まれた。その後，モーリシャスでは西洋式教育を受ける華人生徒が増加し，生徒数の減少に伴い，同校は週末補習校となった。1986年から生徒数が増加し，1990年に再び「新華学校」の校名に戻った。現在は，幼児班と週末班からなり，週末班は小学部と中学部に分かれている。幼児班の児童は，毎日，英語・フランス語を学ぶほか，中国語（普通話）と客家語も学ぶ。中学部の生徒は，基本的に全日制中学の生徒である。教師の中には中国の国務院僑務弁公室から派遣された者もいる（《華僑華人百科全書・教育科技巻》編輯委員会編，1999：169）。

　モーリシャスの華字紙についてみると，最初の華字紙は，1920年代に創業された『華民時報』である。同紙は1932年に，『中華日報』として改組された。1926年には『華僑商報』が創刊され，1953年に『中国時報』（1946年創刊）と合併し，『華僑時報』に改名された。1950年代，『自由日報』，『新商報』および『国民日報』が創刊された。いずれも，資金難や読者獲得の困難などから停刊となった。1960年には『中央日報』が創刊されたが，購読者数が伸びず，10年を待たずに停刊となった。1975年には，『新商報』が『鏡報』と

改名し，華字週刊紙として発行されるようになった。1990年代半ば当時，モーリシャスで発行されている華字紙は，『中華日報』，『華僑時報』および『鏡報』である（方・胡, 2002）。筆者は，『華僑時報』（China Times）の発行元（34 East Anquetil Steet）で聞き取りを行った。『華僑時報』は1953年12月10日の創刊で，購読料は毎月250ルピー（1ルピー＝約3.5円）で，紙面の大きさはA3判より若干大きく，総ページ数は4ページまたは8ページであり，発行部数は400〜600部とのことであった（写真Ⅸ-7）。紙面の内容をみると，中国大陸，香港，台湾などの国際ニュースが多く，中

写真Ⅸ-7 『華僑時報』の1面
2014年2月18日の発行版。
（2014年2月）

新網，人民網などのインターネット情報の再掲が多く，日本の安倍首相の発言内容なども掲載され，筆者が聞き取りした華人の中には，日本の政治動向にも詳しい者が多かった。また，華字紙の重要な機能である華人団体の会員大会の開催通知や華人企業・商店の広告も掲載されている。

　次に，華人の経済活動について検討する。1968年の独立以来，モーリシャスの政治は安定しており，このことは，経済発展の好条件となってきた。基本的には，政治はインド系が実権を持っており，経済は少数の白人が大きな力を有しているという構図になっている。

　1968年の独立以前，モーリシャスの経済は，製糖業に大きく依存していた。この分野では，フランス系モーリシャス人が有力であり，インド系は小規模なサトウキビ農園を経営し，華人は小売業を支配していた。独立後，モーリシャスは経済多角化政策を進め，1971年には，台湾とシンガポールをモデルに輸出加工区を設けた。その結果，ヨーロッパ共同体（現EU）やアメリカ市

場へ，毛織物，衣類，繊維，履物，テレビ，冷蔵庫，玩具，プラスチック製品を生産した輸出加工区は，製糖業をしのぐ雇用創出産業，輸出産業に成長した（Pan ed., 1998; 351-355））。

　国立中正大学編（2012: 571）によれば，華人の職業は商業が主であり，卸業，工業，貿易，商務代理などが多い。華人青年は欧米留学の後に帰国して，医師，会計士，弁護士，裁判官などの社会的要職に就く者が少なくない。台湾との関係では，モーリシャスは遠洋漁業の重要な補給基地の役割を果たし，台湾漁船への関連サービスも重要である（中華経済研究院編，2004: 288）。

　最近の傾向として，中国資本の進出が目立つ。台湾発行の中華経済研究院編（2004: 287-288）は，近年（発行当時），中国の国営あるいは民営の企業のモーリシャスへの進出が著しく，綿紡績，縫製業，不動産業などのほかに，医師，会計士，エンジニアなども進出していると述べている。

　観光業の発展に伴い，中国企業や最近中国から来た新華僑の観光業への進出は，景観的にも認められる。ポートルイスの港に1996年に建設されたショッピングセンターであるル・コーダン・ウォーターフロント・コンプレックス（Le Caudan Waterfront Complex）には，大規模な中国料理店や華人経営のみやげ店が入り，中国人観光客が訪れている。モーリシャス島の北部地域のリゾートタウンであるグラン・ベ（Grand Baie）のショッピングセンター内には，2014年春節[5]の竜の飾りが掲げられていた（写真Ⅸ-8）。

　新華僑の増加は世界的にも注目されるが（Yamashita, 2013），モーリシャスにおいても増加している。丘主編（2012: 9-14）によれば，アフリカの53ヵ国，華人人口，約75万人のうちの90％前後が改革開放後中国から海外に出た新華僑で，その多くは浙江，広東，福建などの省の出身である。最多は南アフリカで約30万人，うち10万人は新華僑である。マダガスカル6万人（うち新華僑1万人），ナイジェリア5万人（うち新華僑2100人），次がモーリシャス4万人で，うち新華僑は1万人と推測している。

Ⅸ　アフリカの島嶼国，モーリシャスの華人社会

写真Ⅸ-8　グラン・ベのショッピングセンター
"Super U" 内部の春節の飾り（2014年2月）

3　ポートルイスにおけるチャイナタウンの地域的特色

(1) ポートルイスおよびチャイナタウンの周辺

　2011年のセンサスでは，ポートルイスの人口は，118,431人（同国人口の9.6%）で，モーリシャスの最大都市であり（Statistics Mauritius, 2011 Housing and Populations），同国の華人の最大の集住地域である。

　葛主編（2013: 213-214）によれば，2009年のモーリシャスの華人は38,000人で，総人口の2.9%に相当し，華人の半数以上は首都ポートルイスに居住しており，華人の経済活動では商業が中心であり，華人はモーリシャス経済の10%を占めると述べている。

　イギリス植民地時代に丘の上に建設されたアデレード砦（Fort Adelaide）に上ると，ポートスイスの中心部と港湾を見晴らすことができる（写真Ⅸ-9）。アデレード砦がある丘の周辺には，「吉祥如意」や「福」などの文字を書いた赤い紙を貼ったり，対聯を玄関に掲げた華人の住宅がみられる。

　ポートルイス港は砂糖の輸出港として繁栄してきた。港湾の近代化も進め

写真IX-9　アデレード砦からみたポートルイスの中心部と港
(2014年2月)

写真IX-10　ル・コーダン・ウォーターフロント・コンプレックス
(2014年2月)

られ，1996年にはル・コーダン・ウォーターフロント・コンプレックスが建設され，富裕層や外国人観光客向けのショッピングセンターになっている(写真IX-10)。ここには，大海京酒家（Grand Ocean City）のような大規模な中国料理店やカジノも設けられ，記念写真を撮る中国人観光客の姿がよくみられる。

　プラス・ダム（Place d'Ames）広場周辺には，多くの銀行が集中し，ポートルイスは，アフリカではヨハネスブルグに次ぐ金融の中心地とも言われる(図IX-3)。ポートルイス中心部のランドマークとして，セントラル・マーケット，ジュマ・モスク（Jumah Mosque），そしてチャイナタウンなどがあげられよう。セントラル・マーケットは，野菜・果物・魚・肉の4棟から構成されており，大勢の人出でにぎわっている（写真IX-11)。セントラル・マーケッ

Ⅸ　アフリカの島嶼国，モーリシャスの華人社会

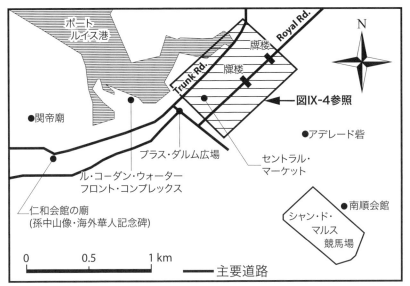

図Ⅸ-3　ポートルイス
チャイナタウンはロイヤル・ロード（Royal Road）周辺に形成されている。（筆者作成）

写真Ⅸ-11　セントラル・マーケット
買い物客はインド系，クレオール，華人など多様である。（2014年2月）

215

トの営業時間は平日・土曜は朝5時30分から午後5時30分まで，日曜は朝5時30分から午前11時30分までである。

セントラル・マーケットの周辺から，北東部に向けて華人商店が多くみられ，チャイナタウンが形成されている。また，前述したように，ポートルイスの中心部から西へ1kmあまりの住宅地域に，関帝廟と客家人の仁和会館の廟が位置している。この仁和会館の廟の横には，孫中山像と海外華人記念碑が設置されている。市中心の北西には広東の南海および順徳出身者によって建てられた南順会館がある。

(2) チャイナタウンの地域的特色

ポートルイスのチャイナタウンのメインストリートは，ポートルイスの中心から東北に走るロイヤル・ロード（Royal Road，中国語名：禾燕街）である（図Ⅸ-4）。ロイヤル・ロードと平行に走るクイーン・ストリート（Queen Street，皇后街）および，ロイヤル・ロードと直交するコーデリー・ストリート（Corderie Street），ルイ・パスツール・ストリート（Louis Pasteur Street），ジュマ・モスク・ストリート（Jummah Mosque Street），ジョセフ・リバー・ストリート（Joseph River Street），エマニュエル・アンクティル・ストリート（Emmanuel Anquetil Street），孫逸仙博士ストリート（Dr. Sun Yat Sen Street，中山街）などに，中国料理店，雑貨店，漢方薬，旅行会社などの多数の華人店舗が立地している。店舗の看板は，繁体字の漢字で書かれ，英語やフランス語が併記されている（写真Ⅸ-12）。また，仁和会館，古城会館，黄氏宗親会などの華人関係団体，華文学校である新華学校，華字紙の華僑時報の発行所などが集積している。

チャイナタウンのシンボルは，バスをはじめ車両の通行が多いロイヤル・ロードに建てられた2基の牌楼である。この牌楼は，中国の広東省仏山市とポートルイス市が協力して建てたものであり，牌楼の建設碑には，「中華人民共和国広東省仏山市　毛里求斯路易港市　共同建立　1995年秋」と書かれている。ポートルイスの広東人の主要な出身地である南海および順徳は，現在の仏山市に含まれている。牌楼の額には，「唐人街　China Town」（Chinatown

Ⅸ　アフリカの島嶼国，モーリシャスの華人社会

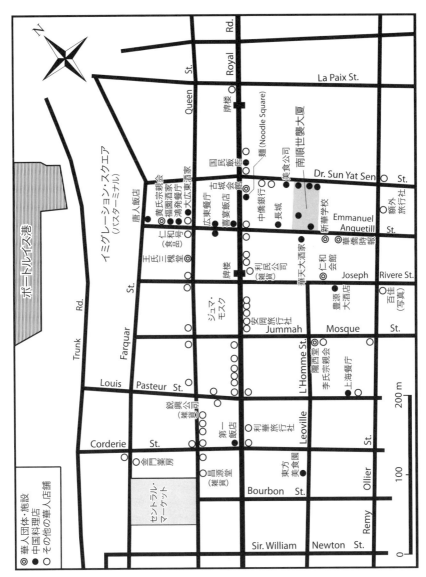

図Ⅸ-4　ポートルイスのチャイナタウン
（2014年2月の現地調査により筆者作成）

写真IX-12　チャイナタウンの華人商店
繁体字の漢字と英語を併記した看板が特色である。写真は
Queen Street と Louis Pasteur Street 付近。(2014 年 2 月)

写真IX-13　ロイヤル・ロードの牌楼
2 基ある牌楼のうち，南側のもの。「唐人街　China Town」と書かれている。(2014 年 2 月)

Ⅸ　アフリカの島嶼国，モーリシャスの華人社会

写真Ⅸ-14　ロイヤル・ロード沿いの第一飯店
写真右奥に牌楼（写真Ⅸ-13）がある。（2014年2月）

ではない）と書かれている（写真Ⅸ-13）。南側の牌楼の傍には，イスラム教のジュマ・モスク（Jummah Mosque）があり，ヒンドゥー教徒のインド系住民が多数を占めるモーリシャスにおいて，エスニック集団の多様性を象徴している。

　ポートルイスのチャイナタウンは，華人のみならずモーリシャスの国民にとって，重要な商業地区としてにぎわっている。販売されている商品は，外国製の輸入した小物・雑貨を取り扱う店が多い。チャイナタウンの華人店舗は，午後4時くらいになると閉店するものが多く，それ以後，人通りも少なくなる。

　チャイナタウンの華人店舗の中で最も目立つのは，中国料理店である。なかでも，ロイヤル・ロードとコーデリー・ストリートの角に位置する第一飯店（The First Restaurant）は規模が大きく，チャイナタウンを代表する老舗の中国料理店である（写真Ⅸ-14）。華人経営者からの聞き取りによれば，1951年に開業し，現在，広東省湛江出身のコックを招聘している。モーリシャスを訪問する外国人観光客は多いが，彼らは海岸リゾートのホテルに滞在しており，ポートルイスの同店を訪れる者は多くはないという。ロイヤル・ロードの「麺」（Noodle Square）という中国料理店の経営者は老華僑であり，従業員は黒人のクレオールである。雲呑麺は120ルピー（約630円）であった。

219

写真Ⅸ-15　チャイナタウンのショップハウス
1階が店舗，2階は居住用になっている。（2014年2月）

　チャイナタウンは，商業面だけでなく，華人の居住地としての機能も重要である。広東の南順人の南順会館によって建てられた8階建ての南順世襲大厦（Nam Shun Society Building）は Heritage Court というマンションであり，1〜3階には中国料理店をはじめとする店舗が入っている。入口の両側には，中国国務院僑務弁公室から贈られた一対の石獅子がある。
　チャイナタウンの景観をみると，東南アジアのチャイナタウンと同様，ポートルイスのチャイナタウンの商店は，1階が店舗用，2階が居住用というショップハウスが一般的であるが（山下，1987：62-66），2階部分がベランダのようなテラス形式になっている例が多いのが特徴である（写真Ⅸ-15）。チャイナタウン内の主要な街路には，「Dr. Sun Yat Sen St. 中山街」[6]のように，英語の街路名に漢字の街路名が併記されている。
　中国料理店を経営し，華人団体の要職を務める華人からの聞き取りによると，華人青年は，海外留学を好み，留学終了後は帰国せず，海外に居住する者が少なくない。留学先として人気があるのはオーストラリアで，欧米に比べ学費が安いためである。留学という形式以外でも，より良い仕事を求めて，海外に働きに出る者も多い。華人青年は高等教育を受け，専門職へ就く者が多く，チャイナタウン内にある華人経営の商店の間では，後継者難が深刻な

問題になっているという。

4 おわりに

　本章では，2014年2月の現地調査にもとづき，モーリシャスの華人社会の変容を考察するとともに，ポートルイスのチャイナタウンの地域的特色を明らかにすることを試みてきた。その結果，明らかになったことは，以下のようにまとめることができよう。

　1715年，フランスがモーリシャスを占領し，アフリカ奴隷を導入し，サトウキビ生産を軌道に乗せた。その後，イギリスがモーリシャスを占領し，奴隷制廃止に伴い，インド人契約労働者を大量に移入し，サトウキビ・プランテーションおよび製糖業が発展した。しかし，華人の経済活動の中心は商業であった。

　1860年までモーリシャスに来た華人は福建人と広東人であり，その後，広東の梅県地方出身の客家人が増加し，モーリシャスの華人社会の中心をなすようになった。その次に多いのは南海と順徳すなわち南順出身の広東人である。モーリシャスの華人は，フランス語系クレオール語，英語，および客家語を話すことができる者が多い。また，関帝廟のほか客家人の仁和会館，広東人の南順会館，華文学校の新華学校，華字紙の『華僑日報』など，華人社会の伝統が継承されている。

　首都ポートルイスにはチャイナタウンが形成され，そのメインストリートのロイヤル・ロードには，2基の牌楼が設けられている。チャイナタウンでは，中国料理店をはじめ，雑貨店，漢方薬，旅行会社などの華人店舗が多数立地し，景観的には，繁体字の漢字で書かれた看板やショップハウスなど，チャイナタウンとしての伝統的な特色がみられる。

　本章では，十分な考察ができなかったが，今後，モーリシャスへの中国資本の投資や新華僑の動向が，モーリシャスの華人社会を考察する上で重要な課題になると思われる。

【注】
1) 『理科年表 平成26年』（丸善出版，2014）によれば，モーリシャスの観測地点，Plaisance（標高55m）の年平均気温は23.9℃（1981~2010年），年平均降水量は1599.1mm（1982~2010年）である。
2) CIA World Factbookは，モーリシャスのエスニック・コミュニティの構成について，インド系68%，クレオール27%，華人3%，フランス系2%と推定している（The Central Intelligence Agency，The World Factbook）。
3) 西野（1968）は，1968年にイギリス植民地から独立した直後のモーリシャスの状況を記述している。
4) 東京に設けられたモーリシャス観光局のホームページでは，日本人観光客を誘致するために，モーリシャス観光の魅力を次のようにアピールしている。
　「インド洋の貴婦人　モーリシャス」は世界トップクラスのビーチリゾートとして日本の皆様からも憧れの旅行先と高い評価をいただいています。安定した政治，治安，アフリカ随一の経済力，整備保全された自然環境，国民性に根づいたホスピタリティ等がその魅力とされていますが，観光客の最も高い評価の決め手はホテルライフの充実度です。宿泊設備，食事，スポーツ施設等個々のレベルは当然，総合的に最高級のサービスをご提供できるのがモーリシャスです。
5) モーリシャスはアフリカの中で唯一，春節が法定の祝日となっている国である。
6) 辛亥革命の成功を導き，中華民国の臨時大総統となった孫文は，中国や海外の華人社会では，一般に「孫中山先生」あるいは「孫逸仙先生」と呼ばれる。欧米ではSun Yat-sen（孫逸仙の広東語のローマ字表記）で呼ばれることが多い。

【参考文献】
杉本星子（1999）：契約労働者からインド・モーリシャスへ──イギリス議会文書・植民地報告（1862-1882）にみるモーリシャスのインド系移民．人間・文化・心：京都文教大学人間学部研究報告，2，183-199．
寺谷亮司（2003）：モーリシャス共和国の人文・自然環境（1）．愛媛大学法文学部論集　人文学科編，14，65-103．
寺谷亮司（2004）：モーリシャス共和国の酒類産業と飲食文化．日本醸造協会誌，99（1），16-30．
寺谷亮司（2005）：ヨーロッパ・アフリカ・アジア文化が交錯する都市──モーリシャス共和国のポートルイス，カトルボーン．愛媛大学公開講座「世界の都市」編集委員会編：『世界の都市（3）──その歴史と文化』19-23．
寺谷亮司（2008）：モーリシャス──インド洋の島嶼地域．池谷和信・武内進一・佐藤廉也編：『朝倉世界地理講座──大地と人間の物語　12　アフリカⅡ』朝倉書店，823-837．
戸谷　洋・赤坂　賢・小田英郎・林　晃史（2010）：モーリシャス．小田英郎・川田順造・伊谷純一郎・田中二郎・米山俊直編：『新版　アフリカを知る事典』平凡社，665-668．
西野照太郎（1968）：モーリシャスの現状．レファレンス，18（9），53-66．
堀内清司（1998）：モーリシャス共和国．福井英一郎編：『世界地理10　アフリカⅡ』朝倉

書店，375-383.
山下清海(1987):『東南アジアのチャイナタウン』古今書院.

陳翰笙主編（1984）:『華工出国史料匯編　第八輯　第九輯　第十輯』中華書局出版社，北京.
方積根編（1986）:『中国華僑歴史学会資料叢書　非洲華僑史資料選輯』新華出版社，北京.
方積根・胡文英（2002）:毛里求斯華僑華人概述.《華僑華人百科全書・歴史卷》編輯委員会編:『華僑華人百科全書・歴史卷』中国華僑出版社，北京，281-289.
葛蘭主編（2013）:『華人経済年鑑（2012~2013）』中国華僑出版社，北京.
国立中正大学編（2012）:『2011華僑経済年鑑』中華民国僑委員会，台北.
《華僑華人百科全書・教育科技卷》編輯委員会編（1999）:『華僑華人百科全書・教育科技卷』中国華僑出版社，北京.
《華僑華人百科全書・歴史卷》編輯委員会編（2002）:『華僑華人百科全書・歴史卷』中国華僑出版社，北京.
《華僑華人百科全書・社区民俗卷》編輯委員会編（2000）:『華僑華人百科全書・社区民俗卷』中国華僑出版社，北京.
《華僑華人百科全書・社団政党卷》編輯委員会編（1999）:『華僑華人百科全書・社団政党卷』中国華僑出版社，北京.
李安山（2000）:『非洲華僑華人史』中国華僑出版社，北京.
李原・陳大璋編（1991）:『海外華人及其居住地概況』中国華僑出版公司，北京.
丘進主編（2012）:『華僑華人藍皮書　華僑華人研究報告（2012）』社会科学文献出版社，北京.
沈立新（1992）:『世界各国唐人街紀実』四川人民出版社，成都.
呉景明編（2009）:『世界著名華人街区――唐人街』吉林人民出版社，長春.
張興漢・陳新東・黄卓才・徐位発主編（1990）:『華僑華人大観』曁南大学出版社，広州.
中華経済研究院編（2004）:『華僑経済年鑑　欧非篇　中華民国九十一年～九十二年版』中華民国僑務委員会，台北.

Chang, S. D. (1968): The distribution and occupations of overseas Chinese. *Geographical Review*, 58, 89-107.
Christopher, A. J. (1992): Ethnicity, community and the census in Mauritius, 1830-1990. *The Geographical Journal*, 158(1), 57-64
Ma, L. J. C. and Cartier, C. eds. (2003): *The Chinese Diaspora: Space, Place, Mobility, and Identity*. Rowman & Littlefield Publishers, Oxford.
Pan, Lynn ed. (1998): *The encyclopedia of the Chinese overseas*. Chinese Heritage Centre, Singapore. 潘翎主編，崔貴強編訳（1998）:『海外華人百科全書』三聯書店（香港），香港．パン，リン編，游　仲勲監訳（2012）:『世界華人エンサイクロペディア』明石書店.
Yamashita, Kiyomi (2013): A Comparative study of Chinatowns around the world: Focusing on the increase in new Chinese immigrants and formation of new Chinatowns. *Japanese Journal of Human Geography*（人文地理），65(6), 527-544.

モーリシャス観光局 http://www.mauritius.ne.jp/ （最終閲覧日：2014 年 12 月 18 日）
Mauritius, Handbook of Statistical Data on Tourism 2013
　　　http://tourism.govmu.org/English/Documents/handbook2013.pdf （最終閲覧日：2014 年 12 月 18 日）
The Central Intelligence Agency, The World Factbook
　　　https://www.cia.gov/library/publications/the-world-factbook/geos/mp.html （最終閲覧日：2014 年 12 月 18 日）
Statistics Mauritius, 2011 Housing and Populations
　　　http://statsmauritius.govmu.org/English/Pages/2011-Housing-and-Populations-.aspx （最終閲覧日：2014 年 12 月 18 日）
仏山市順徳区外事僑務局，模里西斯南順会館，2009 年 4 月 9 日
　　　http://61.142.131.12:82/gate/big5/sdshgz.shunde.gov.cn/data/main.php?id=1164-7270089（最終閲覧日：2014 年 12 月 18 日）

X
マレー人優先政策下の クアラルンプールのチャイナタウン
広東人中心のチャイナタウンの観光地化

1 はじめに

　マレー人が総人口の多数を占めるマレーシアの首都クアラルンプールは，歴史的にみると，先住民族であるマレー人ではなく，外来の華人によって形成・発展させられてきた都市であると言ってよい。本章は，おもに 2006 年 12 月および 2008 年 7 月，8 月に実施した現地調査にもとづくものである。

　まず，クアラルンプールの歴史的背景を概観してみよう（李主編, 1997；鄭, 2005；陳主編, 2006；原, 2002；可児, 2002）。

　1857 年，スランゴールのスルタンの一族，ラジャ・ジュマートおよびラジャ・アブドゥラー兄弟が，マラッカの華人商人から資金提供を受け，華人苦力 87 人を雇用して，ゴンバック川流域でスズ鉱脈を探らせたのが，クアラルンプール形成の発端となった。これ以降，多くの華人がこの地域に流入し，都市として発展していった。

　その後，スルタンの継承権やスズ採掘権をめぐる内乱（スランゴール内戦, 1867～1873 年）や華人の秘密結社間の抗争などにより，クアラルンプールの発展は妨げられた。スズの生産・集散地としてクアラルンプールが急速に発展したのは，葉亜来（Yap Ah Loy, 1837～1885）が第 3 代の華人カピタン（甲必丹）に就任してからであった。

　葉亜来は，華人指導者としてクアラルンプールの都市建設に多大の貢献をした。彼は広東省恵州地方（恵陽県）出身の客家人で，恵州出身の客家人に

よって構成された秘密結社，海山会（海山公司）の首領であった。葉亜来は1854年，17歳の時にマラッカに到着した後，クアラルンプールに移ってスズ採掘に進出し，1868～1885年には，第3代華人カピタンを務めた。

葉亜来が死去して以降，第5代(1889～1901)華人カピタンの葉観盛(Yap Kwan Seng)や華人財閥として知られる陸佑(Loke Yew，広東省鶴山籍)ら広東人が，クアラルンプールの経済発展で重要な役割を果たし，クアラルンプールの華人社会の中核は，客家人から広東人へ移っていった。

2 クアラルンプールのチャイナタウンの伝統的特色

(1) 華人社会の特色

図X-1は，1986年当時のクアラルンプールのチャイナタウンを示したものである。

クアラルンプールのチャイナタウンは，クラン川左岸の市街地の中心部に形成された。セシル通り（現ハン・ルキル通り），プタリン通り，バンダール通り

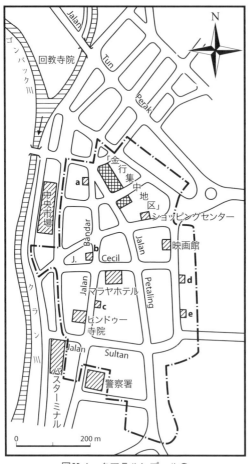

図X-1　クアラルンプールのチャイナタウン（1986年）（山下，1987：96）
Jackson (1975) は，一点鎖線で囲まれた地区をチャイナタウンと画定した。
　　a. 恵州会館(客家系)　b. 仙四師宮　c. 広肇会館(広東系)
　　d. 瓊州会館（海南系）　e. 嘉応会館（客家系）

226

X　マレー人優先政策下のクアラルンプールのチャイナタウン

(現トゥン・H・S・リー通り) を中心とする地区であった。

　クアラルンプールのチャイナタウンでは，華人方言集団の中では広東人が圧倒的に多い[1]。このため，広東人以外でも広東語を話し，理解できる華人が多く，クアラルンプールの華人社会の共通語は，伝統的に広東語であった。

(2) 伝統的華人文化の継承

　チャイナタウンの中には，華人の伝統的社会・生活などを継承したさまざまな施設が現存している。トゥン・H・S・リー通りには，広東省の広肇地方出身の広東人が1886年に設立した広肇会館があり，内部は関聖帝君（関羽）を主神とする関帝廟になっている（写真X-1）。この関帝廟は，チャイナタウンの観光名所になっており，外国人観光客も多数訪れる。また，仙四師爺宮は，クアラルンプールの華人社会の発展に貢献した葉徳来，葉致英，葉観盛，陳秀連の4人を祀った廟である。

　このほか，チャイナタウンの中には，広東人の会寧会館，客家人の恵州会館，嘉応会館，海南人の瓊州会館，瓊海同郷会などの華人方言集団の同郷会

写真X-1　関帝廟（広肇会館）（2008年8月）

写真X-2　クアラルンプール尊孔中学
（2008年8月）

館がみられる。

　チャイナタウンの東側には，1906年に創建された名門華語学校であるクアラルンプール尊孔中学（尊孔国民型中学，尊孔独立中学）がある。毎朝，7時半に朝礼が行われ，授業が始まる。林連玉楼は，同校の教師で，抗日運動に参加し，マレーシアにおける華語教育の発展に尽くした林連玉を記念して命名された校舎である（写真X-2）。

　チャイナタウンの中には，大衆書局や商務印書館などマレーシアを代表する華語（中文）書店や，日本の漫画の華語版（中国で印刷）の専門店などもあり，チャイナタウンが華人文化の中心地的な機能を保持していることを示している。

　景観的側面からみても，クアラルンプールのチャイナタウンでは，華人の伝統が保持されている。東南アジアのチャイナタウンの最も伝統的な建築景観は，ショップハウスとゴカキ（五脚基，カキリマ，中国大陸では騎楼，台湾では亭仔脚と呼ばれる）であるが（山下，2000: 22-25），チャイナタウン周辺にショッピングセンターやオフィスなどの高層ビルが多くみられる中で，チャイナタウンは基本的にはショップハウス（1階が店舗，上階が居住部分）の集中地区となっている（写真X-3）。強い日差しや雨を防ぐため，ショップハウスの1階にはゴカキが設けられている（写真X-4）。

(3) 伝統的商業活動

　1980年当時，筆者の調査によれば，クアラルンプールのチャイナタウンには，「金行」「金舗」「金荘」などの看板を掲げた金製品を売買するいわゆる「金行」が多数みられ，特にチャイナタウンの北部，プタリン通り北側には金行が軒を連ねる金行集中地区が形成されていた（山下，1987: 97-98）（図X-1）。

X マレー人優先政策下のクアラルンプールのチャイナタウン

写真X-3 ショップハウス (2008年7月)

写真X-4 ゴカキ(五脚基,騎楼,亭仔脚) (2008年8月)

1986年の筆者の調査では，チャイナタウンに17軒の金行がみられ，1軒が恵州出身の客家人の経営であるのを除き，他の金行のほとんどは広東人の経営であった。2008年時点では，金行の軒数は減少したものの，依然として，同地区には金行が集中していた。

　クアラルンプールのチャイナタウンの大きな特色となってきたのは，「夜市」(ナイトバザール) である。筆者がここを初めて訪れたのは1973年であったが，当時から夜市は活気があり，毎晩多数の人出で賑わっていた。筆者は，1986年当時のクアラルンプールのチャイナタウンを，以下のように描写した (山下，1987: 98-100)。

　　チャイナタウンは，夜に入っても活気を失わない。夕方になると，道路から車は締め出され，「夜市」(パサール・マラム pasar malam) が開かれる。とりわけ，チャイナタウンのメインストリートであるプタリン通りには，多数の露店が設けられ，思うように歩けないほどの人出となる。
　　音楽テープやレコードを売る店が，ボリュームいっぱいに広東語 (香港製) や華語 (台湾製) の「流行歌曲」を流す。それらの「流行歌曲」の中には，日本の歌謡曲 (歌詞のみ華語) も多い。レコードもテープも，さらには本も，著作権など無縁の海賊版がほとんどである。衣類や生地を売る店も目立つ。とくに，真っ黒や真っ赤などハデな色の女性用下着をぶら下げた露店が結構多い。(中略)
　　露店の大きな特色は，1軒の露店で販売される品物の種類が非常に限られていることである。たとえば，ひとくちに衣類といっても，下着，ズボン，子ども服などのように専門化している。クアラルンプールの露店で目につく品物といえば，靴，カバン，ベルト，サイフ，化粧品，時計，ネックレス，キーホルダー，おもちゃなどがあげられる。

　また筆者は，1990年代末のクアラルンプールの夜市についても，次のように記した (山下，2000: 103)。

X　マレー人優先政策下のクアラルンプールのチャイナタウン

　いま，東南アジアでもっともにぎやかで，「チャイナタウンらしいチャイナタウン」といえば，私はクアラルンプールのチャイナタウンを推薦する。1970年代ころまで見られた，古きよき時代のシンガポールのチャイナタウンの活気と情緒が，ここにはまだ生きている。

　クアラルンプールのチャイナタウンの魅力は，やはり夜市（ナイトバザール）である。チャイナタウンのメインストリートであるプタリン通りとハンリキル通り一帯では，毎日夕方から歩行者天国になり，多数の屋台が集まり，夜市でにぎわう。地元客に外国人観光客が加わって，ラッシュアワー並の人出となる。果物，衣類，音楽テープ・CD・ビデオ，時計，雑貨など露店とともに，食べもの，飲みものの屋台も多い。

　クアラルンプールのチャイナタウンは，安価な日用生活品を販売するとともに金の売り買いを行う金行が集中する小売業地区という性格を有してきた。

(4) 食文化の展開

　先に述べたように，クアラルンプールのチャイナタウンの華人社会は，広東人が中心である。「食は広州にあり」（食在広州）と言われるように，世界各地のチャイナタウンにおいても，広東人が多い地区では中国料理店が集中し，賑わっているところが多い。クアラルンプールも例外ではない。

　広東人が多いクアラルンプールでは，早朝から開いている飲茶(ヤムチャ)の大衆食堂が数軒ある。各種のシューマイ（焼売），肉まん（肉包子），チャーシューまん（叉焼包），あんまん（豆沙包），ゴマだんご（芝麻球）などを，従業員がワゴンで運んでくる（写真X-5）。このような場面では，従業員も客も広東語を話している。

写真X-5　広東人経営の大衆的な飲茶レストラン（2006年12月）

写真X-6　フードコート「唐城美食中心」
(2008年7月)

　飲茶の大衆食堂は，毎朝，年輩の常連客のたまり場になっている。ひとりで来た客のテーブルには，だんだん顔見知り客が加わっていく。このような店には，ほとんど観光客は来ない。客が席を立つと，即座に従業員が大きな声で，店先のレジカウンターに勘定を伝える（山下, 1987: 103-105）。

　チャイナタウンの内部には，多くの中国料理店があるが，そのほかに食べもの屋台や菓子，飲料，青果物などを売る露店などが集中している。数十人を収容できるフードコートも数ヵ所あり，メニューが豊富で安価なため，地元客に観光客も加わって賑わっている（写真X-6）。

3 クアラルンプールのチャイナタウンの変容

(1) チャイナタウンの美化工事と観光地化の進展

伝統的な華人社会の特色を保持しながらも,クアラルンプールのチャイナタウンの最近の変容は著しい。その中で最も大きな最近の変化は,チャイナタウンの改修工事(華語では「美化工程」)である。

クアラルンプール市当局によって計画されたチャイナタウンの改修工事は,総工費1,500万リンギット(2003当時,1リンギット=約31円)を費やして,2003年3月に着工され,2004年7月に完成した(写真X-7)。

その主な内容は,チャイナタウンのメインストリートであるプタリン通りの北入口(メインゲート)と南入口に牌楼(中国式の楼門)を建設し,その区間にアーケードを設けるものであった(写真X-8,写真X-9)。

チャイナタウンはクアラルンプールの重要な観光名所の1つであり,牌楼を建設して,チャイナタウンの新しいシンボ

写真X-7 チャイナタウンの美化工事の竣工を伝える華字紙(星洲日報,2004年7月30日)
「茨廠街」は,クアラルンプールのチャイナタウンのメインストリートであるプタリン通り(Jalan Petaling)の中文名である。

ルが作り出された。また,クアラルンプールの気候は熱帯雨林気候であり,スコールが多いが,雨天の場合にも濡れずに観光や買い物ができるようになった。プタリン通りのチャイナタウンの南北の入口に掲げられた牌楼の扁額には,「Jalan Petalin 茨廠街 Petaling Street」と,マレー語・華語・英語で表記された。

これに対して,地元の華人社会の中には,「茨廠街」よりもチャイナタウン

写真X-8 プタリン通り北入口の牌楼
(2006年12月)

写真X-9 プタリン通り南入口の牌楼
(2008年7月)

を意味する「唐人街」や,華人の偉人である葉亜来の名を採用して「葉亜来街」などに改名した方がよいという意見も少なくない[2]。

(2) チャイナタウンにおけるコピー商品販売の隆盛

すでに1990年代頃から,チャイナタウンの夜市の露店では,「ニセモノドケイ」が目立っていた。

日本人観光客だと見抜いた売り手が,「『ハロー,マスター,チョトマッテ。ニセモノドケイ!』とカタコトの日本語で声をかけてくる」(山下,2000:103)。腕時計,バッグなどブランド品や映画・音楽のDVDなどの違法コピー商品が堂々と販売されている(写真X-10)。それこそが,チャイナタウンに多くの外国人を含む観光客を吸引する観光資源の1つになっている(写真X-11)。

チャイナタウン内の華人からの聞き取りによれば,夜市でブランドのコピー商品を販売している者の中には,インドネシア,バングラデシュ,ミャンマー,ベトナムなどから出稼ぎに来た「外労」(外国人労働者の意味)が少なくないという。地元の華人の中には,チャイナタウンが「盗版天堂」(コピー商品天国)になり,本来のチャイナタウンの姿を回復するべきだという意見が多い。また,チャイナタウン内の露店で売られている衣料品,カバン,靴,玩具,雑貨などの多くは,マレーシア製でなく中国製である。

X　マレー人優先政策下のクアラルンプールのチャイナタウン

写真 X-10　「ニセモノドケイ」の販売（2006 年 12 月）

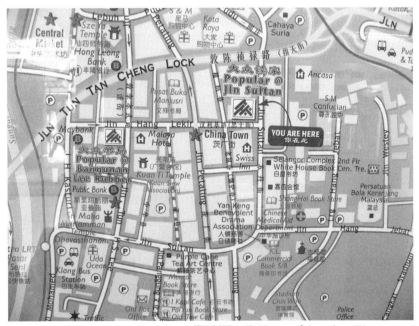

写真 X-11　チャイナタウンの華語併記のガイドマップ（2006 年 12 月）

写真X-12　多民族化が進むチャイナタウン（2006年12月）

(3) チャイナタウンの多民族化

　最近のチャイナタウンの変容で，注意すべきことは，チャイナタウンの多民族化である。もともと老朽化したショップハウスに居住していた華人の職住分離や郊外化が進展すると同時に，新たに外国人労働者の進出が目立ってきている。

　中国料理店の注文を取りに来る従業員でさえ，外国人観光客が多い中国料理店では，華人より低賃金で雇用できるマレー人が少なくない。当然ながら，彼らは華語ができず，客とは英語かマレー語で会話する。中国料理店のメニューを手に持って，通行人の客引きをするマレー人の姿もよくみられる。

　チャイナタウンの中では，ショップハウスの取り壊しや改修工事が各所で行われているが，これら工事現場では，インド系の外国人労働者が多い。

　また，チャイナタウンの中では，近年，伝統的なスカーフで髪を覆った民

族衣装姿のマレー人女性が多くみられるようになった。チャイナタウンの来街者も，華人以外にマレー人，インド人，外国人観光客などが多くなり多様化してきている（写真X-12）。

4　おわりに

　本章では，クアラルンプールのチャイナタウンの伝統的な特色の保持と，最近の変容について考察した。チャイナタウンの内部には，今日においても，廟，会館，華語学校，華語書店など華人社会の伝統を保持する諸施設が維持されている。2004年には，チャイナタウンの改修工事により，新たに牌楼やアーケードが建設され，観光地化も進展してきた。しかしながら，華人以外のマレー人や外国人労働者などのチャイナタウンへの流入が増え，クアラルンプールのチャイナタウンでは多民族化が進んできている。

【注】
1) 1970年の人口センサスによれば，クアラルンプールの華人の31.4％が広東人であった。以下，客家人28.7％，福建人26.2％，潮州人5.2％，海南人5.1％の順となっていた。
2) 星洲日報，2003年5月1日「茨廠街易名？　年軽人不該忘記歴史　6郷団支持改名」，および星洲日報，2003年5月25日「老街注新意，茨廠街何必改名？」

【参考文献】
可児弘明（2002）：葉亜来．可児弘明・游仲勲・斯波義信編『華僑・華人事典』弘文堂，777．
原不二夫（2002）：クアラルンプール．可児弘明・游仲勲・斯波義信編『華僑・華人事典』弘文堂，212-213．
山下清海（1987）：『東南アジアのチャイナタウン』古今書院，97-98．
山下清海（2000）：『チャイナタウン――世界に広がる華人ネットワーク』丸善．

陳亜才主編（2006）：『与葉亜来相遇吉隆坡』吉隆坡広東義山管理委員会．
李業霖主編（1997）：『吉隆坡開拓者的足跡　甲必丹葉亜来的一生』華社研究中心出版．
鄭良樹（2005）：『吉隆坡的誕生』南方学院出版社．

Jackson, C. D. (1975): The Chinatowns of Southeast Asia: Traditional components of the city's central area. *Pacific Viewpoint*, 16(1), 45-77.

XI
中国の影響下における
ビエンチャンの新旧チャイナタウン
社会主義化前後のチャイナタウンの変容

1 はじめに

(1) 問題の所在

　世界の華人人口の 75.4％（1997 年時点）は東南アジアに集中しており（Ma, 2003），東南アジアの華人社会に関する研究は非常に多い。しかし，東南アジア各国の中で，華人社会に関する研究が最も乏しい国の 1 つとしてラオスが挙げられる。そこで本章では，首都ビエンチャンの事例を中心に，ラオスの華人社会の地域的特色とその背景について考察することを目的とする。

　ラオスの華人社会にとって，1975 年の社会主義化はきわめて重要な変換点である。本章では，まず社会主義化以前のラオス華人社会と，社会主義化後のラオス華人社会の変化について論じる。次に，ビエンチャンの華人社会およびチャイナタウンの現状について，現地におけるフィールドワークの成果にもとづいて記述・分析する。なお，ビエンチャンにおけるフィールドワークは，2001 年 3 月に実施し，チャイナタウンおよび華人集中地区の土地利用調査，および華人学校，華人商店主などからの聞き取り調査を行った。

　今日の世界の華人社会を理解するには，中国の改革開放後，新たに海外へ移住した新華僑，および居住国からさらに別の国へ移住した再移民（インドシナ系華人のヨーロッパや北アメリカへの移住など）の状況を把握することが重要である（山下，2005）。本研究では，ラオスにおいて，近年増加しつつある中国からの新華僑，およびラオスからフランスやアメリカなどへ移住した再移

民の動態についても，海外でのフィールドワークにもとづいて論じることにする。

なお，ラオスに関する地理学的研究は，近年，若手日本人研究者によって精力的な取り組みがみられるようになってきたが，それらの研究は農山村地域を対象に第1次産業に焦点をあてたものが多く（横山，2001；Yokoyama，2004；中辻，2004），華人が多く居住する都市地域の研究は少ない。

ラオスの華人社会の概要については，『寮国華僑志』（華僑志編輯委員会編，1962）および『寮国華僑概況』（蔡天，1988）があるものの，関連資料および研究の蓄積は非常に乏しいと言わざるを得ない。本章では，東南アジアや中国大陸，台湾などで刊行された文献資料や第二次世界大戦前の日本側資料などに断片的に記述されたラオス関係の資料を分析して，ラオス華人社会の変遷を明らかにしていきたい。

(2) 研究対象地域の概要

まず，研究対象地域であるラオスの概要について簡単に整理しておこう[1]。ラオスの最新の統計情報の入手は容易ではないため，ここでは，数量的なデータは，アメリカ中央情報局（CIA）のラオスに関する情報を用いる[2]。

東南アジアの華人社会では，台湾と同じように，ラオス（正式名称，ラオス人民共和国）の中国語表記として「寮国」（Liaoguo）が用いられるが，中国では「老撾」（Laowo）と表記される。ラオスは，東はベトナム，西はタイ，南はカンボジア，北は中国，北西部はミャンマーに接するインドシナ半島の内陸国である（図XI-1）。国別に国境線の長さをみると，ベトナムとの国境線が2,130 kmと最も長く，以下，タイが1,754 km，カンボジアが541 km，中国が423 km，ミャンマーが235 kmとなっており，国境線の総延長は5,083 kmにも達する。国土面積236,800 km^2 の約90％を山地が占め，ラオスの西端をメコン川が北から南に流れ，カンボジア，ベトナムを通り，南シナ海に注ぐ。

アメリカ中央情報局の資料によれば，ラオスの総人口は6,217,141人（2005年6月の推定）である。総人口に対する各民族の構成をみると，ラオ・ルム（Lao Loum）〔低地に居住〕が68％，ラオ・トゥン（Lao Theung）〔高地に居

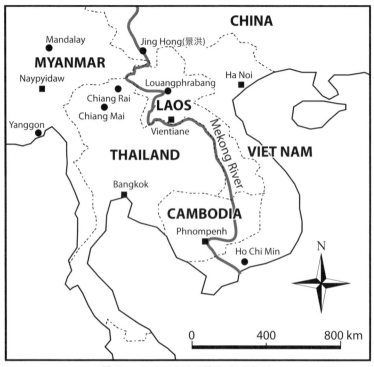

図XI-1　ラオスとその周辺（筆者作成）

住〕が22％，モン（Hmong）族やヤオ（Yao）族を含むラオ・スーン（Lao Soung）〔山地に居住〕が9％，ベトナム系および華人が1％となっている。しかし，この華人人口に関しては過小評価されている。Ma は，ラオスの華人人口（1997年現在）を16万人と推定している（Ma, 2003）。また，台湾の僑務委員会の推計によれば，1990年のラオスの華人人口は16万人前後で，その4割あまりの約 68,000 人はビエンチャンに，そしてパクセに約 27,000 人，ルアンパバーンに約 16,000 人の華人が生活していた（僑務委員会編，1993: 271-279）。華人人口は，メコン川沿いに発達した都市に多く分布しているといえる。同じく僑務委員会の推計（2001年現在と思われる）によれば，ラオスの華人人口は 172,933 人で，これはラオスの総人口の 3.2％ に相当する（中華経済研究編輯，2003: 188-195）。

経済的側面からみると，内陸国であるラオスは，輸入品の多くがタイを通って流入し，経済的にタイの影響を強く受けている。一方，ラオスは水力発電による電力の7割をタイに輸出している。GDPの構成（2005年推定）をみると，農林業部門48.6％，工業部門25.9％，サービス業部門25.5％であった。雇用労働人口の8割は農林業関係に従事している。

1986年の市場経済化以降，1988〜2004年のラオスの経済成長率は，1997年のアジア金融危機の短期間を除き，年平均約6％であった。高い経済成長率にもかかわらず，道路，鉄道，電気，通信などの多額の援助を受けている。

2　社会主義化以前のラオス華人社会

(1) 華人社会の歴史的変遷

ラオスは，1893年，コーチシナ（ベトナム南部）・アンナン（ベトナム中部）・トンキン（ベトナム北部）・カンボジアとともにフランス領インドシナ連邦に編入された。フランス領インドシナの内，最大の面積を有したのはラオスであったが，1936年の華人人口は5地域の中で最も少ない3,000人であった（表XI-1）。同年のラオスの総人口（1,012,000人）に対する華人の割合は，わずか0.3％であった（満鉄東亜経済調査局, 1939: 44-48）。このようにラオスの華人人口が少ないことについて，満鉄東亜経済調査局（1939: 44）は，「交通の不便なること，商業が活発に行はれぬことがその因を成してゐる」と述べている。

表XI-1　旧フランス領インドシナにおける華人人口

地　域	1921年 (千人)	1931年 (千人)	1936年 (千人)	総人口に 対する割合 (％, 1936年)
コーチシナ	156	205	171	4.0
カンボジア	91	148	106	3.4
トンキン	32	52	35	0.4
ラオス	7	3	3	0.3
アンナン	7	10	11	0.2
計	293	418	326	1.4

（満鉄東亜経済調査局〈1939：38，46〉により作成）

また，華人の分布については，華人が多いタイに近接したラオス南部（下ラオス）の 6 州に，華人の総人口の 71.5％に相当する 2,045 人の華人が居住していた（満鉄東亜経済調査局, 1939: 53-54)。

　1945 年 8 月，第二次世界大戦で日本が敗北すると，ラオスでは独立の気運が高まった。しかし，フランスの軍事行動によるラオス再植民地化が始まった。1949 年には，ラオス・フランス独立協定が結ばれ，ラオスはフランス連合内での独立が承認された。しかしながら，これは外交権や防衛権がなく，独立の体を伴わないものであった

　第二次世界大戦後のラオスの華人人口については，台湾側の資料によれば，1947 年には 3,175 人，1956 年には 30,000 人，1958 年には 34,730 人，また 1959 年 6 月には 46,1830 人あまりと記述されている（華僑志編輯委員会編, 1962: 44-46）。1959 年の台湾側の調査にもとづいて，ラオス国内の華人人口の分布および方言集団別人口をみると，華人が最も多いのはビエンチャンの約 12,000 人で，ここでは潮州人が最多で，客家人と海南人がこれに次ぐ。そのほかには広東人，浙江人が挙げられている。次に多くの華人人口を有するラオス南部の中心都市パクセの華人人口は 9,000 人に達し，方言集団別にみると華人の大多数は潮州人であった。続いて，ルアンパバーンの華人は約 4,000 人であり，潮州人が最も多く，海南人がこれに次ぎ，雲南人や福建人も含まれていた。サワンナケートには 3,500 人あまりの華人が居住し，潮州人が多かった（華僑志編輯委員会編, 1962: 57）。

　1960 年，ラオス政府は，税関・移民局の職員，林業，理髪業など 12 種類の職業に外国人が就くことを禁止する法律を発布した。これは，経済のラオス化を狙ったもので，この法律により，華人経済は大きな打撃を被った。華人は，やむを得ずラオス人の名義を借りて登録したり，ラオス国籍を取得するために帰化した《華僑華人百科全書・経済巻》編輯委員会編, 2000: 244）。

　1959 年のラオスの商業の 8 割は華人の経営によるものであり，貿易商社は 1,400 あまりであった。1969 年には，華人経営のレストランが 200 軒あまり，1975 年以前，ラオスの華人経営の工業関係の企業は約 240 であった（《華僑華人百科全書・経済巻》編輯委員会編, 2000: 243-244）。

(2) 華人の社会組織と華文教育

　ラオスの華人社会の大きな特色として，潮州人が多いということが指摘できる。これは，潮州人が圧倒的に多いタイにラオスが隣接しており，タイを経由してラオスに移り住んだ華人が多いからである[3]。華人の会館組織においても，潮州人の勢力が強かった。第二次世界大戦前，ビエンチャンには，潮州公所と客帮公所が設立されたが，客帮公所には客家人以外の少数方言集団の者も会員となっていた。ルアンパバーンには潮州公所と海南公所が，シェンクアンには広府公所と雲南公所，パクセには潮州公所と客帮公所，さらにサヴァンナケット（ラオス第3の都市）とタケク（対岸にタイのナコンパノムが位置する）には潮州公所が設けられていた。しかし，第二次世界大戦後，「公所」に代わって「中華理事会」という名称が使われるようになり，さらに，1960年には「中華会館」の名称が用いられるようになった（華僑志編輯委員会編, 1962: 98-99）。

　今日存在する万象（ビエンチャン）中華理事会の前身は，潮州公所と客帮公所によって結成された華僑公所である。1948年，フランス側の要求により，帮公所の名称が取り消され，これに代わって，中華理事会となった。しかし，1959年，ラオス政府は，中華理事会を取り消し，これに代わり中華会館となった。万象中華会館は1959年に設立された。1960年以降，ルアンパバーン，シェンクアン，パクセ，タケクなどの各地に中華会館が設立された（《華僑華人百科全書・社団政党巻》編輯委員会編, 1999: 508）。

　次に，華人の教育について考察する。ビエンチャンの華人社会の中でも，特に重要な華文学校として寮都公学が挙げられる（写真XI-1）。1932年，陳順林が自分の経営する店の中に，10人あまりの生徒を集めて私塾を開設したのが始まりである。1936年には，潮州人の指導者，陳柳芳と陳盛泉が華人教育を重視し，潮州公所内に，生徒数十人の初級小学校を開設した。翌1937年，潮州人の指導者，陳柳芳と，客家人の指導者江生らビエンチャンの華人が寮都公学を創設することにした。1938年には高級小学校を増設し，生徒数140人あまりになった。1945年3月には日本軍が侵入し，1ヵ月の閉鎖の後，日本軍監視下の下で，初級小学校だけが開かれ，生徒数は百数十人に減少した。

写真Ⅺ-1　寮都公学の正門（2001 年 3 月）

1952 年，中華理事長らが中心となり，新校舎が建設された。その後，初級中学班，幼稚園なども付設され，1958 年には，全校生徒数は 1,100 人あまりとなった（華僑志編輯委員会編，1962: 91-93）。1959 年の生徒数は 1,400 人あまりという報告もある。1960 年代，70 年代，ラオス各地はもとより，華文教育に厳しい制限策をとっていたタイからも，ビエンチャンの寮都公学へ子弟を送る華人もみられた（《華僑華人百科全書・教育科技巻》編輯委員会編，1999: 298）。

3　社会主義化以後のラオス華人社会

(1) ラオスの社会主義化

1953 年，ラオスはフランス連合内の独立を獲得した。翌 1954 年には，インドシナ休戦のジュネーブ協定が成立した。その後，左派（ラオス愛国戦線）・中立派・右派の 3 派連合の政府が成立したが，内戦が繰り返された。アメリカ軍は内戦に介入して，右派に援助を与えたが，1975 年，君主制の転覆によってラオス人民革命党（LPRP）が権力を掌握し，社会主義革命政権が発足し，ラオス人民共和国が成立した（綾部・石井編，1996: 32-43）。

1975 年の社会主義化の後，ラオス政府は，華人排斥の政策をとり，華人社会に大きな打撃を与えた。1976 年には，華人の商店，工場を閉鎖した。1978

XI 中国の影響下におけるビエンチャンの新旧チャイナタウン

年には,華人の財産の没収を開始し,華人団体の活動を停止させ,ビエンチャンの寮都公学を除くラオス国内すべての華文学校を休学させ,さらに社会主義化後,国内唯一の華字紙であった『老華日報』を停刊させた(《華僑華人百科全書・歴史巻》編輯委員会編,2002:234-238)。

　社会主義政権の誕生の前後から,将来を案じた多数の華人がタイ,フランス,アメリカ合衆国,オーストラリアなどの国外へ脱出し,ラオスの華人人口は急減した。1978年5月,ラオス政府は,国内の数千の華人に対して,商店経営を放棄して,農業に従事するように命じた。パクセにおいては,このような華人商人のために,25 haの開墾地を政府が用意した(宋主編,1978:153)。

　このような時期に,フランスに脱出した華人の一例をみてみよう。VI章で触れたように,パリの13区のチャイナタウン(本書VI-2(pp.124-132)参照)のスーパーマーケット,陳氏商場は,長男の陳克威と四男の陳克光が設立したものである(写真XI-2)。陳兄弟の父は,広東省の普寧地方出身の潮州人で,14歳の時に郷里を離れ,タイに出稼ぎに来た。その後,ラオスに移り住んで,木材工場を経営していたが,1970年代半ば,陳家はラオスを逃れ,パリに移住した。そして,陳家の兄弟は,1976年に陳氏兄弟公司を設立し,その後,陳氏兄弟集団という企業集団に発展させ,タイや中国などに進出している[4]。また,パリ東部の19区のベルヴィル地区にも,華人経営の中国料理店や商店が集中しており,ラオス系華人経営のレストランもみられる(写真XI-3)。

　ラオスから戦火を逃れてアメリカに移り住んだラオス出身の華人は,1994年,ロサンゼルス郊外のニューチャイナタウンであるモントレーパークに(山下,2000:138-140;山下編,2005:

写真XI-2　パリ13区の陳氏百貨商城
(2015年2月)

245

写真XI-3　パリ19区，ベルヴィル地区のラオス系華人経営のレストラン（1997年8月）

写真XI-4　ロサンゼルス大都市圏で発行されているベトナム（越南）・カンボジア（柬埔寨）・ラオス（寮国）系華人の華字紙
（2003年8月1日号）

205-209），「美国南加州寮華聯誼会」（アメリカ南カリフォルニアラオス華人聯誼会）を設立した[5]。ロサンゼルスはアメリカにおけるラオス系華人の集中地域の1つである（写真XI-4）。本聯誼会は，ビエンチャンの寮都公学やパクセの百細（パクセ）華僑公学の校舎建築に寄附をするなど，祖国ラオスの華人社会の発展に貢献している（美国南加州寮華聯誼会編，1999）。

(2) 市場経済化後のラオス華人社会の変容

　1978年後半から，ラオスと中国の関係は冷却へ向かった。1980年，中国とラオスは外交を断絶した。しかし，1980年代後半，ラオスと友好的な関係にあるベトナムと中国との関係が好転したのに伴い，ラオスと中国との関係も改善の方向に向かっていった。1988年，両国は国交を回復した。1989年10月には，カイソーン首相が中国を訪問し，1990年12月には李鵬首相がラオスを訪問した。ソ連や東ヨーロッパの社会主義体制が崩壊する中で，中国はラオスの留学生受け入れや経済交流などで，積極的な働きかけを行うようになった（綾部・石井編，1986: 191-192）。

　ラオス・中国の関係改善に伴い，華人の各種経済活動も許可され，華人団体も復活し，寮都公学を除いて休校に追い込まれていた華文学校も再開された（僑務委員会編，1999: 91-95）。

XI 中国の影響下におけるビエンチャンの新旧チャイナタウン

　1975年以来，ラオスは社会主義政策を推進してきたが，1986年，「新思考」（チンタナカーン・マイ）政策にもとづく市場原理の導入などを柱とする経済開放・刷新路線が提唱され，市場経済化による経済成長が国家課題として掲げられた（天川・山田編，2005）。

　新経済政策の実施後，華人企業は復興した。タイの華人資本や香港・台湾などの企業からのラオスへの投資が増加した。また，社会主義後，海外に逃れていた華人の中には，ラオスへ帰国して，新たに創業する者もみられるようになった。中国の雲南省とラオスを結ぶ険しい山道の整備が行われ，メコン川を通行する船の往来も活発化した。これにより，改革開放政策が軌道に乗った中国から新華僑も増え，特に国境を接する雲南省出身者が急増し，1990年代半ばには，それまでの潮州人に代わり，雲南人がラオス最大の方言集団になった（《華僑華人百科全書・経済巻》編輯委員会編，2000: 243-244）。

　ビエンチャンの北約180kmに位置し，「ラオスの桂林」とも称される景勝観光地であり，バックパッカー・エンクレーブともなっているバンビエンでは（写真XI-5; 横山，2007），筆者は新華僑から，以下のような聞き取り調査を行った（2001年3月実施）。

写真XI-5　多くのバックパッカーが集まるバンビエン（2001年3月）

　バンビエン中心部にある市場には，地元の商人が多くの店を出していたが，その市場の周辺には新華僑経営の露天や商店がみられた。路側に台を置き，その上に中国製品を並べて販売していた。露店の新華僑販売者の男性は，2年前に雲南省から当地に来たという。彼が販売している鍵，玩具，工具，ポスター，カレンダーなどの商品は，すべて中国製であった。商品の中でも玩具は，ラオス人の子供たちに人気があった（写真XI-6）。この露店の斜め前で営業していた女性の新華僑露天商は，乳幼児を抱きかかえていたが，彼女も雲南省出身で，1年あまり前

写真XI-6　バンビエンの雲南人の露天商
客はラオス人の少女。（2001年3月）

に当地に来たという。

　ビエンチャンの新華僑からの聞き取りによれば，新華僑の出身地はさまざまであるが，なかでもラオスと国境を接する雲南省出身者が最も多い。そのほか，四川，広西，天津，遼寧など，しだいに多様化してきている。正規の入国手続きをせずに密入国する者も少なくない。密航ブローカーに3,000～5,000米ドルを払って密入国する者もいる。ラオスへの一時入国（15日間の滞在許可）で，中国との国境に近い北部のウドムサイまで入り，その後，警察に賄賂を払ってビエンチャンへ流入する場合も多いという。

　次に，市場経済化後のラオス華人社会の変容を，教育面に焦点を当ててみていくことにする。2001年3月，ビエンチャンのタラート・トンカンカム（トンカンカム市場）の近くにある寮都公学で校長，教職員，また同校の理事などから聞き取り調査を実施した。

XI 中国の影響下におけるビエンチャンの新旧チャイナタウン

　寮都公学の「寮都」とは,「寮国」(ラオス)の都を意味する。すでに述べたように,寮都公学は華人の有力者が中心となって資金を集め,1937年に設立された華文学校(中国語で教育する学校)である。調査当時,寮都公学には小学部から初中(初級中学)部まであったが,2001年にラオス政府は,寮都公学の高中(高級中学)部(日本の高校に相当)の開設申請を許可し,高中部が開設された。これら校舎の建設には,タイ,フランス,アメリカ合衆国,オーストラリアなど海外在住の校友(卒業生)から多額の募金を得ている[6]。特にフランスには,寮都公学の校友が多く,「旅法寮都校友会」が組織されている。また,オーストラリアにも「澳州寮都校友会」があり,2005年4月には「全球寮都校友大集会」(寮都校友の世界大会)がオーストラリアで開催され,アメリカ・カナダ・香港・マカオ・台湾・日本・タイなどから校友が一堂に介した。2006年の「全球寮都校友大集会」は台北で開催された。タイ側のノンカイなどからは,中国語教育を受けるために,寮都公学に学びに来る者もみられるという。

　1975年社会主義化以前,寮都公学では,台湾の教科書を使用していた。その後,香港の教科書を用いるようになった。1980年からは中国の教科書を使うようになり,これまでの繁体字に代わって,中国と同様に簡体字を使用するようになった。

　寮都公学の現況については,寮都公学のウェブサイトで紹介されている。これにより,2005年現在の寮都公学の状況をみると,同校はビエンチャン中華理事会の指導下にある華文学校である。寮都公学は18.8万m^2の広大なキャンパスで,128の教室を有している。5,000名あまりの生徒を収容することができる。幼児園(写真XI-7),小学部,初中部(写真XI-8),高中部があり,あわせて28の教学班(クラス)がある。卒業生はすでに数

写真XI-7　寮都公学の幼児園(2001年3月)

写真 XI-8　寮都公学の初級中学クラス
(2001 年 3 月)

万人を数える。生徒総数は 1,317 人（男子 661 人，女子 656 人）で，幼児園 49 人，小学部 866 人，初中部 249 人，高中部 163 人である。生徒の国籍をみると，ラオスが 1,220 人，中国 77 人，ベトナム 11 人，タイ 3 人，日本 3 人，フランス 3 人の順となっている。教師をみると，中国語教師 43 人，ラオス語教師 38 人であり，そのうち 19 人は中国出身である。筆者の調査時（2001 年 3 月）には，総生徒数は 992 名であったのに比べると，寮都公学の著しい規模拡大がわかる[7]。

4　ビエンチャンの華人社会とチャイナタウン

(1) ビエンチャンの華人社会

　首都ビエンチャンは，中国語では「永珍」あるいは「万象」と表記される。ビエンチャンの人口は 71.6 万人 (2003 年) である。タイとの国境を流れるメコン川の北岸に位置し（図 XI-2），タイ側の都市ノンカイとは，友好橋（1994 年開通，長さ 1,174 m）で結ばれている。
　華僑志編輯委員会編（1962: 58-59）には，1960 年頃のビエンチャンの華人商店について，次のように記録している。

> 数十年前ビエンチャンには，メコン川沿いに数十軒の商店があった。その後，将軍街（チャオアヌ通り）へ広がり，この 20 年あまり，中街（サムセンタイ通り）がにぎやかになり，河浜街（ファグム通り）が最もにぎやかな地区になっていった。現在は 500 軒あまりの商店があり，3 つの大通りに分布し，将軍街がもっとも繁栄している。中街がそれに次ぐ。ラオスの華人には潮州人が最も多く，商店経営者も潮州人が多い。

XI 中国の影響下におけるビエンチャンの新旧チャイナタウン

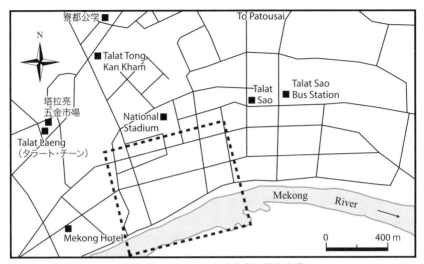

図XI-2 ビエンチャン中心部の華人市場
点線で囲んだ範囲は図XI-3。
(2001年3月の現地調査により筆者作成)

　同じく華僑志編輯委員会編 (1962: 61-62) によれば，ビエンチャンには802軒の商店（一部，工場を含む）があると記している。業種別にみると，雑貨商が272軒で最も多く，貿易商が110軒でこれに次ぐ。以下，洋酒缶詰商73軒，屋台商（小販）53軒，工場32軒，金属・自転車商22軒などとなっていた。
　ビエンチャンの華人の経済活動をみると，中国料理業，貿易業，各種商店経営が大部分を占めている。市街地の東部，Lao Plaza Hotel 近くには，ベトナム人が経営する商店が多いが，市街地全体でみると，ビエンチャンの商業において，華人の果たす役割は非常に大きい。
　ラオスと中国との関係が好転して以後，中国のラオスへの進出が著しくなった。ビエンチャン市内には，中国資本によって造られたメコンホテル（湄公酒店）があり，中国政府が建設を援助した国立文化会館などがあり，両国関係の緊密さをうかがい知ることができる。
　ビエンチャン中華理事会の理事からの聞き取りによれば，ビエンチャンの

251

写真XI-9　福徳祠（2001年3月）

華人社会においては，潮州人が最も多いので，実質的な共通語の役割を果たしてきたのは潮州語であった。広東人や客家人などの他の方言集団の華人も，当地では潮州語を解する。

慈善組織として，永珍善堂がある。前述したように，「永珍」はビエンチャンの中国語表記である。永珍善堂は，寮都公学，中華理事会，寮都教育基金会，寮都修交委員会，福徳祠（写真XI-9），優波廟，中華婦女会，中華少獅団，寮都校友総会などの団体によって組織されている。

(2) ビエンチャンのチャイナタウン

ビエンチャンのチャイナタウンも2つの類型にもとづいて論じていくことにする。ビエンチャンのオールドチャイナタウンのメインストリートはチャオアヌ通り（Chao Anou Road）である（写真XI-10）。この通りには，東南アジアのチャイナタウン特有の景観であるショップハウスが連なっており，各商店は，間口に比べ奥行きが深い，短冊形の敷地になっている。

チャオアヌ通り沿いには，ビエンチャンの華人社会の最高組織である中華理事会や広東酒家などの広東料理店がある。社会主義化以前，ビエンチャンのオールドチャイナタウンは活気があり，その規模も大きかった。チャイナタウンのおよその範囲は，西はチャオアヌ通りから東はバンプまで，北はサムセンタイ（Samsenthai）通りから，南はメコン川に沿う

写真XI-10　オールドチャイナタウンのメインストリート，チャオアヌ通り（2001年3月）

XI 中国の影響下におけるビエンチャンの新旧チャイナタウン

写真XI-11　タラート・チーンのショッピングセンター（2001年3月）

ファグム（Fa Ngum）通りまでであった。社会主義体制になって以降，チャイナタウンは急速に衰退した。多くの華人が，タイ・フランス・アメリカなどの国外に脱出し，華人商店は閉鎖され，華人人口も減少した。かつて賑わっていた映画館も閉館に追い込まれた。

　ビエンチャンにおいても，新華僑が増加する中で，上述のオールドチャイナタウンとは別に，ニューチャイナタウンが形成された[8]。ビエンチャンのニューチャイナタウンは，市街地西部のノンドゥアン（Nongduang）地区にあり，タラート・レーン（Talat Laeng，英語ではEvening Market）と呼ばれる。また，ここは「タラート・チーン」（タラートは市場，チーンは中国の意）とも呼ばれる（前掲図XI-2）。2階建てのショッピングセンターになっており，その中には30軒あまりの華人経営の商店が入っている（写真XI-11）。タラート・チーンの電気店・衣料品店・家具店などの買い物客の中にはラオス人が多い。従業員はすべて新華僑であり，ラオス人の客相手に，一生懸命にラオス語で応対しているが，従業員同士は中国語で会話している。価格は米ドルで表示してある。

　また，隣接したバスターミナルの利用者にはラオス人が多いが，タラート・チーンは，ラオスの中の「中国世界」である。ショッピングセンターの周囲にも，新華僑が経営する商店，四川料理店などの食堂が集中している。食堂

写真XI-12　雲南省から来た自動車
ナンバープレートの「云」は「雲」の簡体字。
（タラート・チーンの駐車場）（2001年3月）

のテーブルを囲んでいる客たちは、標準中国語のほかに雲南方言、四川方言などを話している。経営者、従業員、客もすべてが新華僑である。ショッピングセンターの駐車場には、「云」（雲南省の「雲」の簡体字）のナンバーをつけた小型トラックが並んでいる（写真XI-12）。

　古くからビエンチャンに在住している華人からの聞き取りによると、以前から市場であったこの場所がチャイナタウンになったのは1998年だという。旧来のタラート・レーンが火事で焼け、空き地がしばらく放置されたままになっていた。そこに、雲南省出身の新華僑が投資して、ショッピングセンターが建設されたという[9]。

　タラート・チーンの近くには、中国製のオートバイ、機械、金物、工具、部品などを販売する華人経営の金属関係の店舗が集中しており、華人は「塔拉亮（タラート）五金市場」と呼んでいる（写真XI-13）。

　図XI-3は、2001年3月に筆者が調査して作成したものである。看板に書かれた中国語の店舗名をそのまま示した。これをみると、チャオアヌ通りとサムセンタイ通りに華人商店、料理店が集中している。「酒店」「酒楼」「酒家」などの名称を付けた中国料理店が10軒と最も多く、「乾洗店」の名称を付けたドライクリーニング店が6軒、金を売買する金行が3軒などとなっていた（写真XI-14）。

　ビエンチャン市内では、新華僑が開業した中国料理店や商店

写真XI-13　塔拉亮五金市場の
新華僑経営のオートバイ販売店（2001年3月）

XI 中国の影響下におけるビエンチャンの新旧チャイナタウン

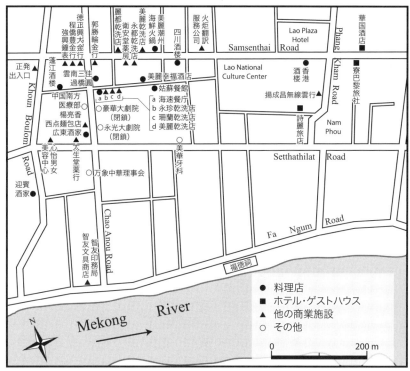

図XI-3　ビエンチャン中心部における華人商店の分布
（2001年3月の現地調査により筆者作成）

が各所でみられる。市内では珍しい餃子専門店を経営する新華僑（58歳）から聞き取り調査を行った（写真XI-15）。彼は中国東北地方の遼寧省瀋陽近くの出身で、ラオスに来て1年ほどしかたっていないため、ラオス語はなかなか覚えられないという。妻は北京出身。経営状態はまずまずである。ビエンチャンに来

写真XI-14　新華僑経営の
ドライクリーニング店（2001年3月）

写真XI-15　遼寧省出身者の餃子専門店
（2001年3月）

たきっかけは，先にラオスに来た彼の弟が，中国とラオスの関係が好転したので，これから中国料理店の経営は有望であると勧められたからである。ビエンチャン在留の餃子好きの日本人に人気があり，経営状態はよいという。日本語，英語，中国語のメニューを備えている。他の華人商店と同様に，店内の奥の床には，「土地爺」（土地神，土地公）を祀っていた。

5　おわりに

　本章では，東南アジア各国の中で，華人社会に関する研究が最も乏しい国であるラオスの華人社会の地域的特色について考察してきた。ラオスの華人社会に関する情報はきわめて少ないが，台湾，中国大陸，日本などのやや断片的な報告を，ラオスの政治経済体制の推移に伴いながら整理・分析した。

　また，ビエンチャンにおける筆者のフィールドワークにより，オールドチャイナタウンの衰退と現状，および雲南省をはじめ中国からの新華僑によるニューチャイナタウンの形成の実態について考察した。新華僑の急激な増加は，ラオスの伝統的な華人社会の構造を，大きく変容させつつある。

　1975年のラオスの社会主義化で，ラオスの華人経済は大きな打撃を被り，海外へ逃れる華人が増加した。フランス，アメリカ，オーストラリアなどには，ラオス系華人社会のコミュニティが形成された。ビエンチャンの寮都公学の校友会のネットワークにみられるように，ラオス国内の華人社会と海外のラオス華人社会との社会的，経済的結びつきは密接である。

　1986年の「新思考」（チンタナカーン・マイ）政策にもとづく市場原理の導入などを柱とする経済開放・刷新路線への転換，市場経済化の推進により，ラ

XI　中国の影響下におけるビエンチャンの新旧チャイナタウン

オスの華人経済は活性化しつつある。これまでは，隣国のタイの華人社会との関係が強かったが，中国の影響力が日増しに大きくなっているのが現状である。

【注】
1) 本研究のラオスの概要については，ラオス文化研究所編（2003），綾部・石井編（1996），青山（1995），上東（1992）などの文献にもとづいて概説する。
2) アメリカ中央情報局（CIA）の"The world factbook"のラオスの項目による。http://www.odci.gov/cia/publications/factbook/geos/la.html（最終閲覧日：2006年2月15日）
3) 潮州人が卓越するなどタイの華人社会の特色については，山下（1987:151-168）を参照されたい。
4) 人民日報海外版，2001年11月14日，「陳氏兄弟集団慶祝創業25周年」；世界新聞報，2003年10月13日，「法国陳氏兄弟公司総経理：愛拼才会贏；四川在線（http://www.scol.com.cn　最終閲覧日：2006年2月15日）」2005年1月12日，「獲得如此非凡成就　破訳陳氏兄弟的成功密碼」などによる。
5) 美国寮華聯誼会（アメリカ合衆国在住ラオス華人の聯誼会）は独自のウェブサイトを持っている。http://www.laochinese.org/（最終閲覧日：2006年2月15日）
6) 寮都公学は同校の現況の紹介だけでなく，海外在住の校友との連絡を密にするために，各国の校友会，ビエンチャンの母校の近況などの情報を掲載した専用のウェブサイトを開設している。寮都校友網　http://www.laolieutou.com/（最終閲覧日：2006年2月15日）
7) 2001年3月の調査で入手した「寮都公学2000年2001年第一段簡訊」によると，当時の寮都公学の概況は，以下のとおりであった。
　　教職員　計72名（うちわけ中文教員43名，ラオス語教員17名，保健教員1名，職員11名）全校生徒　計992名（男子489名，女子503名），全21クラス（幼児園1クラスを含む）
　　全校生徒の国籍：　ラオス831人（華裔子女を含む），中国140人，タイ6人，フランス4人，日本4人，ベトナム3人，カンボジア2人，アメリカ1人，ベルギー1人。
　　　学費支払い状況別にみると，全費生687人（総数の69.3%），優恵費生279人（同28.1%），免費生（教職員の子女）26人（同2.6%）となっていた。
8) ビエンチャンの新来の華人の増加やニューチャイナタウンの形成については，日本の新聞でも報道されている。朝日新聞，2000年7月25日，「雲南商人，南へ南へ　ラオス首都に"華僑街"」，および朝日新聞，2003年1月26日，「国境を越える中国商人」。
9) 朝日新聞，2000年7月25日，「雲南商人，南へ南へ　ラオス首都に"華僑街"」では，タラート・チーンが「最近」できたと報じている。

【参考文献】
青山利勝（1995）：『ラオス──インドシナ緩衝国家の肖像』中央公論社．

天川直子・山田紀彦編 (2005):『ラオス 一党支配体制下の市場経済化』アジア経済研究所.
綾部恒雄・石井米雄編 (1996):『もっと知りたいラオス』弘文堂.
上東輝夫 (1992):『現代ラオス概説』同文舘出版.
中辻 享(2004):ラオス焼畑山村における換金作物栽培受容後の土地利用 —— ルアンパバーン県シェンヌン郡 10 番村を事例として. 人文地理, 56, 449-469.
満鉄東亜経済調査局編 (1939):『仏領印度支那に於ける華僑』(南洋華僑叢書第 2 巻) 満鉄東亜経済調査局.
山下清海 (1987):『東南アジアのチャイナタウン』古今書院.
山下清海 (2000):『チャイナタウン —— 世界に広がる華人ネットワーク』丸善.
山下清海 (2005): 華人社会の見方と現状. 山下清海編:『華人社会がわかる本 —— 中国から世界へ広がるネットワークの歴史, 社会, 文化』明石書店, 205-208.
山下清海編 (2005):『華人社会がわかる本 —— 中国から世界へ広がるネットワークの歴史, 社会, 文化』明石書店.
横山 智 (2001): 農外活動の導入に伴うラオス山村の生業構造変化 —— ウドムサイ県ポンサワン村を事例として. 人文地理, 53, 307-326.
横山 智 (2007): 途上国農村におけるバックパッカー・エンクレーブの形成 —— ラオス・ヴァンヴィエン地区を事例として. 地理学評論, 80 (11), 591-613.
ラオス文化研究所編 (2003):『ラオス概説』めこん.

蔡天 (1988):『寮国華僑概況』正中書局, 台北.
《華僑華人百科全書・歴史巻》編輯委員会編 (2002):『華僑・華人百科全書・歴史巻』新華書店, 北京.
《華僑華人百科全書・教育科技巻》編輯委員会編 (1999):『華僑・華人百科全書・教育科技巻』新華書店, 北京.
《華僑華人百科全書・経済巻》編輯委員会編 (2000):『華僑・華人百科全書・経済巻』新華書店, 北京.
《華僑華人百科全書・社団政党巻》編輯委員会編 (1999):『華僑・華人百科全書・社団政党巻』新華書店, 北京.
華僑志編輯委員会編 (1962):『寮国華僑志』華僑志編輯委員会, 台北.
美国南加州寮華聯誼会編 (1999):『美国南加州寮華聯誼会 六周年紀念特刊』美国南加州寮華聯誼会, Monterey Park.
僑務委員会編 (1993):『華僑経済年鑑 中華民国八十一年版』華僑経済年鑑編輯委員会, 台北.
僑務委員会編 (1999):『華僑経済年鑑 中華民国八十七年版』僑務委員会, 台北.
宋哲美主編 (1978):『東南亜年鑑 1978 年』東南亜研究所, 香港.
中華経済研究編輯 (2003):『華僑経済年鑑 中華民国九十年〜九十一年版 東南亜篇』中華民国僑務委員会, 台北.

Ma, Laurence J.C. (2003): Space, place, and transnationalism in the Chinese diaspora. Ma, Laurence J.C. and Cartier, Carolyn eds.: The Chinese diaspora: space, place, mobility, and identity. Lanham: Rowman & Littlefield Publishers, 1-49.

Yokoyama, S. (2004): Forest, ethnicity and settlement in the mountainous area of Northern Laos. Southeast Asian Studies（東南アジア研究），42，132-156.

XII
ソウルと仁川の旧チャイナタウン
再建された仁川中華街

1 はじめに

　韓国は，2000年頃まで主要な国でチャイナタウンが存在しない数少ない国である，と言われてきた（梁・李，2004）。しかし，第二次世界大戦前，仁川とソウルにはチャイナタウンが形成されていた。戦後，日本植民地から独立した韓国において，韓国政府の厳しい対華人政策により，韓国の華人社会は衰退し，仁川とソウルのチャイナタウンは消滅し，多くの華人が台湾，アメリカなど海外に移住していった（山下，2001；尹，2005）。中国の隣国でありながら，韓国における華人人口は少なく[1]，また華人の経済的，社会的な地位は低かった。グローバルスケールからみた韓国の華人社会のこのような地域的特色には，いかなる要因があったのであろうか。

　筆者が，このような韓国の華人社会について関心を抱くようになったのは，文部省在外研究員として，カリフォルニア大学バークリー校に滞在（1994～1995年）していたときである。当時，バークリー校のキャンパス周辺だけでも，20数軒の中国料理店があった。その中に，従業員同士が韓国語で会話し，筆者を韓国人と見誤った店員が「アンニョンハセヨ」と韓国語で話しかけてくる店もあった。看板に中国語と英語だけでなく，ハングルを併用し，山東料理を提供することを強調していた中国料理店が数軒あった。ある中国料理店で店員に中国語で尋ねると，その店のオーナーは，韓国出身の華人であり，従業員も韓国からアメリカにやってきた華人であった。それ以降，筆者は，あまり知られていない韓国華人社会について関心を抱くようになった[2]。

　韓国の華人社会については，情報もきわめて乏しく，この分野の研究も非

常に限られていた。このような状況の中で，韓国華人社会の歴史と現状について把握する上で最も重要な研究の1つとして，綛谷智雄の研究をあげることができる。綛谷（1997）は，開港直後の19世紀末から植民地時代，解放に至るまでの朝鮮半島における華人社会の形成・変容過程を，移住初期（1880年代～1890年代），定着期（1900年代～1920年代），および流出・再流入期（1930年代～解放まで）の3期に分けて論じている。この中で，植民地朝鮮において，華人が支配層（日本人）とホスト国民（朝鮮人）の狭間に位置する中間マイノリティ的存在であったことを指摘している。日本植民地時代の華人社会の情況については，朝鮮総督府編（1924）によって知ることができる。また，綛谷（1998）では，韓国華人社会の状況を明らかにした上で，華人の具体的事例を通して，韓国華人のエスニシティの形成・維持・変化について論じている。

朝鮮半島における華人社会に関する韓国側からの先行研究については，綛谷（1997, 1998）が論評しているが，研究例は非常に少ない。しかし，1992年8月の韓国と中国の国交樹立を契機に，韓国内でも華人社会に関する学術レベルでの関心が高まっている。梁（2000）は，韓国華人社会の歴史，現状，将来について論じている。

一方，朝鮮半島の華人に関する中国側からの研究としては，楊・孫（1991）が，古代，近代（1）〔1840～1910年〕，近代（2）〔1910～1931年6月〕，近代（3）〔1931年7月～1945年〕，および現代の5期に分けて華人の歴史を追跡している。この中で，現代は北朝鮮と韓国とに分類して記述しており，情報が少ない北朝鮮の華人社会の概況を知る上で有用である。近年，韓国との交流が活発化している中国側でも，韓国華人社会の歴史や現況を概括した研究がみられるようになってきた（張, 1996；朱, 1996；崔, 1999）。

本章は，日本や諸外国の華人社会の事例と比較しながら，グローバルな視点から韓国華人社会の特色とその背景について考察することを目的とする。まず，韓国における華人社会の歴史的背景について検討する。次に，華人の韓国社会への適応について，華人の経済活動，韓国における中国料理，華人の教育に重点を置いて論じるとともに，ソウルと仁川(インチョン)のチャイナタウンにつ

いて具体的に考察する。なお，本章は，主として2000年から2007年にかけてソウルと仁川で断続的に実施した筆者の現地調査をもとに論じたものである。現地調査は，華人関係の学校，団体，個人，行政機関などからの聞き取り，および華人集中地区における土地利用および景観調査に重点を置いて実施した。

2　韓国華人社会の歴史的背景

(1) 華人貿易商の来住

　1882年，中国・朝鮮両国間で，「中国朝鮮商民陸貿易章程」が締結された[3]。これに伴い，中朝間の貿易港として仁川・釜山(プサン)・元山(ウォンサン)の3つの港が開かれ，そこに華人租界が設けられた。中国から来た華人はこの華人租界に居住して，貿易業に従事した。また，これら3つの港とソウル（漢城）に，中朝間の貿易を管理する商務署が置かれた。1885年には，仁川と上海・煙台（山東省）を結ぶ定期航路が開設され，これにより華人の朝鮮半島への移住が増加した。なお，中国側の対朝鮮貿易港としては，天津，牛庄（営口），大連，煙台が指定された（楊・孫, 1991: 99-107）。

　当時の華人の主要な居住地域は，仁川・釜山・元山の3港とソウルであった。華人の出身地をみると，大半は山東省であり，これは今日に至るまで韓国華人社会の重要な特色の1つである。山東省は，黄海を挟んで朝鮮半島と対峙し，山東半島の東端から朝鮮半島の最も近いところで200kmあまりの距離である。また，山東省の人口は過剰傾向にあり，朝鮮半島のみならず，中国東北地方への出稼ぎ者，移住者が多かった地域である。

　ちなみに，1886年におけるソウルと仁川の華人の出身地（籍貫）についてみてみよう。当時，ソウルの華人人口は120人であった。このうち，63人は山東省出身者であり，以下，浙江省出身者が14人，湖北省および江蘇省出身者がそれぞれ10人，広東省出身者が9人であった。一方，1886年における仁川の華人人口205人のうち，山東省出身者は80人であり，以下，浙江省出身者51人，広東省出身者36人となっていた（楊・孫, 1991: 131-135）。

(2) 日本植民地時期の華人

1910年の日韓併合の後,日本人商人の朝鮮半島への進出が著しくなった。日本側は,経済活動における競合相手である華人に対して,制限や規制を強化した。1920年代,植民地朝鮮における道路,橋梁,鉄道,港湾などの建設工事の実施に伴い,日本側は中国東北地方および山東半島から華人労働者を多数導入した(図XII-1)。

1931年7月,吉林省長春の北30kmあまりに位置する万宝山で,朝鮮人農民200名と地元の中国人800人あまりが,水利権・耕作権をめぐって大衝突する事件が発生した。いわゆる万宝山事件である[4]。この中国人と朝鮮人の対立感情の背景には,日本側による両民族の分離政策がある。この万宝山事件により,朝鮮半島においては華人排斥ムードが高まり,平壌(ピョンヤン),ソウル,仁川をはじめ朝鮮半島各地で,華人襲撃事件が発生し,華人の犠牲者および行方不明者は千人前後にのぼったと推定されている[5](楊・孫,1991:241-249)。1930年に67,794人であった華人人口は,翌1931年には36,778人に急減した。

1931年9月には満洲事変が勃発し,そして1937年7月には盧溝橋事件が起こり,日中関係が悪化すると,朝鮮在留の華人は日本側からスパイ視され,

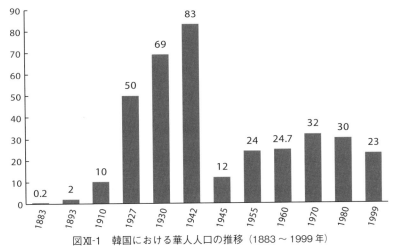

図XII-1 韓国における華人人口の推移(1883〜1999年)
第二次世界大戦前は,朝鮮半島における華人人口を示す。(梁(2000)による)

華人人口は減少した。しかし，日中戦争の本格化で中国が混乱状態になると，中国から朝鮮半島へ来住する華人は増加した。1942年8月，華人人口は約8万人に達した（梁，2000：9）。

(3) 第二次世界大戦後の華人社会の変化

1945年8月の終戦の後，日本人が去った後の一時期，韓国の対外貿易において，華人は支配的な役割を果たすことになった。また，ソウルをはじめ都市近郊で野菜栽培に従事する者も多かった。しかし，朝鮮戦争（1950年～，1953年休戦）の混乱期には，多数の華人が中国へ帰国した。

第二次世界大戦後の華人社会の停滞・衰退を招いた大きな要因は，李承晩（イスンマン）政権（1948～1960年）および朴正煕（パクチョンヒ）政権（1961～1979年）の下で，民族経済の自立を掲げて実施された華人の経済活動に対する厳しい規制強化であった。李承晩政権は，すべての国内ビジネス活動の現地化を強行し，密輸摘発を隠れ蓑に華人実業家を対外部門から事実上排除した。また，李承晩政権同様，朴正煕政権も，通貨改革を断行し，華人の貯蓄を奪った。1967年には，外国人の土地所有制限などの政策を導入し，各種の家内工業にかかわる華人から土地，財産を取り上げた。このため，1970年代，約1万人の華人が韓国からアメリカ，カナダ，オーストラリア，ブラジルに移住した（シム，2012）。このような自国経済の土着主義的な政策に伴う華人経済の衰退化は，1962年以降のビルマ式社会主義政策下のビルマ（現ミャンマー）（山下，1987：170-175），1962年の中印国境紛争により，中国との関係が悪化したインド，1970年代の社会主義化に伴って多くの華人が海外脱出したインドシナ諸国などとよく似ている。また，華人経済の衰退に伴い，韓国を離れて台湾や日本へ渡る者も多かった（写真XII-1）。近年におけるアメリカ，カナダ，オーストラリアなどにおける多文化主義政策の採用により，アジア諸国からの移民枠が増大したことも（山下，2000：137-138，192-195），韓国社会で不遇な社会経済的地位に甘んじてきた華人の海外移住を助長した。

写真Ⅻ-1　台北の西南，新北市永和区中興街の韓国系華人の集中地区
中興街には，韓国から逃れてきた華人が経営する店舗が集中している。(2002年1月)

(4) 韓中国交樹立後の華人社会の変化

　すでに述べたように，韓国華人の大半は山東省籍であるが，彼らの国籍は「中華民国」であった。1992年，韓国と中国は国交を樹立すると同時に，台湾（中華民国）とは断交した[6]。台湾との断交は，来韓する台湾観光客を減少させることになった。

　韓中国交樹立後の大きな変化の1つは，華人を取り巻く韓国社会の変化である。1972年に中国と国交正常化を果たした日本と同じように，韓国でも韓中国交樹立を前にして，中国ブームが起こり，韓国国民の中国への関心が高まるとともに，中国へ進出する韓国企業がしだいに増えていった[7]。中韓国交樹立前の1991年頃から，中国へ本格的な進出を始めた韓国の財閥系企業や商社などは，有用な人材として韓国在住の華人を競って雇用し始めた[8]。中国へ進出する韓国企業は，このような企業にとって，中国語ができる華人は貴重な人材とみなされた。国交樹立後，仁川と中国各地を結ぶフェリーも増便され，とりわけ韓国在留華人の「故郷」である山東半島や朝鮮族が多く居住する東北地方の吉林省，遼寧省，黒龍江省との交流が活発になった（写真Ⅻ-2)。その一方で，中国東北地方の朝鮮族を中心とする中国人の韓国への不

写真XII-2　仁川港の国際旅客ターミナル
山東省煙台、威海など中国の主要な港との間にフェリーが運航され，多くの荷物を持った中国人が入国してくる。(2007年11月)

法入国者の増加も，韓国国内で社会的問題になっている。

　韓国人の中国への関心の深まり，および中国との経済交流の活発化は，韓国における中国語学習熱を高めた。また，中国の大学へ多数の韓国人が留学するようになった。中国語学習熱の高まりは，韓中国交樹立以前からの1986年のソウルにおけるアジア大会の開催当時からみられるようになった。それまで知られざる存在であった隣国中国からの大選手団の姿は，韓国人の大きな注目をあび，中国語学習ブームが始まった[9]。

3 華人の韓国社会への適応

(1) 華人の経済活動

　第二次世界大戦前，華人経済は活発であり，とりわけ貿易業において華人は，重要な役割を果たしていた。しかし，戦後，すでに述べたように，韓国政府による民族経済の自立政策の下で，種々の制限や規制により，華人経済の発展は妨げられた。その結果，韓国に留まった華人の職業をみると，1990年代後半，飲食業関連に従事する者が約7割を占めるようになった。そのほかは，観光業，貿易業，漢方医，漢方薬局・みやげ店経営などに従事しているが，いずれも小規模な経営である（僑務委員会編 1999: 193-194）。

　以下，台湾側の『華僑経済年鑑　中華民国八十七年版』（中華民国87年は1998年）を中心に，1997～1998年当時の韓国の華人経済の状況を概観しよう。

　近年，韓国の大きなホテルの多くは，ホテル内に中国料理店を設けるようになってきた。台湾側の推定によれば，韓国には600軒あまりの飲食店があり，そのうちソウルに220軒，釜山に102軒存在した（僑務委員会編 1999: 193）。第二次世界大戦後，中国料理業への韓国人の進出が増えるにつれ，一部の華人の中国料理業の経営状況は，厳しくなってきた。しかし，華人の経済活動をみると，中国料理業に関連するものが圧倒的に多かった。これは，在日華人の場合と同様，就職や昇進の面で華人にとって，かなりの制約があったことを物語っている。

　韓国の華人が経営する雑貨業は26軒あり，雑貨業は飲食業についで重要な経済活動部門であった。大部分は中小企業であり，台湾，香港，中国大陸から輸入した食品や雑貨などの卸・小売を行っていた。それらの多くは，家族経営であった。

　次に，医薬業であるが，韓国では漢方医への関心が高く，漢方薬業は華人の経済活動において活発な部門となっていった。漢方薬局および西洋薬局あわせて，158軒の薬局が韓国にあった。また，1989年，韓国の「開放観光」以来，台湾，香港，中国大陸からの観光客が大幅に増えた。これに伴い，中

国語ができる華人は観光業に多く進出するようになり，華人の観光業者は23社，華人の貿易商は63社にのぼった。以前と異なり，韓国政府は，華人の貿易業者への規制を緩和するようになった。

(2) 韓国における中国料理

韓国各地でみられる中国料理店は，韓国人経営のものが多く，中国料理は韓国人の食生活の中に深く浸透している。韓国の中国料理は，日本の中国料理がそうであるように韓国化しており，ニンニクと唐辛子を多用しているのが特色である。

韓国における中国料理の最も代表的なメニューは「チャジャンミョン」（中国語では炸醬麺（ジャージアンミエン），日本ではジャージャーメンと呼ぶ場合が多い）である。もともと炸醬麺は中国の北方料理に属するものであり，このことは，山東人が韓国華人社会の中核をなしていることを反映している。

アメリカや日本における韓国出身の華人が経営する中国料理店においても，チャジャンミョンは人気メニューとなっている。筆者が日本に留学中の韓国人男子学生に聞き取りした際，彼らが兵役中にいちばん食べたかった料理はチャジャンミョンであった，との答えが多く返ってきた。休暇の日，真っ先に街中の中国料理店に行って，チャジャンミョンを食べたという。

韓国のチャジャンミョンは，中国の炸醬麺と異なり，甘くて黒いみそだれ「チュンジャン」をかけて食べる（写真XII-3）。食べるときには，麺とチュンジャンを，よくかき混ぜて食べる。韓国の中国料理店でチャジャンミョンを注文すると，必ず副菜として，タクアンと生のタマネギが付いてくるのが特色である。ちなみに韓国では，「日帝〔日本帝国主義〕の持ち込んだものでよかったものは，タクアンだけ」という言い方がある（山下，2016：128-132）。

チャンポンも韓国における代表的な中国料理である。韓国のチャンポンは，日本のいわゆる長崎チャンポンとは大きく異なり，多くの唐辛子を用いて辛く，スープの色も赤い。熊谷（1996）にもとづいて，そのほかの中国料理店のメニューをみてみよう。ウドンは，ニンニクのきいた日本のチャンポンに近い。韓国では，餃子をマンドゥ（饅頭）というが，水餃子をムルマンドゥ，

揚げ餃子をクンマンドゥと呼ぶ。しかし，日本人が好む焼き餃子は少ない。チャーハンはポックンパブという。一般に韓国の中国料理店では，キムチのほかに，小皿に生のタマネギとチャジャンミョンについてくるチュンジャンがついてくる。

ソウル，仁川，釜山などにおいて，1992年の韓中国交樹立以前から韓国に居住する老華僑が経営する中国料理店の看板の表記をみると，「華商　正統中國料理」「華商○○飯店」「中華正統料理」などが目につく（写真Ⅻ-4）。これは，近年増加が著しい韓国人経営の中国料理店との差別化を意識し，「本物の中国料理」を提供する華人経営の中国料理店であることをアピールするためである。なお，韓国では今日においても，また華人経営店であっても，日本植民地時代に浸透した「中華料理」という日本語表記が広く使用されている（中国語では「中国菜」）。

写真Ⅻ-3　仁川の中国料理店のチャジャンミョン

チャジャンミョン（下の写真）を注文すると，上の写真のように右からタクアン，チュンジャン，生タマネギが付いてくる。
　　　　　　（仁川中華街の共和春，2009年11月）

写真Ⅻ-4　老華僑経営の中国料理店
看板には「正統中國料理」，「華商」と書かれている。（仁川，2000年）

（3）韓国華人の教育

厳しい対華人政策の下で生活してきた華人は，華人アイデンティティを強

く維持してきた。華人の多くが華人学校（韓国では「華僑学校」の名で呼んでいる）で教育を受け，今日でもかなりの中国語能力を保持している者が少なくない。2000年現在，韓国には28の華僑小学校，4つの華僑中学校（高校を含む）がある。1992年の韓中国交樹立以前，華僑中学の卒業生の中には，台湾へ留学する者が多かったが，しだいに韓国国内の大学への進学が増えてきている。

　韓国政府は，華人学校に関しては，これまでいわば放任政策をとり，授業内容については，中学・高校において週3時間以上韓国語を教えることを指示していたほかは，ほとんど干渉してこなかった（綛谷, 1998: 118）。しかし，韓国政府は華人学校の地位を，これまでの「臨時団体」から「各種学校」へ昇格させることを検討するようになった（梁 2000: 13）。

　以下は，2000年6月に実施した筆者の調査にもとづいて，ソウルと仁川の華人学校の状況をみていくことにする。漢城（ソウル）華僑小学校は1902年に創立され，明洞の中国大使館の隣地に位置し（ソウル特別市中区忠武路一街15番地），附属幼稚園を併設している（写真XII-5）。2000年5月当時の生徒数をみると，小学部522人，幼稚園109人，計631名で，同校の生徒数はしだいに減少傾向にあった。また，教員は31人で，韓国人1名をのぞき，すべて華人である。

　漢城華僑小学校では，台湾側から無料で提供される「中華民国国立編訳館編輯」の国民小学教材を教科書として使用していた。小学1〜3年生の場合，授業はすべて中国語のみで行われ，小学4年から韓国語と英語の学習が始まる。校内において，生徒同士の会話では，中国語と韓国語の両方が用いられていた。近年，華人と韓国人との婚姻が増えたため，生徒の母親の半数以上は韓国人となっていた。同校の通学圏をみると，かなり

写真XII-5　漢城華僑小学校（2000年6月）

遠くから通学して来る生徒も少なくなく，小学生ながら1時間半ほどかけて通って来る者もみられた。同校の卒業生のほとんどすべては，漢城華僑中学へ進学していた。

漢城華僑中学は，1948年に漢城華僑小学校の校内に創設され，その後，西大門区延禧洞89-1に移転した。華僑中学から韓国の大学への進学希望者の増加に対応して[10]，漢城華僑中学では，韓国の大学へ進学する生徒の特別クラス「韓大進学班」を設けている。このクラスでは，国文，歴史，地理，公民以外の科目は，すべて韓国の教科書を用いていた[11]。

次に，仁川華僑中山中学（所在地，南区間石洞）の状況についてみてみよう（写真XII-6）。同校は1957年に創立され，1998年現在，中学（初級中学）および高校（高中部）あわせて，生徒281名，教職員20名であった。同校と同じ敷地には，仁川華僑小学もある。仁川華僑小学は1902年の創立で，韓国の華人学校の中では最古の歴史を有する。1998年現在，生徒196人，教職員10名であり，カリキュラムは台湾と同様で，教科書は台湾の僑務委員会から提供されたものを用いていた[12]。

写真XII-6　仁川華僑中山中学・仁川華僑小学
正門には，「私は中国人です。中国語を話すのが好きです」と台湾で使用されている中国語の繁体字で書かれた横断幕が掲げられていた。（2000年6月）

4　ソウルと仁川の元チャイナタウン

第二次世界大戦前，韓国においても，ソウル，仁川，釜山などにはチャイナタウンが形成されていた。かつて繁栄を極めたこれらのチャイナタウンは，前述したように，戦後の華人に対する韓国政府の厳しい政策などにより，衰退，消滅し，韓国は「チャイナタウンのない国」と呼ばれるようになった。しか

写真Ⅻ-7　釜山チャイナタウンの牌楼「上海門」
釜山チャイナタウンは釜山駅前に隣接する。華人だけでなく，ロシア人など外国人関連店舗も多く，「外国人商街」（通称テキサス通り）とも呼ばれている。（2009年11月）

し，戦前，チャイナタウンが存在した地区には，今でも，中国料理店をはじめとする華人経営の商店や華人関係の団体，学校が存在し，かつて繁栄したチャイナタウンの名残が見られる（写真Ⅻ-7）。本節では，ソウルと仁川で実施した調査にもとづいて，両都市の元チャイナタウンの現状を描写する。

(1) ソウルの明洞

ソウル中心部の繁華街，明洞（ミョンドン）は，日本植民地時代には「明治町」と呼ばれた。明洞からその西側の小公洞（ソゴンドン），北倉洞（プクチャンドン）が，かつてのソウルのチャイナタウンの中心部であった[13]。ソウル市庁前のロータリーに面するプラザホテルの裏側（南）一帯の地区であるが，1970年代以前は，多数の中国料理店や華人経営の商店が集中していた。しかし，その後の都市再開発や華人経済の衰退で，わずかの中国料理店が残存するのみとなった。

2000年当時，元チャイナタウンの名残が見られる地区は，中華人民共和国

XII ソウルと仁川の旧チャイナタウン

図XII-2 ソウル・明洞における華人店舗集中地区
(2000年6月における現地調査により作成)

大使館付近一帯であった(図XII-2)。中華人民共和国大使館は,1992年の韓国と中国の国交樹立以前は,台湾の「中華民国大使館」であった(写真XII-8)。中華人民共和国大使館の中国様式の赤門前では,常時警察官が厳重に警備していた。中華人民共和国大使館に隣接して,漢城華僑小学・附属幼稚園があった。

2000年6月の筆者の調査では,この付近には,中国料理店が5軒,中国書店が4軒,そのほか中国菓子店,高麗人参販売店などがある(写真XII-9)。中国料理店の中には,「山東水餃館」という店があるが,中国では,山東省の水餃子は有名であり,この店名は韓国華人の中に山東省出身者が多いことを象徴している(写真XII-10)。ここにある中国書店は,中国書よりも日本の書籍や

273

写真XII-8 中国大使館の入口
1992年の韓国と中国の国交樹立以前は,台湾の「中華民国大使館」であった。(2000年6月)

写真XII-9 明洞の中国大使館前の通り
写真右側奥の門は中国大使館の入口。(2000年6月)

写真XII-10　明洞の中国大使館前の通りの
老華僑経営の山東水餃子専門店と中華菓子店（2000年6月）

雑誌に販売の重心を置いているところが多い。

(2) 仁　川

　ソウルの西約30kmに位置し，ソウルの外港でもある仁川は，1882年の開港以来，対外貿易とくに中国との貿易の中心地として栄えてきた[14]。開港後，華人租界が設けられ，そこはチャイナタウンとして発展した。しかし，第二次世界大戦後の華人経済の衰退に伴い，華人経営の中国料理店，商店の閉鎖が相次ぎ，仁川のチャイナタウンは衰退していった。

　2000年6月における仁川華僑総会での聞き取りによれば，朝鮮戦争以降，華人経済の衰退に伴い，アメリカや台湾などへ移住する者が増え，華人人口は減少した。仁川華僑総会の管轄区（京畿道富川市，金浦などを含む）の華人は，戸数863，人口3,330（男1,736，女1,594）であった。また，職種をみると，中国料理店の経営を中心に飲食業が81戸と圧倒的に多く，そのほか漢方医・漢方薬関係16戸，農業7戸，雑貨業4戸などとなっていた。

　仁川駅の東の自由公園の麓の善隣洞，北城洞に位置するかつてのチャイナ

図XII-3　仁川における元チャイナタウン
（2000年6月における現地調査により作成）

タウンは（図XII-3），2000年6月の現地調査では，5軒の中国料理店，3軒の貿易商社のほか，仁川華僑中山中学・華僑小学，仁川華僑総会，中華基督教仁川教会などが集中していた（写真XII-11）。ここでは，「華商豊美　正統中國料理」「華商大昌飯店」「華商仁華貿易」など，「華商」の名称を掲げた看板が目立った。韓国人でなく，「華商」（華人商人）が経営し，「正統」の中国料理を提供する店であるという主張の表れである。

1990年，仁川—威海（山東省）のフェリーの運航が開始されたが，2007年11月の筆者の調査時点では，仁川国際フェリーターミナルから毎週，威海に3便，青島（山東省）・天津・大連（遼寧省）・丹東（遼寧省）に各2便，上海に1便が運行されていた。このように中国との交流が活発化するにつれ，地元では，中国側からの投資拡大や中国人観光客の増加への期待が高まっていった。その結果として，仁川広域市は，観光スポット「チャイナタウン」としてこの地区の整備を推進し，中国式の街並みの復元，牌楼（中国式楼門）の建設が計画された[15]。

XII　ソウルと仁川の旧チャイナタウン

写真XII-11　仁川の元のチャイナタウン
写真中央に「元祖 中國料理 紫禁城」，通りの奥（写真右側）に「豊美 華商 正統中國料理 豊美」が見える。（2006年6月）

5　仁川中華街の再建

　2001年から仁川広域市中区庁は，外国租界時代の歴史的建造物が多く残る地区を整備して，新たな観光ベルトを形成する事業を開始した。その中核をなすのが仁川中華街の再開発であった。2002年，サッカーの日韓共催ワールドカップの際に，多数の中国人が仁川を訪れることも期待されていた。

　筆者の中区庁での聞き取り調査（2007年3月）では，2002年に中区庁の各部門の職員代表が，仁川中華街の再開発の参考とするために，横浜中華街を視察に出かけた。また同年には，仁川中華街のシンボルとなる最初の牌楼が，仁川の姉妹都市である山東省威海市の寄贈で建設された（写真XII-12）。その後，さらに2つの牌楼，三国志壁画通り，韓中文化館，中華街公営駐車場などが建設され，チャイナタウンらしい街路や景観がしだいに整ってきた。

　仁川中華街の再開発に伴い，仁川中華街の外で中国料理店やその他の店舗

277

写真XII-12　仁川中華街の牌楼
写真は初代の牌楼で，その後，改築された。（2007年3月）

を営んでいた華人が，仁川中華街で開業するようになった。2001年には5軒しか残っていなかった中国料理店は，2007年には，30軒あまりに増えた。また，約30軒の中国物産，食品などの店舗が，仁川中華街に立地した（図XII-4）。中国料理店では，中国出身の料理人や従業員を雇用している。中国料理店で働いている従業員の多くは，中国語だけでなく朝鮮語も話せる中国の東北地方から来た朝鮮族が多い。また，山東省などから来韓した新華僑が，中国物産店，中国食品店などを開業する例が多くみられる。

　仁川中華街の再開発事業は，仁川広域市，特に中区庁が主体となって進められた。財政的な支援も，仁川中華街の建設計画も，ほとんどが行政側主導によるものである。地元の華人（老華）は，これまでの仁川中華街の再開発では，付随的な役割しか果たしてこなかった。この背景には，従来の韓国政府の非常に厳しい対華人政策によって，華人社会の経済的，社会的な力が徹底的に弱体化されてきたことがある。

XII ソウルと仁川の旧チャイナタウン

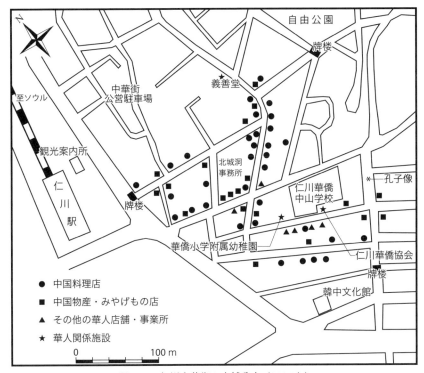

図XII-4 仁川中華街の店舗分布（2007年）
(2007年11月の筆者の調査により作成)

6 おわりに

　本章は，筆者がこれまで進めてきた世界各地の華人社会，チャイナタウンの比較研究の一環として，韓国華人社会の特色とその背景について考察した。
　第二次世界大戦前，朝鮮半島において，華人は対外貿易や商業活動で重要な役割を果たしていた。また，仁川・釜山・元山の開港場やソウルなどにはチャイナタウンが形成された。しかし，戦後，韓国政府の民族経済の自立政策により，華人経済は衰退し，アメリカ，台湾など海外への華人の移住を促し，華人社会は衰退し，チャイナタウンは消失していった。
　今日の華人の経済活動は，もっぱら中国料理業に集中している。中国料理

写真XII-13　ソウルの大林洞(テリムドン)のニューチャイナタウン
新華僑経営の中国料理店が林立している。
（ソウル特別市永登浦大林洞，2007年3月）

は韓国国民の生活に深く浸透している。華人子弟の多くは，各地に設立された「華僑小学」や「華僑中学」において，中国語で台湾式の教育を受けてきた。従来，華僑中学卒業後，台湾の大学へ留学する者が多かったが，最近は韓国国内の大学への進学者が増えている。

韓国は，しばしば「チャイナタウンのない国」と呼ばれてきたが，2000年の筆者の調査では，ソウルの明洞地区と仁川の自由公園下の元チャイナタウンの存在した地区には，今でも，中国料理店をはじめとする華人経営の商店や華人関係の団体，学校が存残し，かつて繁栄したチャイナタウンの名残がみられた。2002年には，仁川駅前に「仁川中華街」と記された牌楼が建設され，観光名所としてのチャイナタウンの開発計画が進行した。釜山においても，チャイナタウンの整備が進んでいる。これは，1992年の韓中国交樹立以降，韓国と中国との交流が活発化する中で，韓国社会の華人に対する見方に

大きな変化が生じ，また中国との貿易拡大，中国や海外華人資本側の投資拡大，中国人観光客の誘致などを見込んでのものである。

本研究は，おもに2000年から2007年まで断続的に実施した筆者の調査成果にもとづいている。近年，韓国の労働力不足により，韓国では，中国出身の労働者が大量に流入し，ソウル特別市の西南部の永登浦区大林洞(テリムドン)のようなニューチャイナタウンが形成されている（写真XII-13）。

【注】
1) 1999年当時，韓国法務部の統計によると，韓国在留の華人総数は23,282人であった（梁，2000：2）。台湾側の僑務委員会編（1999：193）によれば，韓国在住の華人2万人あまりのうち，ソウル特別市に8,000人，仁川に3,200人，ソウル郊外の永登浦地区に1,700人が居住していた。
2) アメリカにおける韓国系華人については，山下（2000：47-48，138；山下，2016：73-76）でも若干言及した。
3) 楊・孫（1991：101-105）に，中国朝鮮商民水陸貿易章程の全文が掲載されている。
4) 加藤（2012）は，万宝山事件について次のように解説している。1931年7月，長春近郊の万宝山付近で水田開墾を巡って起きた中国人農民と朝鮮人農民の騒擾である。まず，同年5月に万宝山付近で朝鮮人農民が無断で行った用水路開削に対して，地元中国人農民が反発。同年7月に，この事件が朝鮮半島に伝わり，在留中国人に対する暴動が発生した。
5) 梁（2000：9）は，万宝山事件に伴う朝鮮半島での華人虐殺事件の犠牲者を約700名としている。
6) 中韓国交樹立の1992年8月24日の様子を，朝日新聞は次のように報じた。「午後4時，ソウルの台湾大使館では，『青天白日満地紅旗』が降ろされた。隣接する漢城華僑学校（小学校）の在韓華僑の児童約800人が，大使館の前庭で涙をこらえ，小旗をふりながら，その光景を見つめた」朝日新聞，1992年8月25日朝刊，「敵対の40年余に幕　中韓国交樹立」（時々刻々）
7) 朝日新聞，1990年11月9日付け朝刊，「韓国企業が中国に進出　航路開設で弾み　地の利に加え安い労賃」
8) 朝日新聞，1993年10月1日付け朝刊，「柔軟性　国交転換，変わらぬ共存」（華人の世界　国のすがた：10）
9) 朝日新聞，1986年9月20日付け朝刊，「ソウルに高まる中国熱　雑誌に鄧小平の顔，中国語学校20に」
10) 綛谷（1998：118-119）によれば，漢城華僑中学の1997年度卒業生144人のうち，台湾の大学に進学した者43人，韓国の大学に進学した者51人，残りの50人は就職あるいはアメリカなど外国への留学であった。

11)「韓国漢城華僑中学　校史」1999年9月1日刊による．
12)「韓国仁川華僑中山中学・仁川華僑小学　概況與沿革」1998年5月12日刊による．
13) 1930年代前半のソウルにおいては，2つの華人集中地区がみられた．1つは，西小門町から長谷川町一帯であり，もう1つは観水洞であった（李，1992）．前者は明洞の西側に位置し，ここが元のチャイナタウンである．
14) 古田（2000: 91-124）は，1890年代初期の仁川における朝鮮市場をめぐる日本商人と華人商人の活動について詳細に分析している．また，河（1994）は，1880年代，90年代におけるソウルと仁川における華人の商業活動について論じている．
15) 韓国の文化観光部韓国観光公社が発行する「仁川トラベルマップ」（日本語版，2007年）には，次のように紹介されている．「中国人村……中国人が代々住んでいるチャイナタウンの中国人村では100年の歴史を持つ独特の華僑文化に接することができる．ここでは中国人が直接腕をふるうレストランで美味しい料理を味わうことができる．中国人村の裏の方へ5分ほど行くと自由公園がある．」

【参考文献】
尹　秀一（2005）：韓国――中国語ブームと韓流のなかで．山下清海編：『華人社会がわかる本――中国から世界へ広がるネットワークの歴史，社会，文化』明石書店，186-198．
河　明生（1994）：韓国華僑商業――1882～1897年迄のソウルと仁川を中心として．研究論集（神奈川大学大学院経済学研究科），28，1-97．
綛谷智雄（1997）：在韓華僑の形成過程――植民地朝鮮におけるエスニックマイノリティ．日本植民地研究，9，1-15．
綛谷智雄（1998）：在韓華僑の生活世界――「在韓華僑エスニシティ」の形成・維持・変化．アジア研究，44(2)，109-138．
加藤聖文（2012）：万宝山事件．貴志俊彦・松重允浩・松村史紀編：『二〇世紀満洲歴史事典』吉川弘文館，206．
熊谷正秀（1996）：韓国の中国料理・日本料理．秋月　望・丹羽　泉編『韓国百科』大修館書店，182-187．
シム，ジェフン（2012）：朝鮮半島．パン，リン編，游　仲勲監訳：『世界華人エンサイクロペディア』明石書店，600-605．
朝鮮総督府編（1924）：『朝鮮における支那人』（調査資料第7輯）朝鮮総督府．
古田和子（2000）：『上海ネットワークと近代東アジア』東京大学出版会．
山下清海（1987）：『東南アジアのチャイナタウン』古今書院．
山下清海（2000）：『チャイナタウン――世界に広がる華人ネットワーク』丸善．
山下清海（2001）：韓国華人社会の変遷と現状．国際地域学研究（東洋大学），4：261-273．
山下清海（2016）：『新・中華街――世界各地で〈華人社会〉は変貌する』講談社．
李恵恩（1992）：1930～1935年の京城府（ソウル）における民族別居住地分化の変遷．歴史地理学，160，2-20．

崔承現（1999）：転折中的旅韓華僑．『華僑華人歴史研究』1999年第3期，42-49．

華僑経済年鑑編輯委員会編(1959):『華僑経済年鑑　中華民国四十八年』華僑経済年鑑編輯委員会,台北.
梁必承(2000):韓国華僑的昨天,今天和明天 —— 迎接充満新的希望的時代.『世界化和人権 —— 華僑的法律地位向上』第7回研討会,Seoul 中国学中心,ソウル,1-16.
梁必承・李正熙(2006):『韓国,没有中国城的国家 —— 21世紀型中国城的出現背景』清華大学出版社,北京.
僑務委員会編(1999):『華僑経済年鑑　中華民国八十七年版』僑務委員会,台北.
楊昭全・孫玉梅(1991):『朝鮮華僑史』中国華僑出版公司,北京.
張泰河(1996):韓国華僑的過去,現在与未来.『華僑華人歴史研究』1996年第2期,60-64.
朱慧玲(1996):韓国華僑社会的変遷与特点.『華僑華人歴史研究』1996年第2期,52-59.

XIII
東京・池袋チャイナタウンの形成
日本最初のニューチャイナタウン

1 はじめに

　本書において前述してきたように，世界各地にみられるチャイナタウンは，その形成過程から2つのタイプ，すなわちオールドチャイナタウンとニューチャイナタウンに分けることができる。前者の多くは都市の中心部近くに形成されているのに対し，後者は，老朽化が進んだオールドチャイナタウンから，より居住条件がよい郊外に移り住んだ老華僑や，香港や台湾出身の裕福な華人，さらに近年は中国大陸出身の新華僑などによって形成されている（山下，2000；山下，2016）。

　では，日本のチャイナタウンの状況はどうであろうか。江戸時代の鎖国政策の下，長崎では中国人の居住地域である唐人屋敷が設置され，その前面の海面を埋め立て中国船の貨物専用の新地蔵所が造成され，この地区が実質的なチャイナタウンとなっていた（陳，2005）。江戸幕末に開港され，外国人居留地が形成された横浜，神戸，長崎には，チャイナタウンが形成された。横浜中華街，神戸南京町[1]，および長崎新地中華街は，「日本三大中華街」として重要な観光地となっている（Yamashita, 2003）。

　中国の改革開放後，とくに1980年代半ば以降，中国大陸からの新華僑の急増に伴い，日本最初のニューチャイナタウンが，東京都豊島区の池袋駅北口周辺に形成された。横浜中華街をはじめとする日本三大中華街は，一般に日本人来訪者を主要な対象とした観光地化の進んだオールドチャイナタウンである。これに対して，池袋チャイナタウン[2]は，新華僑によって形成された日本最初のニューチャイナタウンと位置付けることができる。

本章では，オールドチャイナタウンである日本三大中華街と比較しながら，池袋チャイナタウンのニューチャイナタウンとしての特色を明らかにすることを目的とする。具体的には，池袋チャイナタウンの形成過程，エスニックビジネスの展開，およびホスト社会である地元の日本人コミュニティとの関係を中心に分析していく。

本章においても，チャイナタウンの空間的および景観的側面を重視する地理学的アプローチをとる。アメリカ，カナダなどと異なり，日本においては，小さな統計調査区別のエスニック集団の人口，経済などに関する統計は公表されておらず，チャイナタウンの数量的分析は非常に困難である。このため，華人や地元住民などへの聞き取り調査，チャイナタウンの地図作成，中国語無料新聞（フリーペーパー）の広告の分析などに重点を置いて調査を進めた。

なお，池袋チャイナタウンに関する先行研究はきわめて少なく，1984年および1994年当時の池袋におけるアジア系外国人の社会調査を実施した奥田・田嶋編（1991, 1995）があるくらいである。

2　日本における新華僑の増加

1978年末以降の中国の改革開放政策の推進に伴い，出稼ぎや留学などで世界各地へ出国する中国人が増加し，日本においても，中国人人口が急増した。図XIII-1は，法務省の在留外国人統計にもとづき，1980年以降の日本における在留外国人の推移を示したものである。1980年に52,896人であった在留中国人（中国籍保有者）は，2008年末には655,377人となり，12倍あまり増加した。特に1980年代後半以降，日本語学校，各種学校などで学ぶ学生に支給される就学ビザを取得して来日する中国人が急増した[3]。2017年末の在留中国人は787,614（中国籍730,890人，台湾籍56,724）に増加した。

中国の改革開放政策の実施（1978年末）以降，来日した新華僑と，それ以前から日本に居住してきた老華僑には，日本社会への適応の面で非常に大きな差異が認められるので，両者は区別して考察する必要がある。

新華僑の日本における居住分布をみると，就職先を見つけやすく，同胞が多

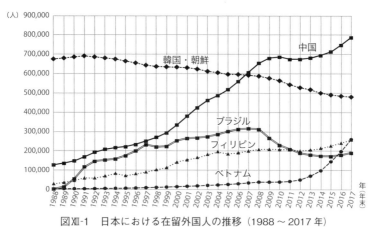

図XIII-1　日本における在留外国人の推移（1988〜2017年）

（注）2011年以前は外国人登録者数，2012年以降は在留外国人数である。中国には台湾を含む（「在留外国人統計」各年版および法務省ホームページ「在留外国人統計表」により筆者作成）。

く住む大都市，特に東京を中心に，その周辺の神奈川・埼玉・千葉の各県に多く住む傾向がある。在留外国人統計によれば，2017年末には，日本に在留する中国大陸出身者（730,890人）の28.1％が東京（205,041人）に居住し，神奈川・埼玉・千葉を加えた東京大都市圏（386,908人）には過半数（52.9％）が居住していた。

　中国人の出身地（本籍地）をみると，大きく変化した。東京オリンピックが開催された1964年，日本在留中国人の人口は48,003人（台湾を含む）であり，その出身地をみると，全体の49.3％は台湾であり，以下，福建12.4％，広東11.0％，江蘇9.8％，浙江6.3％，山東3.7％の順であった。オールドチャイナタウンがある横浜や神戸の華人社会では広東出身者が多数を占めたが，日本全体でみると，台湾出身者が最大多数の集団であった。

　1980年代後半，貧しい中国から豊かな日本へ来た新華僑の大半は出稼ぎ目的であり，後述するように，その多くは福建省の福清および上海出身であった。これが，2008年になると，遼寧16.2％，黒龍江10.3％，吉林8.4％の東北3省が，全体の34.9％を占めるまでに増加した。後述するように東北3省は

中国国内でも日本語教育が盛んであり，日本語と朝鮮語が文法的に近く，日本語学習に有利な朝鮮族が多い地域である。

　外国人人口が増加する日本の中で，外国人が最も多く居住するのは東京都であり，2017年末現在，537,502人（全国の21.0％）に達する。東京都では，国籍等別にみると，中国人（台湾人を含む）が最も多く（224,322人），韓国・朝鮮人（98,012人）がこれに次ぎ，第3位がベトナム人（33,120人）となっている。

3　池袋チャイナタウンの形成

　1980年代に入り，中国政府は，国費あるいは各種公費による留学生を日本へ多数派遣するようになった。そして1984年，中国政府は私費留学生の出国に関する暫時規定を公布し，海外への留学がほぼ完全に自由化された。一方，日本政府も，1983年に「留学生受入れ10万人計画」[4]を開始し，就学生の入国手続きを簡素化した。さらに，中国政府は1986年，公民出境管理法を施行し，私的理由による出国も認めるようになった（伊藤，1995）。これらを契機に，これまで出国の機会がなかった中国人が，日本語学校や各種学校で学ぶための就学ビザを取得して大量に来日し，1987～1988年には新華僑の激増を招いた。

　池袋は，東京都豊島区にある池袋駅の周辺の繁華街であり，新宿，渋谷などとともに，東京の主要な副都心の1つである。池袋駅は，JR山手線・埼京線，東武東上線，西武池袋線，東京地下鉄丸ノ内線・有楽町線・副都心線などの路線が乗り入れる東京の重要なターミナル駅である。JRの駅に限れば，JR池袋駅はJR新宿駅に次いで日本で2番目に乗降客数が多い駅である[5]。

　新華僑が池袋周辺に集中するようになった主要な理由として，以下に示す3つを挙げることができよう。1つは，池袋周辺に日本語学校が多く立地したことである。1980年代後半，日本語学校の多くは東京に集中しており，特に日本語学校が多数立地したのは，池袋と新宿の周辺であった。2つ目の理由は，池袋駅から徒歩5～10分くらいの地区に老朽化した安価なアパートが多かっ

写真Ⅻ-1　1992年当時のモルタル2階建てアパート
池袋駅北口から徒歩5分に位置（池袋1丁目）。老朽化が進み,居住者のほとんどは中国人で,1部屋に数人で共同生活していた。(1992年12月)

たことである。かつては池袋周辺にある大学の学生が居住していたが,しだいに豊かになった日本人学生は少々高くてもより立派なアパートを好むようになった。当時の新華僑は,生活費を抑えるために,8～10 m^2 ほどの狭いワンルームに,2～4人で共同生活する場合が一般的であった（写真Ⅻ-1）。3つ目は,東京有数の繁華街である池袋には,来日したばかりで日本語がほとんどできない中国人就学生でも,居酒屋などのレストランの皿洗いやビルの清掃などのアルバイトを見つけやすかったことである（山下, 2010）。

　前述した池袋の老朽化した安価なアパートに居住した新華僑の中には,1980年代後半は特に福建省出身,特に省都,福州市に属する福清地方の新華僑が集中居住するようになり,そのような地区は「豊島区福建村」とも呼ばれるようになった（山下, 2010: 64-76）。日本の老華僑の中には福清出身者が多く,福清には日本在留の老華僑が,故郷の発展に多額の寄付をしてきた。日本に家族や親類が居住している例も多く,福清と日本の間に老華僑のネット

XIII　東京・池袋チャイナタウンの形成

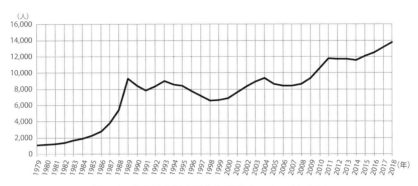

図XIII-2　豊島区在留中国人の推移（1979〜2018年）
各年1月1日の数値を示す。
（東京都ホームページ「東京都の人口」の外国人人口により筆者作成）

ワークが形成されていたことが，福清出身の新華僑を生成したということができる（山下ほか，2014；山下，2002：147-165）。

　東京都の外国人登録に関する統計によれば，1987年に3,779人であった豊島区在留の中国人は，1988年には5,394人に，1989年には9,330人となり，わずか2年間で2.5倍に急増した。この時期の中国人就学生の中には，許可されているアルバイト時間以上にアルバイトに従事し，日本語学校に籍を置いたまま，もっぱら不法就労を行う者が多数にのぼった。これに対して，日本の入国管理局がビザ発給を制限したため，1990年の豊島区在留の中国人は8,399人，1991年には7,823人に減少した。その後，リーマンショックが起こり，日本経済が停滞する2008年までは，豊島区在留の中国人は7,000〜9,000人前後を推移し，2010年には10,601人に，そして2018年には13,727人に増加した（図XIII-2）。

　豊島区全体の国籍別の在留中国人の人口統計はあるが，中国の出身地・本籍別の人口は公表されていない。また，池袋の国籍別の外国人人口も公表されていない。しかし，池袋におけるフィールドワークで得られた情報によれば，池袋在住の中国人の出身地をみると，1980年代後半は福建省福州市の福清および上海周辺の出身者が多く，1990年代に入ってからは，遼寧・吉林・黒龍江の東北3省の増加が著しくなっている。このことは景観からも把握す

写真Ⅻ-2 池袋チャイナタウンの老舗の東北料理店
店の入り口の看板には「中国家郷料理」、道路側の看板には「中国東北家郷料理」と書かれている。(池袋1丁目、平和通り、2011年5月)

写真Ⅻ-3 延辺料理店の置き看板
「延辺風味」(延辺朝鮮族自治州の郷土料理)、羊肉串(羊肉の串焼き)、狗肉火鍋(犬肉の鍋料理)、延辺冷麺などと書かれている。(西池袋3丁目、2005年1月)

ることができる。池袋チャイナタウン内には「中国東北料理」の看板を掲げる中国料理店が多数みられるようになってきた(写真Ⅻ-2)。

東北3省出身者が増加したことの背景の1つには、朝鮮族が多く来日するようになったからである。東北3省は中国における朝鮮族の集中地区であり、朝鮮語と日本語は言語学的に類似点が多く、朝鮮族にとって日本語は習得しやすい外国語である。また、東北3省はかつての「満洲国」であり、中国国内において日本語学習が盛んで、日本への留学熱も高い地域である。ちなみに在留外国人統計によれば、2011

年末当時，東京都在留の中国籍保有者（164,424人）に占める東北3省出身者（50,195人）の割合は30.5％にのぼった。池袋では，朝鮮族が経営する料理店が増えており，朝鮮族が好む犬肉料理を提供する店もある（写真XIII-3）。

4　新華僑のエスニックビジネス

　来日して間もない新華僑が，池袋周辺の老朽化した安価なアパートに集中するようになっても，新華僑が経営する料理店，商店などの商業機能やサービス機能の集積がなければチャイナタウンとは言えない。新華僑のエスニックビジネスの発展には，中核となる新華僑経営のビジネスの立地が重要な意義を持つ。それらが，池袋チャイナタウンのシンボル的な存在となった中国食品スーパーマーケットの知音と陽光城である。

　知音が池袋駅北口付近で開店したのは1991年である（写真XIII-4）。知音のビジネスは，もともと中国語の録画ビデオのレンタルサービスから発展していったが，後に池袋チャイナタウンで最大の食品スーパーマーケットと書店を開業し，旅行社，中国料理店，『知音報』という名前の毎月2回発行の中国語フリーペーパーを発行する総合企業に発展していった。しかし，2010年1月に倒産した。

　知音の立地は，池袋周辺のみならず，東京都内および周辺の埼玉，千葉などの県に在住する新華僑を吸引した。これらの新華僑の来訪者の増加に伴い，知音の周辺には，中国料理店，PCや携帯電話の販売店，ネットカフェ，カラオケ店をはじめ新華僑経営の店舗・オフィスが多く開業した。

写真XIII-4　池袋駅北口そばで知音が営業していた当時の雑居ビル
4階に知音中国食品店，2階に知音中国書店があった。2010年以降，4階に中国食品友誼商店，2階に開聲堂中国書店が入居。（2006年5月）

写真Ⅷ-5　中国食品スーパー，陽光城
池袋チャイナタウンの中国関係の店舗の多くは，複合ビルの上階か地階にある。路面店で，赤や朱色の看板の陽光城は景観的に目立っている。
（2009年6月）

2002年には，後に知音のライバルとなる陽光城が，知音のすぐ近くに開業した（写真Ⅷ-5）。陽光城は，路面店であり，中国式の赤や黄色の目立つ店舗の外装は，池袋チャイナタウンの象徴的景観となった。陽光城も，知音と同様，食料品販売の他に，『陽光導報』という中国語フリーペーパーを発行している。池袋では，このほかに10種あまりの中国語フリーペーパーが発行されている。その内容は，中国や日本に関する時事問題，芸能などのニュースの他に，中国料理店や商店などの商業広告，求人広告に多くのページが割かれている。

池袋駅北口周辺では，1990年代から新華僑経営の店舗が増え始めたが，2002年の陽光城の進出は，池袋チャイナタウン形成の起爆剤となった。このような過程に早くから注目してきた筆者は，2003年，「池袋チャイナタウン」という呼称を提唱した。そして，2007年3月，筆者は杜　国慶・村松孔明（ともに現・立教大学教授）とともに，「池袋チャイナタウンガイド　池袋華人街指南」と名付けた日本語・中国語のガイドマップを作成した[6]。このガイドマップは，社会的にも大きな反響を呼び，池袋チャイナタウンを紹介する記事が新聞，雑誌などに掲載された。また，テレビやラジオでは，ニュース番組の中の特集などで，池袋チャイナタウンが取り上げられた[7]。さらに，中国の新聞でも，池袋チャイナタウンについて報道されるようになった[8]。

池袋チャイナタウンは，池袋駅の西側に位置する池袋駅北口周辺に形成さ

XIII　東京・池袋チャイナタウンの形成

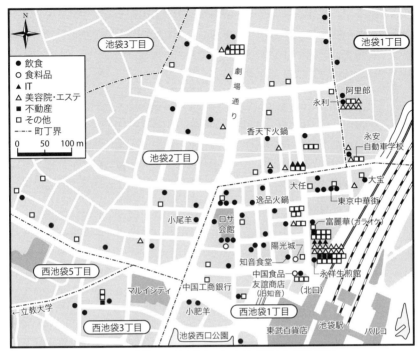

図XIII-3　池袋チャイナタウンにおける華人店舗の分布
(2016年1月筆者の調査により作成。山下，2016：45)

れている。池袋チャイナタウンにある華人関係の店舗・オフィスに関する公の統計はない。そこで，筆者は，中国語フリーペーパーに掲載されている広告を参考にしながら，現地調査により，華人関係の店舗・オフィスに関するデータベースを作成し，華人店舗の分布地図を作成した（図XIII-3）。池袋チャイナタウンのおよその範囲は，池袋1丁目～4丁目，および西池袋1丁目～5丁目である。2016年1月現在，筆者が把握できたこの範囲の地域に立地する華人関係の店舗・オフィスは，合計194軒であった。それらを種類別にみると，中国料理店が最も多く63軒であり，全体の32％を占めた。そのほか，美容院・エステが31軒，旅行社が9軒，不動産業が8軒，コンピュータ・携帯電話の販売・修理およびホームページ作成が7軒などとなっていた。興味深いのは，行政書士・法務事務所が15軒あり，これらの事務所の経営者は日

本人であるが，中国語対応専門の中国人従業員を配置して，中国人クライアントのビザ取得や帰化申請などの業務を行っている。行政書士などの資格取得は，新華僑にとっては困難であり，新華僑の増加する需要に対応して，日本人経営の行政書士・法務事務所が池袋チャイナタウンに進出してきたものである。

　新華僑のビジネスの特色は，同胞である新華僑を対象にしたものがほとんどである。日本三大中華街が主として日本人観光客相手に成り立っているのに対して，池袋チャイナタウンの店舗の顧客は，もっぱら新華僑同胞である。しかし，新華僑経営の中国料理店が増加するにつれ，低価格をセールスポイントにする中国料理店が多くなり，全体的に低価格競争に陥り，実際の収益が少ない状況で，経営的に苦しんでいる中国料理店も少なくない。そこで池袋チャイナタウンの中国料理店のほとんどは，日本人にもわかりやすい写真付きの日本語メニューを用意し，日本人客には日本人の食の好みに合わせて，油や香辛料を控え目にするなどの配慮をし，より多くの日本人客を取り込む努力をしている。また，新華僑経営の中国料理店の中には，清潔感のある室内，特にトイレに気を使い，従業員には，日本人客に対してきめ細かなサービスができるようトレーニングをしている店もみられる（山下，2010: 104-108）。

　2007年には，中国の有名なしゃぶしゃぶ専門のレストランチェーンである小尾羊が池袋に開業した。この店は，開業当初から中国人客よりも日本人客をメインターゲットと考え，店構えもサービスも，日本人客を十分に配慮して池袋に進出した（山下，2010: 101-103）。2009年には，中国の代表的な銀行である中国工商銀行が東京支店の池袋出張所を開設した。このように中国本土の企業の池袋進出は，池袋チャイナタウンの経済的地位の高まりを表している。

5　新華僑と地元コミュニティ

　池袋チャイナタウンが形成される過程で，新華僑と地元コミュニティとの相互関係は極めて希薄であった。地元コミュニティの代表的な組織としては，

町会と商店会がある。町会は，町内に住む住民によって組織された親睦，共通の利益のための任意団体で，住民相互の連絡・連携，環境美化，防災・防犯などの活動を行う。また商店会は，商店街やある一定の区域の商店主などによって組織された団体で，イベントの開催，防犯パトロール，区域内の清掃活動などを行っている。しかし，新華僑でそれら地元の組織に加入している者は非常に少ない。また，新華僑と地元の日本人との間には，相互のコミュニケーションもほとんどみられないのが現状である。

　このような状況を如実に反映した問題が発生した。池袋チャイナタウン内の新華僑の中国料理店をはじめとする商店・事業所の経営者約40名は，2008年1月に「東京中華街」準備委員会を組織し，池袋駅の半径500m以内に存在する中国人の商店などをネットワークで結んだ「東京中華街」構想を打ち出した。この構想は，池袋周辺に点在している中国料理店をはじめとする華人経営の店舗などをつなぐネットワーク作りを目指したもので「東京中華街」という名称を掲げた。この「東京中華街」構想は，まず，新華僑向けの華字紙などの中国メディアを集めた記者会見で発表された。これに対して，同年2月6日には，日本語タブロイド新聞『夕刊フジ』が，「池袋中華の乱　地元商店会vs中国系飲食店」という見出しで報じた。地元の商店会にとっては，そのような中華街構想は寝耳に水であり，地元に何の相談もなく，新華僑が池袋に中華街を作るような話は，極めて不愉快である旨の商店会代表のコメントが掲載された。

　その後，増加する池袋の新華僑に関する日本語の新聞，テレビなどのマスコミ報道の多くは，「新華僑vs地元商店会」の切り口で報じられることになった。そして，一般の日本人には，池袋では新華僑と地元コミュニティが対立しているというイメージばかりが強調されることになった。筆者の地元民への聞き取りによれば，新華僑が打ち出した「東京中華街」構想は，多くの日本人には，日本で最も有名な横浜中華街のように，中国一色に染められた区画が造成されるものと映り，警戒心を持つ者が少なくなかった。

　2008年3月には，チベットにおいて自由化を求めるチベット族と中国当局の衝突事件が発生した。また，2008年8月開催の北京オリンピックの日本国

表XIII-1　池袋チャイナタウン関連年表

年月日	内容
1991年	中国食品スーパー「知音」，池袋駅北口に開店
1991年 5月	奥田道大・田嶋淳子編『池袋のアジア系外国人 ―― 社会学的実態報告』(めこん) 刊行
2002年 7月	中国食品スーパー「陽光城」，池袋駅北口に開店
2003年 8月	山下清海，「池袋チャイナタウン」の呼称を提唱 (『地理』第48巻第8号)
2007年 3月	「池袋チャイナタウンガイド」発行 (山下清海・松公明・杜　国慶共同作成)
2007年 5月16日	東京新聞 (朝刊)「池袋チャイナタウン　熱烈歓迎」
2007年 5月29日	TBSテレビ「イブニング・ファイブ」特集：池袋チャイナタウン，「池袋に激安チャイナタウン出現！　ギョーザ1キロ480円」
2007年11月 5日	読売新聞 (夕刊)「池袋に中華街　中国人の生活支援」
2007年12月下旬	中国製冷凍餃子中毒事件　→反中ムードが高まる
2007年11月	「東京中華街」準備委員会，発足
2008年 2月 6日	夕刊フジ「池袋中華の乱　地元商店会 vs 中国系飲食店」
2008年 8月	北京オリンピック開催 (8月8日～24日)
2008年 8月28日	朝日新聞「池袋活性化へ『東京中華街』構想　地元商店会に反発も」
2008年11月26日	テレビ朝日「報道ステーション」特集：潜入　池袋の中国人社会～「中華街」構想に地元は反発～
2008年12月24日	テレビ朝日「スーパーJチャンネル」特集：池袋チャイナタウン計画～都会で広がる中国人社会～
2009年 2月15日	日経マガジン「探訪　池袋中華街」
2009年 5月 2日	NHKテレビ「おはよう日本」特集：中国人の生活を支える池袋
2009年 9月	朝日新聞 (東京版)「池袋　新華人が集う街」(連載9月21日～10月6日)
2010年 3月13日	産経新聞「まるで異国？！　定住化進む池袋チャイナタウン」
2010年 9月 7日	尖閣諸島中国漁船衝突事件　→反中ムードがさらに高まる
2010年11月	山下清海著『池袋チャイナタウン ―― 都内最大の新華僑街の実像に迫る』(洋泉社) 刊行
2011年 3月11日	東日本大震災　→多数の中国料理店のコック，従業員が帰国
2012年 9月11日	尖閣諸島国有化　→中国各地で反日デモ
2012年10月17日	NHK総合テレビ『探検バクモン』「ニイハオ！　池袋リアルチャイナ」
2013年11月	『おさんぽマップ　東京エスニックタウン』実業之日本社 (中国人のエスニックタウンとして池袋を紹介)
2014年10月22日	TBSテレビ「Nスタ　ニューズアイ」特集「池袋ディープ中華街」
2015年 4月17日	朝日新聞夕刊 (東京本社版)「各駅停話　東武東上線　池袋」で池袋チャイナタウンを紹介
2018年 6月15日	ドン・キホーテ池袋駅北口店開業　→訪日中国人の来街者増加
2018年 7月20日	東京メトロのフリーマガジン「メトロミニッツ (Metro min.)」8月号，池袋特集で池袋チャイナタウンを紹介
2018年 9月 6日	「ホットペッパーグルメ」(リクルート) のウェブマガジン「メシ通」の特集，「チャイナタウンの達人に聞いた，パスポートの要らない中国【池袋】をガッツリ楽しむ極意とは」

(筆者作成)

XIII 東京・池袋チャイナタウンの形成

内聖火リレーが，1998年冬季オリンピックが開催された長野市で，2008年4月26日に実施された際，長野市に全国各地から集まった在日中国人と日本人の集団が衝突する事件が発生した。2008年当時，中国製冷凍餃子中毒事件[9]やチベット問題などの影響で，日本国内では反中，嫌中的なムードが高まっていた。この時期に，池袋において「東京中華街」構想が持ち上がり，日本で急増する新華僑に対して警戒心を持つ日本人も増えた。

2008年8月8日，北京オリンピックの開会式当日，「東京中華街」準備委員会は，東京中華街促進会に名称

写真XIII-6　路上に並べられた置き看板
知音が入っているビル（写真XIII-4）の前の歩道。（2003年6月）

を変更し，「東京中華街・池袋」（英語名：The Chinatown of Tokyo in Ikebukuro）の成立を宣言した。

筆者は2010年，地元の池袋西口商店街連合会，豊島区観光協会の代表者および新華僑の代表者に聞き取りを実施した。地元の日本人団体の代表者の主張をまとめると次のようになる。

1990年代から池袋に新華僑が増加するにつれ，新華僑と地元との間で，トラブルが頻発するようになった。そのようなトラブルの代表的な例は，以下のとおりである。日本ではごみの分別回収が進んでいるが，多くの新華僑はごみ出しのルールを守らない。新華僑の増加に伴い，池袋での新華僑が関係する犯罪が増加し，治安が悪くなった。新華僑経営の商店や料理店が公道である歩道上に大きな置き看板を放置したり（写真XIII-6），歩道にはみ出して商品を並べたりして迷惑を被っている。新華僑のほとんどが地元の町会や商店会に加入せず，街灯の電気代も払わない（山下，2010: 145-147）。

写真XIII-7 政治団体による
中国人排斥の集会
（池袋駅西口，2010年1月）

一方，新華僑の代表者からは，次のような見解が述べられた。

　地元の商店会や町会側は，新華僑の増加に伴い池袋の治安が悪化すると批判するが，池袋の新華僑の経営者たちのほとんどはまじめな人々である。新華僑の組織を結成して，非合法的な勢力の侵入を防いでいきたい。日本社会のルールを理解していない者も一部にはいるが，だからこそ，東京中華街促進会のような組織を通して新華僑の指導を行っていきたい。中国では，日本のような地元の町会や商店会のような組織がないので，それらの組織に加入するメリットを十分わかっていない新華僑も少なくない。新華僑側としては，地元の商店会や町会と協力して，池袋の発展に寄与していきたい。

　地元の代表者は，自分たちは新華僑を排除しようとしているわけではなく，できれば新華僑と友好的に付き合っていきたいが，その前提として，新華僑側には「郷に入っては郷に従え」という諺どおりに行動してほしいと主張する。そのためには，地元と新華僑の間での十分なコミュニケーションが必要である。

　このような状況の中で，反中国的な活動を行っている一部の政治的グループは，新華僑による「東京中華街」構想を攻撃対象に定め，「中国人による中華街構想粉砕！」，「中華街建設計画をぶっ潰せ！」，「池袋をシナ・マフィアの巣窟にするな！」，「シナ人を一人残らず叩き出せ！」，「池袋から中国人を追放せよ！」などと叫ぶヘイトスピーチを，池袋駅西口で行うようになった[10]（写真XIII-7）。しかし，これらの行動は，一般の住民を取り込むほどの賛

同は得られなかった。

6　おわりに

　本章では，日本で最初のニュータウンである東京の池袋に形成された池袋チャイナタウンの特色について，その形成過程，エスニックビジネスの展開，新華僑と地元の日本人コミュニティとの関係を中心に分析してきた。

　オールドチャイナタウンのタイプに属する横浜・神戸・長崎の日本三大中華街は，多数の日本人観光客を集める当該地域の重要な観光地として発展してきた。これに対し，池袋チャイナタウンは1990年代以降形成された新興のニューチャイナタウンである。

　筆者は，チャイナタウンの発展段階として，3つの段階があると考えている。この段階に沿って，池袋チャイナタウンを位置付けてみることにする。

　池袋チャイナタウンで展開される中国料理店，ネットカフェ，食料品販売店，パソコン・携帯電話の販売修理店，不動産店などの多くの顧客は新華僑同胞である。すなわち，チャイナタウンの発展段階からみると，池袋チャイナタウンは，もっぱら同胞相手にサービスを提供する店舗の集合という第1段階すなわち萌芽期にある。

　しかし，新華僑経営の中国料理店，美容院・理髪店，貿易業などの中には，新華僑同胞に限らず日本人の顧客を多く取り込もうとする経営戦略を採用しているところもある。このような意味で，池袋チャイナタウンは，第1段階から成長期と言える第2段階に入ろうとしていると言えよう。次の第3段階，すなわち成熟期のチャイナタウンとしては，日本三大中華街が該当する。現在，池袋チャイナタウンが，第2段階から第3段階に進むことができるかどうかの岐路にある。

　今後の日本では，増加する外国人と地元コミュニティとのコンフリクトという問題が各地で発生することが予想される。池袋チャイナタウンは，このような在留外国人問題を乗り越えていけるかどうかの試金石として注目される。

【注】

1) 神戸の南京町にある南京町商店街振興組合は，単に「南京町」と称し，「神戸南京町」とは呼んでいない。横浜中華街も第二次世界大戦以前は「南京町」と呼ばれていた。本書では，「神戸の『南京町』」という意味で，「神戸南京町」という呼称を用いる。南京町商店街振興組合 http://nankinmachi.or.jp/ （最終閲覧日：2018年6月30日）

2) 日本では，チャイナタウンを「中華街」と呼び，「中華街」といえば，横浜中華街を思い浮かべる人が多い。このため，「中華街＝観光地」という固定したイメージが醸成されてきた。池袋に形成されたチャイナタウンは観光地というよりは，華人同胞に必要なサービスを提供する地区という性格が強い。そこで，2003年，月刊誌『地理』第48巻第8号掲載の拙稿「世界各地の華人社会の動向」において，筆者は，池袋駅北口周辺の新華僑経営の店舗が集中する地区を，「池袋チャイナタウン」と呼ぶことを提唱した。

3) 日本語学校，各種学校などで学ぶ外国人学生の在留資格は「就学」，大学で学ぶ学生の在留資格は「留学」であったが，2010年から両者の区分をなくし，「留学」の在留資格へ一本化された。

4) 「留学生受入れ10万人計画」とは，他の先進国に比べ日本は留学生が少ないので，2000年までに日本で学ぶ留学生をフランス並みの10万人にしようという計画であった。また日本政府は，2008年には，当時約12万人であった日本で学ぶ外国人留学生を，2020年には30万人に増やす「留学生受入れ30万人計画」を発表した。

5) 国土数値情報ダウンロードサービスの駅別乗降客数(2017年度)のデータによれば，全国においてJR駅の1日の乗降客数を多い順にみると，新宿駅1,520,086人，池袋駅1,113,560人，東京駅869,266人の順であった。

6) この「池袋チャイナタウンガイド」は，筆者のホームページで公開されている。http://qing-hai.org/IkebukuroChinatownGuide.pdf

7) 例えば，日本語以外の新聞では，2007年10月1日 *The Asahi Shimbun*（朝日新聞の英字紙）が，"Settling in new Chinatown caters to a new generation of immigrants"と題する記事を掲載した。

8) 池袋チャイナタウンに関する中国の新聞報道の記事の1つの例は，次のサイトで見ることができる。http://www.dfdaily.com/node2/node23/node220/userobject1ai78948.shtml（最終閲覧日：2018年12月25日）

9) 2007年12月下旬から2008年1月にかけて，中国から日本へ輸入された冷凍餃子に農薬が混入され，それらを食べた複数の日本人が中毒症状を訴え，このうち一人の女児が一時意識不明の重体に陥った。日本側は鑑定結果から，農薬は中国で混入されたと主張したが，中国側はこれを否定し続けた。このため，日本では反中国的なムードが高まり，中国製食品の安全性を疑った日本人消費者は，中国製食品の買い控えをするようになり，その影響は現在も続いている。2010年3月になって，中国側は冷凍餃子を製造していた工場の中国人従業員を逮捕し，中国製冷凍餃子中毒事件は一応の終結をみた。

10) 東京都新宿区の大久保コリアタウンにおいて，韓国人に対するヘイトスピーチが盛んになり，メディアで大きく取り上げられるようになったのは，2013年2月頃からである。しかし，池袋では，北京オリンピックが開催された2008年頃から，中国人に対するヘイ

トスピーチが行われていた．ただし，当時，これらはメディアに取り上げられなかっただけである（山下，2014）．

【参考文献】
伊藤泰郎（1995）：中国人の定住化―いわゆる「新華僑」をめぐって．駒井 洋編：『定住化する外国人』明石書店，199-226．
奥田道大・田嶋淳子編（1991）：『池袋のアジア系外国人―社会学的実態報告』めこん．
奥田道大・田嶋淳子編（1995）：『新版 池袋のアジア系外国人―回路を閉じた日本型都市でなく』明石書店．
陳 東華（2005）：長崎華人社会の形成と特色．山下清海編：『華人社会がわかる本―中国から世界へ広がるネットワークの歴史，社会，文化』明石書店，120-125．
山下清海（2000）：『チャイナタウン―世界に広がる華人ネットワーク』丸善．
山下清海（2002）：『東南アジア華人社会と中国僑郷―華人・チャイナタウンの人文地理学的考察』古今書院．
山下清海（2010）：『池袋チャイナタウン―都内最大の新華僑街の実像に迫る』洋泉社．
山下清海（2014）：池袋の新華僑と世界の中国人ニューカマー．別冊『環』20「なぜ今，移民問題か」，藤原書店，203-208．
山下清海（2016）：『新・中華街―世界各地で〈華人社会〉は変貌する』講談社．
山下清海・小木裕文・松村公明・張 貴民・杜 国慶（2014）：在日老華僑および新華僑の僑郷としての福清．山下清海編：『改革開放後の中国僑郷―在日老華僑・新華僑の出身地の変容』明石書店，84-117．

Yamashita, K. (2003)：Formation and development of Chinatown in Japan: Chinatowns as tourist spots in Yokohama, Kobe and Nagasaki. *Geographical Review of Japan*, 76, 910-923.

第3部

結 論

XIV
世界のチャイナタウンの類型化
むすびに代えて

1 チャイナタウンの類型化の指標

　本書では，世界各地のチャイナタウンの形成・変容について考察してきた。今日，世界のチャイナタウンは大きく変容しつつあるが，各地の事例を相互に比較検討してみると，世界各地のチャイナタウンには，それぞれに地域的特色がみられる一方，多くのチャイナタウンに共通する普遍的特色も見出すことができる。これらの普遍的特色に着目することにより，世界各地のチャイナタウンをいくつかのグループに類型化することができる。

　世界のチャイナタウンを比較考察する場合に，筆者は人文地理学的視点から重要と思われる4つの指標を抽出した。すなわち，① チャイナタウンが立地する場所の特色，② チャイナタウンで生活する住民の特色，③ チャイナタウンの景観の特色，および ④ チャイナタウンが有する機能の特色である。

　以下，これら4つの指標について検討する。

　まず，①に関しては，チャイナタウンが形成された地区が，どのようなところであったのか，例えばダウンタウンであるのか，都市郊外であるのかなどが重要である。

　②に関して，チャイナタウンを構成している華人の出身地，移住時期，社会経済的地位などに注目する必要があろう。チャイナタウンは，ホスト社会や他のエスニック集団との相互関係による「すみわけ」によって形成されるからである（山下, 1988: 1-30）。

　地理学は景観を重視する学問であるが，③に関しては，チャイナタウンの景観において，中国の伝統的な特色がいかに反映されているか，建物の老朽

化の程度，廟などの華人社会の伝統文化や血縁・地縁的な諸施設の存在，観光地化のシンボルとしての牌楼の有無，などに注目する。

最後の④については，チャイナタウンが有している機能について注目する。チャイナタウンが，主として誰に対して，どのようなサービスを提供しているのかが重要な視点になる。同胞である華人が中心なのか，それとも華人以外のホスト社会や他のエスニック集団の人々なのかを検討しなければならない。

以上の４つの指標にもとづいて，世界のチャイナタウンの類型化を試みた結果が表XIV-1である。

2　オールドチャイナタウン

これまでにも述べてきたように，世界のチャイナタウンは，老華僑によって形成されたオールドチャイナタウンと，これとは別に新華僑を中心に新たに形成されたニューチャイナタウンに分けることができる。

まず，オールドチャイナタウンからみてみよう。

海外に移住した華人がチャイナタウンを形成する大きな理由は，新天地において華人同胞が集団で居住することにより，必要な物資，サービス，情報などを入手しやすくなり，伝統的な生活様式を維持するのに有利だからである。また，華人排斥が強かった第二次世界大戦前のアメリカのように，ホスト社会や他のエスニック集団とのコンフリクトから自らを防衛するためでもある。したがって，オールドチャイナタウンの旧来型では，華人同胞への経済，社会，文化の種々のサービスの提供が重要な機能となる。このため，チャイナタウンの中には，各種の商店以外にも，血縁，地縁などの団体（会館），媽祖や関羽を祀った廟，中国語で授業を行う華僑学校などが集積している。東南アジアのホスト社会の住民にとって，このようなオールドチャイナタウンは，必要とするさまざまな物品が販売されている場としてとらえられてきた（山下，1987）。

一方，一部のオールドチャイナタウンは観光地化が進んでいる。この典型

XIV 世界のチャイナタウンの類型化

表XIV-1 世界のチャイナタウンの類型化

類型	サブ類型	①立地	②住民	③景観	④機能	代表例
オールドチャイナタウン	旧来型	ダウンタウン	老華僑	商店群、会館・廟、華僑学校	同胞へのサービス提供＋ホスト社会住民への商業	東南アジア各地の多くのチャイナタウン（ホーチミン、ジャカルタ、マニラ、ヤンゴンなど）、モーリシャス・ポートルイス
オールドチャイナタウン	観光地型	ダウンタウン	老華僑	牌楼、中国料理店・中国物産店の集積	観光	日本三大中華街（横浜・神戸・長崎）、バンコク、クアラルンプール、シンガポール、SF、NYマンハッタン、ロサンゼルス、バンクーバー、ロンドン、アムステルダム、シドニー
ニューチャイナタウン	ダウンタウン型	ダウンタウン	新華僑	商店群	同胞へのサービス提供＋ホスト社会住民への商業	池袋チャイナタウン、トロント東区華埠、パリ・ベルヴィル、サンパウロ・3月25日通り
ニューチャイナタウン	住宅・商業型	郊外	老華僑＋新華僑	住宅地＋商店群	居住＋商業	NY郊外フラッシング、SF郊外リッチモンド、LA郊外モントレーパーク、バンクーバー郊外リッチモンド
ニューチャイナタウン	高級住宅型	郊外	新華僑	高級住宅地、ゲーテッド・コミュニティ、マンション、ショッピングセンター	居住	LA郊外ローランドハイツ、トロント郊外リッチモンドヒル
ニューチャイナタウン	モール型	郊外	新華僑	大型ショッピングモール	ホスト社会住民への商業	東ヨーロッパ（ワルシャワ、ブダペスト、ブカレスト）、アフリカ（ヨハネスブルグなど）、ドバイ

（注）NY：ニューヨーク、SF：サンフランシスコ、LA：ロサンゼルスを示す。　　　　（世界各地の現地調査により筆者作成）

写真XIV-1　カナダの首都，オタワのチャイナタウンの牌楼
オタワと北京は友好都市関係にあり，この牌楼は北京側の援助で
2010年に建てられた。（2014年9月撮影）

例は日本三大中華街（横浜中華街，神戸南京町，長崎新地中華街）である。また，サンフランシスコ，ニューヨーク・マンハッタン，ロンドン，シドニーなどのオールドチャイナタウンは，多数の観光客が訪れる当該都市の重要な観光スポットになっている。しかしこれらは一部にすぎない。日本では，チャイナタウンは観光地であるととらえがちであるが，グローバルスケールでチャイナタウンをみると，これは適合しない。チャイナタウンの観光地化に関しては，中国文化（特に中国の食文化）がホスト社会において観光資源になるかどうかが重要である。例えば，イスラム圏においては，ハラールでない中国料理を食べにチャイナタウンに行くホスト社会住民はいない。本書Xで考察したように，マレーシアのクアラルンプールのチャイナタウンの観光地化は，国内の華人や外国人観光客に依存している。

近年,チャイナタウンの観光地化を企図して,そのシンボルとなる牌楼を建設する例が多くみられるようになった。横浜中華街の最初の牌楼は1955年に建設された。またアメリカのチャイナタウンで最初の牌楼は,1970年,サンフランシスコのチャイナタウンに建てられた(山下,2000: 27-28)。その後,中国の経済発展,国際政治における地位の高まりを反映して,中国側の協力援助も加わり,世界各地のチャイナタウンで牌楼の建設が続いている(写真XIV-1)。

3 ニューチャイナタウン

ニューチャイナタウンの多くは郊外に形成されるが,その形成の原動力の1つは,オールドチャイナタウンに居住していた老華僑である。ホスト社会への定着の進行とともに,一部の老華僑はより居住条件に優れた郊外へ移住してニューチャイナタウンを形成する場合が一般的である。

しかし,台湾や香港の出身者,そして近年多くみられるようになった中国大陸出身の富裕層は,オールドチャイナタウンではなく最初から郊外の住宅地に居住する場合も多く,このような地域がニューチャイナタウンに発展していく例が各地でみられる。老華僑と新華僑の両方によって郊外に形成されたチャイナタウンが,表XIV-1のニューチャイナタウンの住宅・商業型である。住宅地のメインストリートにはスーパーマーケット,中国料理店をはじめ商業機能が集積し,華人住民にとっては生活の便がよく,人口の増加とともにニューチャイナタウンは周辺地域に拡大していく。典型例は,ロサンゼルス郊外のモントレーパークで,当初は豊かな台湾出身者が多かったため,「リトルタイペイ(小台北)」と呼ばれたが,今日では住民の多くは中国大陸出身の新華僑である(山下,2016: 63-66)。

ニューチャイナタウンの多くは郊外に立地するが,オールドチャイナタウンと同様,ダウンタウンにもニューチャイナタウンが形成される場合がある。シカゴでは,ダウンタウン南部にあるオールドチャイナタウンのほかに,ダウンタウン北部にニューチャイナタウンが形成された。このニューチャイナ

タウンは "North Chinatown" と呼ばれ，ベトナムをはじめインドシナ系華人の集積地となっている。カナダのトロントにはダウンタウン中心部にオールドチャイナタウンがあるが，ダウンタウンの東側に新華僑によって「東区華埠（East Chinatown）」（華埠はチャイナタウンの意味）が形成された。ブラジルのサンパウロでは，ダウンタウン内の3月25日通り地区に，中国大陸出身の新華僑がブラジル人を顧客として中国製品を販売する店舗が集積し，ニューチャイナタウンが作られた（本書Ⅶ-4参照）。一方，日本をみると，東京にはオールドチャイナタウンがなかったが，本書XⅢで論じたように，新華僑の増加により池袋チャイナタウンが形成された。

モントレーパークのような住宅・商業型のニューチャイナタウンよりも，さらに裕福な新華僑が集住するニューチャイナタウンが，高級住宅型である。老華僑の場合，ホスト社会への定着化が進むにつれ，チャイナタウンに居住する必要性は薄れてくる。これに対して，新華僑，特に中国大陸出身の富裕層の中には，不動産への投資を兼ねて高級住宅地に住む者が増加している。このようなニューチャイナタウンの典型例は，ロサンゼルス東郊のローランドハイツ，ハシェンダハイツ，ダイヤモンドバーの「ロサンゼルス東部ニューチャイナタウン」（中国語では「東華人区」とも呼ばれる）である。これらの地区には，複数の邸宅の周囲を塀で囲み，入口に警備員を配し，住民以外の出入りを厳重に制限しているゲーテッド・コミュニティもみられる（山下，2016，62-70）。トロントの北郊のリッチモンドヒルのニューチャイナタウンもこのタイプである（山下，2016，82-85）。周辺には，中国資本の大型ショッピングセンターも整備され，華人にとって生活の便がよい。

ニューチャイナタウンの中で最も新しいタイプはモール型である。モール型ニューチャイナタウンは，中国資本により開設された大型のショッピングモールを中心に構成されている。このような大型のショッピングモールを建設するためには，広大な敷地が必要である。モール型ニューチャイナタウンが多くみられる地域として，東ヨーロッパとアフリカをあげることができる。

経済的に成熟した西ヨーロッパに比べると，旧社会主義圏の東ヨーロッパ，および発展途上地域であるアフリカでは，流通システムの整備が遅れ，そこに

XIV 世界のチャイナタウンの類型化

写真XIV-2　ルーマニアの首都，ブカレスト郊外の中国資本の
「ドラゴンロシュ」(Dragonul Rosu，中国名：紅龍)
写真右は，内部の中国製衣類販売店の通り。販売員はルーマニア人
で，中国人は店内の奥のレジで座っている。(2013年9月撮影)

新華僑が流入するニッチが存在した。安価な中国製品を大量に持ち込み，中国資本によって建てられた大規模なショッピングモールで，卸・小売りの販売を行うやり方である。顧客の対象は現地人であるため，多くの現地人を従業員としてして雇用している。また，施設の周辺には，倉庫が建設され，新華僑の商店経営者の生活に必要な店舗や住宅も設けられている。ポーランドの首都，ワルシャワの南郊には，1994年に建設された「華沙中国商場(ワルシャワ)」という巨大なショッピングモールがある（山下，2016, 103-106）。また，ルーマニアの首都ブカレスト郊外には，2011年に「ドラゴンロシュ」と呼ばれる大規模ショッピングモールが建てられた（写真XIV-2）。

　2013年に習近平国家主席が提唱した「一帯一路」の経済圏構想を受けて，中東やアフリカにおける中国の経済進出は，近年非常に際立っている。治安の悪いアフリカでは，中国人が強盗に襲撃される事件が頻繁に発生している。このため，ショッピングモールは高い塀で囲まれ，出入り口や場内では銃を持った警備員が厳重に警戒している。南アフリカの最大都市，ヨハネスブルグでは，ダウンタウンに形成されたオールドチャイナタウンは極度に治安が悪いため衰退している。しかし，郊外には「中国商貿城（China Shopping Center）」（写真XIV-3），「百家商城（China Mart）」をはじめ複数の中国資本の大型のショッピングモールがみられる。また，アラブ首長国連邦のドバイに

写真XIV-3 南アフリカ，ヨハネスブルグ郊外の中国資本の
ショッピングモール「中国商貿城」（China Shopping Center）
（2018年9月撮影）

は，2004年，世界最大規模の中国ショッピングモール，「ドラゴンマート」（Dragon Mart，中国名：迪拜〔ドバイ〕龍城）が建設され，2015年には隣接して「ドラゴンマート2」が増設された。

　海外在住華人の増加，中国経済の発展などに伴い，世界各地のチャイナタウンは，近年，急速に変容している。筆者は，引き続き世界のチャイナタウンの動向を追跡していくつもりである。世界のチャイナタウンに関する最新の情報は，筆者自身のホームページ「清海（チンハイ）老師の研究室」（http://qing-hai.org/）に随時掲載しているのでご覧いただきたい。

【参考文献】
山下清海（1987）：『東南アジアのチャイナタウン』古今書院.
山下清海（1988）：『シンガポールの華人社会』大明堂.
山下清海（2000）：『チャイナタウン —— 世界に広がる華人ネットワーク』丸善.
山下清海（2016）：『新・中華街 —— 世界各地で〈華人社会〉は変貌する』講談社.

索　引

数

3月25日通り　63, 143, 157-164, 307, 310
13区のチャイナタウン　58, 124-126,
　　128-129, 140, 245
9・30事件　146, 194
1965年の移民法改正　87

B

Big 4　78

あ

アイルランド人　78, 85
アフリカ　22, 57, 66, 164, 171, 195, 200,
　　202-206, 212, 214, 221, 307, 310-311
　　——奴隷　204, 221
アムステルダム　17, 46-47, 307
アラブ人　62-63, 132
アルカディア　54
アルハンブラ　54
イギリス東インド会社　170, 179, 205
池袋　15, 18, 36, 43, 61, 133-134, 284-285,
　　287-299, 307, 310

　　——駅北口　36, 61, 284, 288, 291-292,
　　　296
池袋チャイナタウン　36, 43, 61, 133,
　　284-285, 287, 290-296, 299, 307, 310
　　——ガイド　292, 296
イスラム教徒　35, 57, 121, 181, 184, 202
李承晩(イスンマン)　264
イタリア　36, 45-46, 58, 62, 86, 89, 95, 103,
　　107, 123, 146
　　——人街　46, 89, 95, 103, 107
一帯一路　311
移民検査所　84-85, 88
入歯師　176, 183
インターナショナル地区　53, 164
仁川(インチョン)　51, 67, 260-263, 265, 269-272,
　　275-280
　　——華僑中山中学　271, 276
　　——中華街　51, 67, 269, 277-278, 280
インド　15, 22, 33, 35, 45, 51, 55, 61,
　　115-116, 168-181, 183-184, 186,
　　188-195, 199, 201-206, 211, 219, 221,
　　236-237, 264
　　——系（モーリシャス）　199, 201-202,
　　　204, 211, 219
　　——人　35, 55, 116, 177, 179, 184, 186,
　　　188-192, 204-206, 221, 237

313

インドシナ　17, 29, 41, 52-53, 56, 58, 67, 87, 95, 98, 124, 126, 128-129, 132, 134-135, 140, 238-239, 241, 244, 264, 310
　——化　56
　——系華人　52-53, 58, 67, 126, 132, 238, 310
　——難民　52, 87, 124, 126
インドネシア　29, 44-45, 145-146, 168, 171, 194, 234
ウィーン　63
元山（ウォンサン）　262, 279
ウセラ　58
ウドムサイ　248
雲南省　31, 171, 247-248, 254, 256
雲南人　31, 242, 247
英語　16, 23, 26-28, 35, 82, 85, 142, 169, 187, 190, 192, 202, 204, 208, 210, 216, 220-221, 233, 236, 256, 260, 270
エスニック・コンフリクト　61-62, 68
エスニックタウン　42, 49, 74, 107, 296
エスニック・ビジネス　43, 147, 158, 285, 291, 299
エリス島　84
エルムハースト　116
エンジェル島　84-85, 88
煙台　262
延辺　290
オーストラリア　36, 41, 44-46, 48, 54, 56, 67, 75, 138, 185, 194, 205, 220, 245, 249, 256, 264
オーストリア　62-63
オールドチャイナタウン　17-18, 36, 42, 44, 46-48, 50-57, 61, 66-68, 73, 96-98, 103, 113-114, 118, 121, 252-253, 256, 284-286, 299, 306-311
オランダ東インド会社　204-205
オランダ領東インド　206
温州（市）　37, 57, 62, 123-124, 134-135, 137-138

か

カースト制度　176
ガイアナ　205
海外華人記念碑　216
海外送金　191
改革開放（政策）　18, 36, 41, 54, 58, 62-64, 74, 87-88, 103, 106, 133-134, 138, 143, 145-146, 148, 157, 212, 238, 247, 284-285
外国人鉱夫税　76, 88
海山会　226
海南（省）　36, 124, 226-227, 242-243
華僑農場　171
カキリマ　→ゴカキ
華語　27-28, 35, 228, 230, 233, 235-237
華字紙　28, 63, 79, 90, 113, 133, 144, 157-159, 169, 174-175, 200, 210-211, 216, 221, 233, 245-246, 295
カジノ　214
華人カピタン　206, 225-226
華人排斥　50, 76, 81-86, 88, 168, 189, 194, 244, 263, 306
　——運動　50, 82-83, 85-86
　——法　76, 81, 83-86, 88
華人方言集団　35, 168, 227
カブラマッタ　58, 60

索　引

華文学校　173-174, 192, 210, 216, 221, 243, 245-246, 249
ガルボン・ブエノ街　149-150, 162
観光地化　47-50, 67, 155, 233, 237, 284, 306, 308-309
韓国人　53-55, 63, 113, 143, 152, 155, 162-163, 260, 266-270, 276
　――街　53　コリアタウンも参照
漢城華僑小学　270-271, 273
漢城華僑中学　271
関聖帝君　227
韓中国交樹立　265-266, 269-270, 280
関帝廟　25, 182, 184, 192, 206-207, 209-210, 216, 221, 227
広東　35-36, 47, 51-53, 55, 61, 75, 79, 81-82, 86, 89-90, 95-96, 104, 106, 111, 114, 124, 128, 145, 147-148, 150, 155, 168, 170-171, 173, 178, 183-186, 188, 193-194, 202, 206-207, 209-210, 212, 216, 219-221, 225-227, 230-231, 242, 245, 252, 262, 286
　――語　35, 53, 55, 75, 79, 86, 90, 96, 104, 114, 145, 227, 230-231
　――省　36, 51, 61, 128, 147, 171, 173, 183-184, 186, 188, 193-194, 202, 206-207, 216, 219, 225-227, 245, 262
客属会館　209
旧金山　75-76
僑郷　19, 36-37, 123, 134
騎楼　84　ゴカキも参照
金行　105-106, 185, 228, 230-231, 254
勤工倹学　124
金山　75-76
クアラルンプール　49, 225-228, 230-231, 233, 237, 307-308

クイーンズ区　55, 103, 113, 116-117, 119, 121
グラント街　79, 90, 92, 94-95
グラン・ベ　201, 203, 212-213
クリーニング店　83, 85, 87, 147, 254-255
クレオール　202, 208, 215, 219, 221
　――語　202, 208, 221
クロッカーのペット　78
恵州　225-227, 230
ゲーテッド・コミュニティ　54, 307, 310
ケープ植民地（ケープタウン）　204
孔子　110
洪秀全　206
広肇（地方）　226-227
神戸（の）南京町　18, 23, 36, 50-51, 67, 284, 308
洪門　82, 182
ゴールドラッシュ　46, 74, 77, 79, 82, 88, 100, 103
ゴカキ　228, 229
五脚基　→ゴカキ
国務院僑務弁公室　210, 220
黒竜江省　37
コピー商品　234
湖北省天門　124, 176
コリアタウン　113, 116-117, 162
コルカタ　15, 33, 51, 61, 168-171, 173-174, 176-177, 179-182, 185-187, 193-194, 205
コロマ　74, 77, 88

さ

再移民　41-42, 46-47, 51, 67, 172, 187, 189, 194, 238
サイゴン　→ホーチミン

315

在留外国人統計　285-286, 290
サヴァンナケット　243
サクラメント　50, 75, 78-79, 83
サトウキビ　202-206, 211, 221
　　——栽培　202-203, 205
サンガブリエルバレー　54
サンセット区　55, 95-97
サンセットパーク　55, 118
サンノゼ　50
サンパウロ　15, 63, 142-150, 155-158, 162-164, 307, 310
三藩市　76
三埠　75
サンフランシスコ　15, 17, 36, 46-48, 50, 53, 55, 67, 73-76, 78-90, 93-96, 98, 103-104, 106, 111, 307-309
三邑　75-76, 81-82
残留孤児　37
シアトル　50, 53, 74, 164
シカゴ　43, 47, 50, 53, 83, 98, 103, 309
四虎市場　64-65
シドニー　17, 43, 46-48, 58, 60, 307-308
ジャージャーメン　268
社会主義化　41, 52, 58, 66, 126, 194, 238, 241, 244-245, 249, 252, 256, 264
ジャカルタ　46, 204, 307
ジャパンタウン　53, 164
ジャワ島　176
上海　111, 124, 146, 148, 262, 276, 286, 289
四邑　75-76, 79, 81, 184-185, 193
就学ビザ　61, 285, 287
珠江デルタ　52, 75-76, 79, 81, 128, 148, 170, 184, 193
春節　50, 63, 89-90, 155-157, 186, 192, 212-213

　　——祭　63, 89, 155-157
順徳　184, 202, 206-207, 209, 216, 221
小広州　78
小台北　→リトルタイペイ
小中国　78
小福州　47, 108, 110
ショップハウス　49, 84, 220-221, 228-229, 236, 252
新移民　17, 41, 47, 63, 116, 148
新華学校　210, 216, 221
新華僑　17-18, 36-37, 42, 44, 46-47, 54-55, 57-58, 61-62, 64-65, 67-68, 73-74, 95, 103, 107, 111, 115, 119, 132-136, 138, 140, 143, 145, 148, 150, 152, 155, 157-159, 162-164, 194-195, 212, 221, 238, 247-248, 253-256, 278, 280, 284-289, 291-292, 294-299, 306-307, 309-311
新華中学　210
新華埠　96
シンガポール　16, 18, 26-29, 34-35, 44-46, 49, 120, 169, 205, 211, 231, 307
新金山　75
新思考　247, 256
仁和会館　208, 216, 221
スズ　225-226
スタンドショップ　63, 152, 158-160, 163-164
ストックトン　50, 75, 79
ストックトン通り　79, 82, 90, 94
スペイン　36, 57, 62, 123
すみわけ　34-35, 305
スルタン　225
製靴業　51, 85, 175-176, 188, 194
青田　37, 57, 123-124, 134, 137-138, 148
　　——県　37, 123
　　——石　124

索　引

製糖業　202-205, 211-212, 221
籍貫　173, 262
浙江（省）　37, 57, 62, 123-124, 135, 145, 147-148, 212, 242, 262, 286
尖閣諸島　61, 296
セントラル・パシフィック鉄道　78
ソウル　76, 260-264, 266-267, 269-273, 275, 279-281
ソーホー　48
孫逸仙（孫中山）　216

た

ダーパー　→タングラ
台山　47, 79, 81, 106, 184
大埠　75
太平天国の乱　170, 206
ダイヤモンドバー　310
大陸横断鉄道　46, 77-79, 88, 103
台湾　17, 24-25, 28, 41, 43-44, 48, 51, 55, 63, 87-89, 96, 113-115, 145-150, 152, 155, 158, 162-164, 168-169, 172-174, 192, 202, 211-212, 228, 230, 239-240, 242, 247, 249, 256, 260, 264-265, 267, 270-271, 273-275, 279-280, 284-287, 309
──人　25, 63, 115, 145-146, 148-150, 152, 155, 158, 162-164, 287
──独立運動　87
タケク　243
多民族化　67, 116, 144, 236-237
タングラ　33, 61, 174, 176, 180, 186-189, 191-192, 194
タン・フレール　→陳氏商場
チェーンマイグレーション　172
チェンナイ　170

致公堂　82
チベット族　171-173, 179, 194, 295
チベット動乱　171, 194
チベット問題　297
チャイナタウン化　57, 62-63, 89, 137, 142, 156, 164
チャイナタウンの観光地化　→観光地化
チャイニーズ・ビバリーヒルズ　54
チャジャンミョン　268-269
チャマール　176
チャンポン　268
中印国境紛争　51, 168, 171-172, 176, 183, 186, 189, 194, 264
中国商城　65
中国新移民　→新移民
中国製冷凍餃子中毒事件　296-297
中国朝鮮商民陸貿易章程　262
中国六大公司　82
中山街　216, 220
中東　22, 66-67, 311
チュンジャン　268-269
潮州　32, 124, 128-129, 168, 242-243, 245, 247, 250, 252
朝鮮語　278, 287, 290
朝鮮戦争　86, 88, 264, 275
朝鮮族　265, 278, 287, 290-291
雑碎（チョプスイ）　86, 146
チョロン　29, 52
陳氏商場　128, 130, 135, 140, 245
亭仔脚　84　ゴカキも参照
ディナロビン島　204
提包　146, 148
ティレッタ・バザール　51, 174, 176, 180-181, 184, 186, 194
適応戦略　177, 194

317

デリー　170, 178-179
大林洞(テリムドン)　280-281
ドイモイ　52
堂会　82, 111
東京中華街　295-298
唐人街（サンフランシスコ）　79, 94
唐人街（ポートルイス）　216, 218
東北料理　290
東洋街　63, 143-144, 148-157, 162-164
豊島区福建村　288
ドバイ　66-67, 307, 311-312
ドラゴンマート　66, 312
ドラゴンロシュ　66, 311
トリニダード・トバゴ　206
奴隷解放　88, 204, 206
トロント　47, 53, 56, 172, 307, 310

な

長崎新地中華街　18, 23, 36, 50, 284, 308
ナッシュマルクト　63
南海　184, 202, 206-207, 209, 216, 221
南京町　→神戸（の）南京町
南順　184, 206-210, 216, 220-221
　――会館　184, 208-210, 220-221
南洋大学　18, 26-28
西ヨーロッパ　64, 310
日系人街　63, 149, 152, 162-164
日本（の）三大中華街　18, 46, 48, 61, 67, 106, 284-285, 294, 299, 307-308
二埠　75
日本語学校　61, 285, 287, 289
ニューサウスウェールズ　205
ニューチャイナタウン　17-18, 35-36, 42-44, 46, 53-57, 59-64, 67-68, 73-74, 95-99, 103, 113, 115-119, 121, 134, 138, 245, 253, 256, 280-281, 284-285, 299, 306-307, 309-310
ニューヨーク　17, 43, 46, 48, 53, 55, 74, 83-84, 98, 103-104, 107, 111, 113-115, 118-119, 121, 307-308
ノンカイ　249-250

は

バーミンガム　50
梅州　61, 207
培梅学校　174, 188, 192
牌楼(パイロウ)　48-51, 65, 67, 88, 92, 95, 121, 216, 218-219, 221, 233-234, 237, 272, 276-278, 280, 306-309
バイン・ミー　→ベトナム式サンドイッチ
朴正熙(パクチョンヒ)　264
函館　50
ハシェンダハイツ　54, 310
パステル　146-147
バタヴィア　204-205
八大道　55, 118-121
客家(ハッカ)　51, 61, 81, 124, 148-149, 157, 168, 173-174, 176, 178-179, 186-188, 194, 200, 202, 206-210, 216, 221, 225-227, 230, 242-243, 252
　――人　51, 61, 81, 124, 148, 168, 173-174, 176, 186-188, 194, 200, 202, 206-210, 216, 221, 225-227, 230, 242-243, 252
バックパッカー　26, 247
　――・エンクレーブ　247
ハラール　308
パリ　43-44, 58, 62, 124-126, 128-129, 132-135, 137-138, 140, 204, 245-246, 307
バルセロナ　57, 59, 62

318

索引

ハンガリー　64-65, 67
バンクーバー　17, 43, 46-47, 49, 56-57, 76, 307
ハングル　113, 115-116, 260
バンコク　32, 46, 49, 307
バンビエン　247-248
ビエンチャン　66-67, 238, 240, 242-256
皮革業　51, 61, 175-176, 188-189, 194
皮革工場　33, 61, 176, 188-191, 194
東ヨーロッパ　64, 67, 195, 246, 307, 310
ビクトリア　49
秘密結社　82, 111, 225-226
ビューシー・サン・ジョルジュ　138-140
ヒューストン　55-56
広場舞　112
ヒンドゥー教徒　202, 219
フィールドノート　21-22, 28-30, 32-33, 37, 113
フィラデルフィア　50
フィレンツェ　58
フォー　53, 129, 135
フォンド　57, 59
ブカレスト　66, 307, 311
福州　47, 109-111, 288-289
　　──人　106, 110-111
福清　37, 119, 286, 288-289
釜山　262, 267, 269, 271-272, 279-280
　　──チャイナタウン　272
ブダペスト　64-65, 307
福建　36-37, 47, 109-111, 119, 122, 124, 128, 134, 145, 148, 168, 206-207, 210, 212, 221, 242, 286, 288-289
　　──省　36, 37, 47, 109-111, 119, 128, 286, 288-289
プラート　58, 60

ブラジル　15, 22, 36, 45, 63, 142-149, 154-155, 157-159, 162-164, 264, 310
フラッシング（法拉盛）　55, 113, 115-119, 121, 307
フランス系（モーリシャス）　202, 211
フランス語　126, 129-130, 169, 202, 204, 208, 210, 216, 221
フランス島　204
フランス東インド会社　204-205
フランス領インドシナ　241
プランテーション　45-46, 203-206, 221
ブルカ・コソフスカ　65
ブルックリン区（布碌崙）　55, 103, 108, 112, 118-119, 121
ヘイトスピーチ　298
北京オリンピック　295-297
北京条約　206
ベトナム式サンドイッチ　52, 98-99, 135-136
ベトナム人街　53
ベトナム戦争　29, 41, 52, 86-88, 126, 194
ペナン　46, 205-206
ベルヴィル　62, 123, 132-136, 245-246, 307
弁髪　83
縫製工場　55, 58, 120
ホーチミン　29, 46, 51, 307
ボートピープル　41
ポートランド　50
ポートルイス　15, 199-200, 206, 209-210, 212-217, 219-221, 307
ポーランド　65, 67, 311
ホスト社会　17, 42, 47-50, 58, 62, 67-68, 73, 142, 176, 194, 285, 305-310
ボストン　23, 50, 73
ホノルル　53, 164

319

ホンクーバー　56
香港　17, 28, 41, 43, 47-48, 55-56, 75, 87, 96, 104, 145, 149, 169, 171, 203, 211, 230, 247, 249, 267, 284, 309
　──の中国返還　41, 56

ま

マカオ　83, 145, 249
マダガスカル　200-201, 210, 212
マドリード　57-59, 62
マラッカ　225-226
マレーシア　18, 27, 29, 44-45, 49, 114, 120, 205, 225, 228, 234, 308
マレー人　225, 236-237
マレー半島　205
マレ地区　137-138
満洲開拓　37
満洲国　290
満洲事変　263
マンダレー　30-32
マンチェスター　50
マンドゥ（饅頭）　268-269
マンハッタン　17, 46-48, 55, 74, 84, 103-108, 110-114, 118, 120-122, 307-308
万宝山事件　263
ミス・チャイナタウン　89
密航ブローカー　248
南ヨーロッパ　64
明洞（ミョンドン）　270, 272-275, 280
ムンバイ　170, 179
メキシコ人　78
メルボルン　17, 46-47, 75
モーリシャス　15, 199-208, 210-213, 219, 221, 307

モール型（ニュー）チャイナタウン　64, 66-67, 307, 310
モノカルチャー経済　203
モントレーパーク　17, 54, 245 307, 309-310

や

飲茶（ヤムチャ）　90-91, 106, 231-232
ヤンゴン　46, 307
輸出加工区　203, 211-212
ユダヤ人　46, 62, 104, 132, 137
夜市　230-231, 234
葉亜来　225-226, 234
葉観盛　226-227
横浜中華街　18, 23-25, 34-36, 44, 47-49, 277, 284, 295, 308-309
ヨハネスブルグ　214, 307, 311-312

ら

ラオス　17, 29, 45, 52, 66, 87, 124, 126, 128-129, 135-136, 168, 194, 238-251, 253, 255-256
ラングーン　→ヤンゴン
リーマンショック　289
リオデジャネイロ　145, 147
陸才新　206, 210
陸佑　226
リッチモンド（区）（サンフランシスコ）　17, 55, 95-99, 307
リッチモンド（市）（バンクーバー）　17, 56-57, 307
リッチモンドヒル　307, 310
リトルイタリー　46, 89, 95, 103, 107-108
リトルタイペイ　54, 309

リバプール　50
リベルダーデ　63, 143, 149-150, 155-156, 162
留学　18, 25-29, 34, 36, 41, 87-88, 115, 128, 212, 220, 246, 266, 268, 270, 280, 285, 287, 290
留学生受入れ 10 万人計画　287
寮都公学　243-246, 248-250, 252, 256
林則徐　110-111
林連玉　228
ルアンパバーン　240, 242-243
ルーマニア　66-67, 311
レユニオン　201, 203, 210
ローマ　62, 202
ローランドハイツ　54, 307, 310
盧溝橋事件　263
ロサンゼルス東部ニューチャイナタウン　310
ロック　83-84
ロバート・ファーカー　206
ロンドン　17, 43-44, 46-48, 50, 67, 106, 307-308

わ

ワシントン D.C.　50
ワルシャワ　65, 307, 311
華沙中国商場（ワルシャワ）　311

あとがき

　本書は，1995年から2017年にかけて，以下に示す学術振興会科学研究費（いずれも筆者が研究代表者）によって実施した世界各地のチャイナタウンに関する現地調査の成果を総合的にまとめたものである。

- 1995～1997年度　基盤研究（C）
  アメリカ・東南アジア・日本におけるチャイナタウンの変容に関する比較研究
- 1999～2001年度　基盤研究（C）
  世界のチャイナタウンの地域性と類型化
- 2002～2004年度　基盤研究（C）
  グローバル化に伴う海外華人社会の動態―新移民と再移住―
- 2006～2008年度　基盤研究（B）
  増加する華人ニューカマーズの中国における送出プロセスの解明
- 2006～2009年度　基盤研究（A）
  日本におけるエスニック地理学の構築のための理論的および実証的研究
- 2009～2012年度　基盤研究（B）
  中国における日本への新華僑の送出システムに関する研究
- 2011～2014年度　基盤研究（A）
  日本社会の多民族化に向けたエスニック・コンフリクトに関する応用地理学的研究
- 2014～2016年度　挑戦的萌芽研究
  エスニック集団のホスト社会への適応における借り傘戦略の実証的・理

あとがき

　　論的研究
- 2017 〜 2021 年度　基盤研究（B）
  地域活性化におけるエスニック資源の活用に関する応用地理学的研究

　これらの研究を進める過程において，できるだけ早く学会等で成果を発表し，論文として公刊するように努めてきた．本書をまとめる際には，書き下ろしたもののほかに，すでに公表した論文等に加筆・修正を行ったものが含まれる．それらは，以下に列挙するとおりである．

- II 章
  山下清海（2014）：華人社会・チャイナタウン研究からみたフィールドワークの方法——体験から考える．人文地理学研究，34，73-85.
- III 章
  YAMASHITA Kiyomi (2013): A comparative study of Chinatowns around the world: Focusing on the increase in new Chinese immigrants and formation of new Chinatowns. *Japanese Journal of Human Geography*（人文地理），65 (6)，527-544.
- IV 章
  山下清海（2017）：サンフランシスコにおけるチャイナタウンの形成と変容——ゴールドラッシュからニューチャイナタウンの形成まで．人文地理学研究，37，1-18.
- VII 章
  山下清海（2007）：ブラジル・サンパウロ——東洋街の変容と中国新移民の増加．華僑華人研究（日本華僑華人学会），4，81-98.
- VIII 章
  山下清海（2009）：インドの華人社会とチャイナタウン——コルカタを中心に．地理空間，2 (1)，32-50.
- IX 章
  山下清海（2015）：モーリシャスにおける華人社会の変容とポートルイス

のチャイナタウンの地域的特色．立命館国際研究（立命館大学国際関係学会），27（4），115-139．

●XI章

山下清海（2006）：ラオスの華人社会とチャイナタウン ── ビエンチャンを中心に．人文地理学研究，30，127-146．

●XII章

山下清海（2001）：韓国華人社会の変遷と現状 ── ソウルと仁川の元チャイナタウンを中心に．国際地域学研究，4，263-275．

●XIII章

YAMASHITA Kiyomi (2011): Ikebukuro Chinatown in Tokyo: The first new Chinatown in Japan. *Journal of Chinese Overseas*, 7 (1), 114-129.

また，各所で以下の拙稿も断片的にアレンジしながら使用した．

山下清海（2000）：『チャイナタウン ── 世界に広がる華人ネットワーク』丸善．

山下清海（2016）：『新・中華街 ── 世界各地で〈華人社会〉は変貌する』講談社．

なお，2018年9月，南アフリカのヨハネスブルグで，チャイナタウンに関するフィールドワークを実施した．その成果については，残念ながら本書に収録できなかったが，以下のサイトで公開されているので，ご参照いただければ幸いである．

山下清海（2019）：南アフリカ，ヨハネスブルグのチャイナタウンの形成と変容 ── 新旧のチャイナタウンの比較考察．地球環境研究（立正大学），21　http://ris-geo.jp/publication.html

*　　　　*　　　　*

あとがき

　本書の刊行に際しては，独立行政法人日本学術振興会平成30年度（2018年度）科学研究助成事業（科学研究費補助金）（研究成果公開促進費），課題番号18HP5128の交付を受けた。

　この助成申請から出版に至るまで，明石書店の大江道雅社長には，いつもながらたいへんご尽力いただきました。また，長島 遥氏には，本文，図，表，写真を細部までていねいにチェックしていただき，非常に貴重なアドバイスをいただきました。心からお礼申し上げます。

　　2019年1月

　　　　　　　　　　　　　　　　　　　　　　　　山　下　清　海

【著者略歴】

山下 清海（やました・きよみ）

　筑波大学大学院地球科学研究科博士課程修了。理学博士。

　秋田大学教授，東洋大学教授，筑波大学生命環境系（地球環境科学専攻）教授等を経て，現在，立正大学地球環境科学部教授，筑波大学名誉教授。専門は，人文地理学，華僑・華人研究。

〈主な著書〉
『新・中華街 ── 世界各地で〈華人社会〉は変貌する』（講談社，2016 年）
『世界と日本の移民エスニック集団とホスト社会 ── 日本社会の多文化化に向けたエスニック・コンフリクト研究』（編著，明石書店，2016 年）
『改革開放後の中国僑郷 ── 在日老華僑・新華僑の出身地の変容』（編著，明石書店，2014 年）
『現代のエスニック社会を探る ── 理論からフィールドへ』（編著，学文社，2011 年）
『池袋チャイナタウン ── 都内最大の新華僑街の実像に迫る』（洋泉社，2010 年）
『エスニック・ワールド ── 世界と日本のエスニック社会』（編著，明石書店，2008 年）
『東南アジア華人社会と中国僑郷 ── 華人・チャイナタウンの人文地理学的考察』（古今書院，2002 年）
『チャイナタウン ── 世界に広がる華人ネットワーク』（丸善，2000 年）

〈著者のホームページ〉
「清海（チンハイ）老師の研究室」　http://qing-hai.org

世界のチャイナタウンの形成と変容
——フィールドワークから華人社会を探究する

2019 年 2 月 25 日　初版第 1 刷発行

著　者　山　下　清　海
発行者　大　江　道　雅
発行所　株式会社明石書店
　　　　〒101-0021　東京都千代田区外神田 6-9-5
　　　　　　　　　　電　話　03-5818-1171
　　　　　　　　　　F A X　03-5818-1174
　　　　　　　　　　振　替　00100-7-24505
　　　　　　　　　　http://www.akashi.co.jp
装　丁　明石書店デザイン室
印　刷　株式会社文化カラー印刷
製　本　本間製本株式会社

（定価はカバーに表示してあります）　　ISBN 978-4-7503-4791-2

JCOPY　〈(社)出版者著作権管理機構　委託出版物〉
本書の無断複写は著作権法上での例外を除き禁じられています。複写される場合は、そのつど事前に、(社)出版者著作権管理機構（電話 03-3513-6969、FAX 03-3513-6979、e-mail: info@jcopy.or.jp）の許諾を得てください。

世界華人エンサイクロペディア
リン・パン編　游仲勲監訳
田口佐紀子、山本民雄、佐藤嘉江子訳
◎18000円

改革開放後の中国僑郷
在日老華僑・新華僑の出身地の変容
山下清海編著
◎5000円

華人社会がわかる本
中国から世界へ広がるネットワークの歴史、社会、文化
山下清海編著
◎2000円

世界と日本の移民エスニック集団とホスト社会
日本社会の多文化化に向けたエスニック・コンフリクト研究
山下清海編著
◎4600円

エスニック・ワールド
世界と日本のエスニック社会
山下清海編著
◎2200円

パリ神話と都市景観
マレ保全地区における浄化と排除の論理
荒又美陽著
◎3800円

オフショア化する世界
人・モノ・金が逃げ込む「闇の空間」とは何か？
ジョン・アーリ著　須藤廣、濱野健監訳
◎2800円

現代人文地理学の理論と実践
世界を読み解く地理学的思考
フィル・ハバード、ロブ・キチン、ブレンダン・バートレイ、ダンカン・フラー著
山本正三、菅野峰明訳
◎5800円

明治・大正・昭和 絵葉書地図コレクション
地図に刻まれた近代日本
鈴木純子著
◎2700円

地図でみる東海と日本海
紛争・対立の海から、相互理解の海へ
沈正輔著
◎7200円

地図でみるアイヌの歴史
縄文から現代までの1万年史
平山裕人著
◎3800円

地図でみる世界の地域格差
OECD地域指標2016年版 都市集中と地域発展の国際比較
OECD編著　中澤高志監訳
◎5500円

地図でみる日本の健康・医療・福祉
宮澤仁編著
◎3700円

介護行財政の地理学
杉浦真一郎著
◎4500円

ネオアパルトヘイト都市の空間統治
南アフリカの民間都市再開発と移民社会
宮内洋平著
◎6800円

保育・子育て支援の地理学
福祉サービス需給の「地域差」に着目して
久木元美琴著
◎2800円

〈価格は本体価格です〉